当代世界学术名著·经济学系列

行为经济思想史

BEHAVIORAL ECONOMICS A HISTORY

弗洛里斯·霍伊克卢姆（Floris Heukelom）——著
贺京同 赵雷——译
贺京同——校

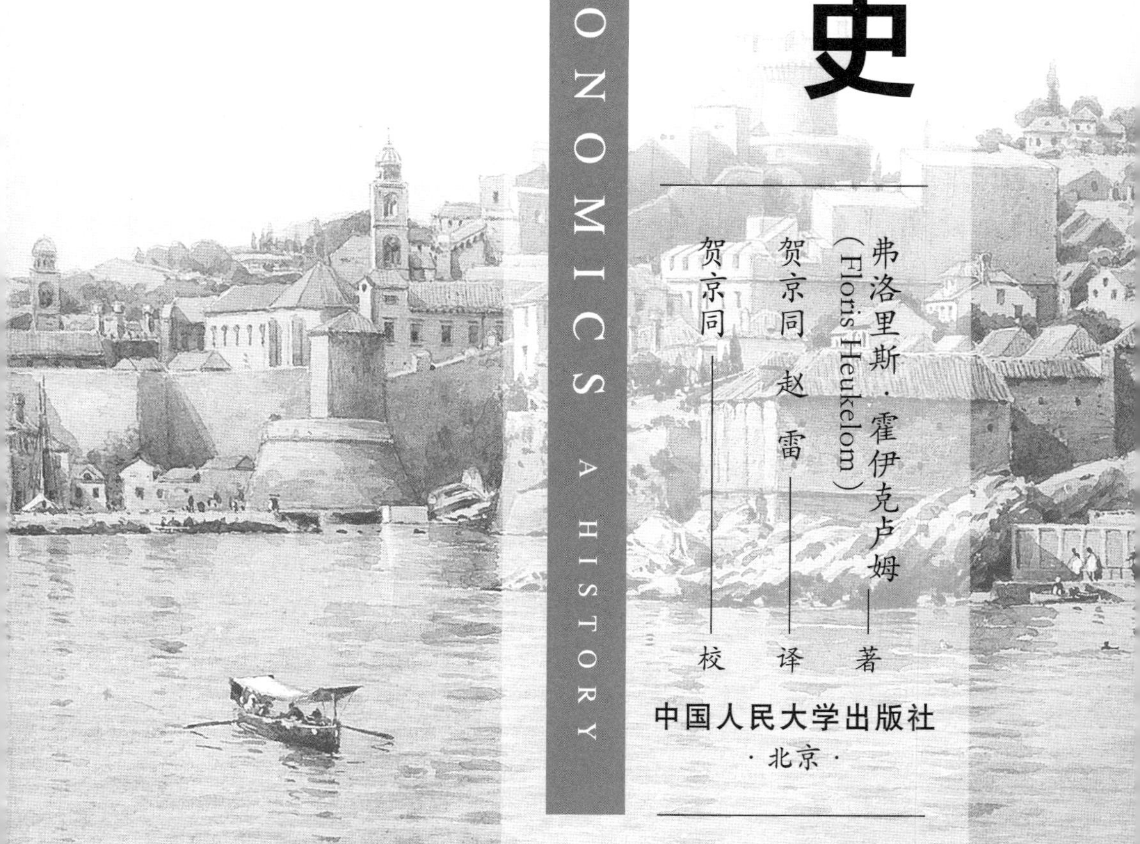

中国人民大学出版社
·北京·

策划人语

经济学到了 20 世纪才真正进入一个群星璀璨的时代。在 20 世纪，经济学第一次有了一个相对完整的体系。这个体系包括微观经济学和宏观经济学这两个主要的领域。经济学家们在这两个主要的领域不断地深耕密植，使得经济学的分析方法日益精细完美。经济学家们还在微观和宏观这两个主干之上发展出了许多经济学的分支，比如国际经济学、公共财政、劳动经济学等等。体系的确立奠定了经济学的范式，细致的分工带来了专业化的收益。这正是经济学能够以加速度迅猛发展的原因。

走进经济学的神殿，人们不禁生出高山仰止的感慨。年轻的学子顿时会感到，在这个美轮美奂的殿堂里做一名工匠，付出自己一生的辛勤努力，哪怕只是为了完成窗棂上的雕花都是值得的。

然而，新时期已经到来。经济学工匠向窗外望去，发现在更高的山冈上，已经矗立起一座更加富丽堂皇的神殿的脚手架。我们的选择在于：是继续在旧有的经济学殿堂里雕梁画栋，还是到革新的经济学的工地上添砖加瓦。

斯蒂格利茨教授，这位诺贝尔经济学奖得主曾经发表过一篇文章，题为《经济学的又一个世纪》。在这篇文章中他谈到，20 世纪的经济学患了“精神分裂症”，即微观经济学和宏观经济学的脱节，这种脱节既表现为研究方法上的难以沟通，又反映出二者在意识形态上的分歧和对立。21 世纪是经济学分久必合的时代。一方面，宏观经济学正在寻找微观基础；另一方面，微观经济学也正在试图从微观个体的行为推演出总量上的含义。这背后的意识形态的风气转变也值得我们注意。斯蒂格利茨教授曾经讲到，以下两种主张都无法正确估计市场经济的长期活力：一种是凯恩斯式的认为资本主义正在没落的悲观思想；另一种是里根经济学的社会达尔文主义，它表达了对资本主义的盲目乐观。我们已经接近一种处于两者之间的哲学，它将为我们的时代指引方向。

当代经济学从纸上谈兵转变为研究真实世界中的现象。炉火纯青的分析方法和对现实世界的敏锐感觉将成为经济学研究的核心所在。

“当代世界学术名著·经济学系列”所翻译的这些著作在学术的演进过程中起到的更多是传承的作用，它们是当代经济学的开路先锋。这些著作的作者大多有一个共同的特征。他们不仅是当代最优秀的经济学家，而且是最好的导师。他们善于传授知识，善于开拓新的前沿，更善于指引遥远的旷野中的方向。如果不惮“以偏概全”的指责，我们可以大致举出新时代经济学的若干演进方向：博弈论将几乎全面地改写经济学；宏观经济学将日益动态化；政治经济分析尝试用经济学的逻辑对复杂的政策决策过程有一个清晰的把握；经济学的各个分支将“枝枝相覆盖，叶叶相交通”；平等、道德等伦理学的讨论也将重新进入经济学。

介绍这些著作并不仅仅是为了追踪国外经济学的前沿。追赶者易于蜕变成追随者，盲目的追随易于失去自己的方向。经济学是济世之学，它必将回归于现实。重大现实问题的研究更有可能做出突破性的创新，坚持终极关怀的学者更有可能成长为一代宗师。中国正在全方位地融入世界经济，中国的国内经济发展也到了关键的阶段。我们推出这套丛书，并不是出于赶超的豪言或是追星的时髦。我们的立足点是，经济学的发展正处于一个新的阶段，这个阶段的思想最为活跃，最为开放。这恰恰契合了中国的当前境况。我们借鉴的不仅仅是别人已经成型的理论，我们想要从中体会的正是这种思想的活跃和开放。

这套丛书的出版是一项长期的工作，中国社会科学院、中国人民大学、北京大学、南京大学、南开大学、复旦大学、中山大学以及留学海外的许多专家、学者参与了这套译丛的推荐、翻译工作，这套译丛的选题是开放式的，我们真诚地欢迎经济学界的专家、学者在关注这套丛书的同时，能给予它更多的支持，把优秀的经济学学术著作推荐给我们。

译者序

由剑桥大学出版社出版的这本《行为经济思想史》是第一本，也是目前唯一的行为经济思想史方面的专著。其中文版如期付梓，亦为译者近年来引进、翻译的多部行为经济学方面的学术作品添加了新类别——行为经济思想史。作者弗洛里斯·霍伊克卢姆（Floris Heukelom）是荷兰拉德堡德大学（Radboud University Nijmegen，Netherlands，也译作奈梅亨大学）* 的教师。他的研究专长是现代经济学与心理学中实验的应用，曾在经济思想史领域顶级期刊《政治经济学史》（*History of Political Economy*）上发表论文。

* 拉德堡德大学目前世界综合排名在第 100～120 名之间，综合科研实力位居荷兰前五名。学校不设工科，但在心理语言学、认识神经生物学、理论天体物理学、口腔医学、临床医学、分子生物与遗传学、免疫学、宗教学等多个领域在欧洲拥有较高的学术地位及广泛的影响力，被公认为是荷兰目前顶尖的研究型大学之一。（摘自百度百科“拉德堡德大学”。）——译者注

在写作本书的过程中，作者使用了耶鲁大学、杜克大学和洛克菲勒档案中心收藏的大量原始资料，以及斯隆-塞奇基金会行为经济学项目的历史档案记录，并通过面对面采访、电子邮件等方式与诸多历史事件当事人（包括理查德·塞勒、丹尼尔·卡尼曼、威廉·鲍莫尔、乔治·勒文施泰因、戴维·克兰茨、埃里克·万纳等）进行沟通，获得了珍贵的一手资料。初稿完成后，书稿在经济思想史学术圈内广泛传播，得到了罗杰·巴克豪斯、马克·布劳格、克劳弗德·古德温、罗伊·温特劳布等权威学者的指导，其间历经数次修改甚至重写，方得最终定稿出版。

本书的中心思想是从认识论角度界定行为经济学在经济学历史长河中的重要地位。在理论体系方面，公理和理性行为的概念扮演着重要角色。然而，两种研究方法之间的区别再怎么强调都不为过。心理学对冯·诺依曼和摩根斯坦公理的规范性-描述性解读与经济学的实证性-规范性解读之间的本质差别就表明了两种研究方法的不同。经典经济学的认识论是由弗里德曼在《实证经济学方法论》中提出的，“实证经济学的任务是提供一个能够对任何情形的改变的后果做出准确预测的一般化的理论体系”（Friedman，1953，p. 4），它原则上与所有的道德立场或规范判断无关，是一门“客观”的科学；而规范经济学则讨论什么是好的、正义的或道德的，研究“应该是什么”，而不是“是什么”。此外，弗里德曼指出规范经济学不能脱离实证经济学，但实证经济学则应该尽可能地远离道德评价，他进而指出科学的经济学首先应该不是规范性的。《实证经济学方法论》发表后，规范性成了经济学家争相躲避的污名，成了非科学性的标签。但是，心理学中的规范性-描述性二分法截然不同于经济学中的实证性-规范性区分。心理学家认为规范性与描述性都在科学范畴内，前者研究理性行为的规则，如逻辑学、贝叶斯更新和期望效用计算等，而后者关注个体的真实决策行为。因此，两个学科中的“规范性”的内涵不一样，一个是指理性推理，一个是指道德评价。对于数学心理学家、行为决策研究者和其他决策理论者来说，规范性是由科学家制定而应被所有人遵循的行为标准；而对于大多数经济学家来说，规范性是绝对不应该触碰的内容。本书作者认为，行为经济学的产生得益于经济学的认识论基础从传统的“实证性-规范性”向心理学家的“规范性-

描述性”转变，而它的发展又促进了这种转变。

经典经济学中的理性人是“全知全能”的，仅关心自己的福利，对现实世界有充分的了解，在完备和符合逻辑的偏好条件下具有确定最佳选择的认知能力，并且完全有能力执行最优行动计划。虽然现实中人们并非按照标准经济学模型行事，但经济学家认为“理性人假设”概括了人类行为中涉及经济活动方面的最重要的特征，以它为基础建立的实证经济学可以有效地描述理想条件下的人类行为与市场结果，现实行为只会围绕均衡行为“波动”。在效用最大化或利润最大化之外，人类行为决策中的利他动机和对公平的追求等其他“社会偏好”，或者被认为不会对经济行为产生重要影响，或者被认为涉及价值判断而被归入规范经济学的范畴。20 世纪五六十年代，实验心理学表明人类行为会系统性地偏离冯·诺依曼和摩根斯坦在《博弈论与经济行为》及萨维奇在《统计学基础》中提出的行为公理；20 世纪 70 年代，丹尼尔·卡尼曼和阿莫斯·特沃斯基提出的直觉推断、偏误与前景理论有效描述了现实中的人类决策行为。经济学在吸收整合心理学中的理性决策理论的过程中，逐渐将认识论由传统的实证性-规范性区分转到了心理学家的规范性-描述性区分。标准经济学模型不再被看作是关于经济行为的实证分析，而是人类理性决策的规范准则，相应需要的是建立关于人类行为的描述性理论。理查德·塞勒认为，在描述人类真实行为方面，前景理论是传统微观经济学模型的有力替代者，相关研究得到了阿尔弗雷德·P. 斯隆基金会（简称斯隆基金会）和拉塞尔·塞奇基金会（简称塞奇基金会）的大力支持，发展成为如今举世瞩目的行为经济学。在此基础上，作者详细阐述了行为经济学的创建与发展过程。

此外，值得一提的是，实验经济学家从同样的心理学实验中得出的结论和行为经济学家截然不同。格雷瑟和普洛特证实了个体行为会系统性地偏离偏好理论的规范，但实验经济学家引入了时间变量，认为市场推动经济走向均衡需要时间，经典理论仍是对市场均衡条件下人类行为的有效描述，并明确反对卡尼曼和特沃斯基的前景理论。可见，行为经济学家和实验经济学家都认为经典理论需要调整，但对调整方式的看法则完全不同。本书作者认为这可能与双方对立的政治观点有关，塞勒是民主党成员，属于“左”派，而史密斯是亲共和党的，属于右派。

本书由我和东北财经大学经济学院教师赵雷博士共同翻译，虽然我们付出了艰辛的努力，但因才识有限，翻译过程中难免存在一些不当甚至错误之处，还请读者谅解并指正。

本书得到了国家社科基金重大项目（项目批准号：12&ZD088）、教育部人文社会科学研究青年基金项目“《通论》的经济学批判研究：基于经济思想史视角的重新解读”（项目批准号：17YJC790208）以及中国特色社会主义经济建设协同创新中心的大力支持，在此致以谢忱。

贺京同

2018 年孟夏于南开大学八里台园

目　录

导　论…………………………………（1）

第 1 章　理解人类行为……………………（9）

1. 引　言 ……………………………（9）
2. 穆勒与经济推理的性质……（10）
3. 瑟斯顿与沃利斯和弗里德曼的争论……………………………（12）
4. 冯·诺依曼与摩根斯坦的社会现实之希尔伯特数学……（18）
5. 总　结…………………………（24）

第 2 章　经济学与心理学对行为公理的整合 …………………………（26）

1. 引　言…………………………（26）
2. 弗里德曼与萨维奇（1948）…………………………（28）
3. 经济学上的反对意见 ………（34）

4. 萨维奇-阿莱争论 …………………………… (46)
5. 数学心理学与行为决策研究…………………… (59)
6. 弗里德曼与实证经济学方法论………………… (63)
7. 总　结………………………………………… (66)
附　　录 ……………………………………… (67)

第3章　"心理学中的度量理论就是行为理论" ……… (69)
1. 引　言………………………………………… (69)
2. 密歇根大学的心理学………………………… (73)
3. 数学心理学与行为决策研究………………… (76)
4. 决策与度量…………………………………… (80)
5. 心理学中的度量与决策……………………… (88)
6. 总　结………………………………………… (91)

第4章　卡尼曼与特沃斯基：心理学与经济学中的直觉推断、偏误与前景理论 ………………… (93)
1. 引　言………………………………………… (93)
2. 特沃斯基夹在先验公理与行为偏差中间…… (96)
3. 卡尼曼的认知错误 ………………………… (102)
4. 合作：直觉推断、偏误与前景理论 ……… (108)
5. 卡尼曼-特沃斯基视角能够成功的解释 …… (121)
6. 总　结 ……………………………………… (127)

第5章　经济学对心理学实验的整合与行为经济学的创立………………………………………… (129)
1. 引　言 ……………………………………… (129)
2. 史密斯实验经济学对心理学行为偏离的证实与吸收 ………………………………… (131)
3. 塞勒的经济异象与行为金融的创建 ……… (137)
4. 塞勒、卡尼曼与斯隆-塞奇行为经济学项目 ………………………………………… (144)
5. 区分实验经济学与行为经济学，1980—2010年 ………………………………… (159)
6. 总　结 ……………………………………… (162)

第 6 章　行为经济学的发展与界定……………………（164）
1. 引　言 ……………………………………………（164）
2. 界定、辨识行为经济学，1990—2010 年 ………
……………………………………………………（165）
3. 将行为经济学与实验经济学区别开 ………（181）
4. 总　结 ……………………………………………（183）

后　　记……………………………………………………（186）
参考文献……………………………………………………（194）
索　　引……………………………………………………（229）

导　论

在经济学中，竞争引导市场走向均衡，均衡状态下所有经济个体的行为均符合最优化原则，社会福利也实现了最大化。但是，许多经济学家也看到了这幅理想的市场画像忽略了很多现实性的“警告”，如信息是有限的、买者或卖者的数量太少、逆向选择和道德风险等。20 世纪 80 年代，心理学家丹尼尔·卡尼曼和阿莫斯·特沃斯基为经济学引入了一种思想，认为市场的不完善源于人类行为的不可靠。这导致了一个新的经济学分支——行为经济学的产生。卡尼曼因此获得了 2002 年的诺贝尔经济学奖（特沃斯基于 1996 年离世）。本书主要讲述行为经济思想史。 *1*

在 20 世纪 80 年代至 21 世纪初，行为经济学一般被认为“为经济学提供了更加现实的心理学基础，提高了经济学的解释力”（Camerer and Loewenstein，2004，p. 3）。这一定义掩盖了经济学和心理学之间最少可追溯至 18 世纪的复杂关系。此外，经济学和心理学都被认为是稳定、广泛适用的实体。但行为经济学这一名称本身就有些奇怪。如果经济学考察的是经济中个体的行为，那么“行为经济学”就是同义重复，令人困惑。另外，如果人们认为经济学考察的不是人类行为，而是独立于人类行为的结构和制度，则“行为经济学”一词看起来又很矛盾。无论哪种情况，都需要做一些解释。

在亚当·斯密和大卫·李嘉图生活的 18 世纪晚期至 19 世纪早期，人们认为经济体的目的就是生产**国民财富**（斯密 1776 年出版的
2 名著的题名中的词汇）。从哲学角度看，这里说的国民财富大致等同于由同时期的杰里米·边沁提出的功利主义的效用。国家统治者的目标是（或应该是）增加国民财富或效用，而（政治）经济学家研究经济运行则是为了阐明统治者如何实现这一目标。

经济学家关于经济运行的解释建立在“原理、命题或前提”之上。这些原理部分地描述经济系统，如著名的李嘉图的地租学说，说明地租只是土地的报酬，而不归于建立在土地之上的围墙、建筑物等形式的资本。但是，其他原理或命题描述经济中的个体行为。例如对财富的追求和对劳动的厌恶。

很自然，有人会问这样的问题：关于人类经济行为的原理是如何构建的？它们与其他有关人类行为的科学或哲学研究又有何联系？威廉·斯坦利·杰文斯、卡尔·门格尔和里昂·瓦尔拉斯组成的边际革命三人组在 19 世纪 70 年代对此给出了一种答案。他们重新定义了边沁的效用概念，效用从对国家财富的度量变成了对享乐主义经济个体的心理状态的测度。从而，效用不再是一个关于整个国家的财富的相对模糊和宽泛的概念，而成了关于个体的快乐的经验测度。杰文斯特别提出，心理物理学可以为重新解读效用提供科学基础。由古斯塔夫·费希纳、恩斯特·韦伯、威廉·冯特于 19 世纪 60 年代提出的心理物理学，在当时还只是一个产生仅十年左右的新学科，其目标是将所有关于人类行为与思维的理论建立在经验或实验研究（而不是哲学推断）的基础上。因此，杰文斯、门格尔和瓦尔拉斯发起的所谓边际革命的意义其实是明确地将经济学建立在心理学的基础上。

然而，这只是争论的开始。一个根本性的问题是很难对个体从经济行为中得到的心理物理层面的效用进行测度。心理物理学家通过重量、平衡等方面精心控制的实验可以实现的结果，被证明在经济学中难以重现。针对这一方法论难题，弗朗西斯·伊西德罗·埃奇沃思在 19 世纪 80 年代提出了无差异曲线分析。它曾一度被认为是很有成效的解决方案。无差异曲线表明存在两种商品的不同数量组合，经济个体认为它们之间没有差异。例如，个体可能认为组合（a）——两杯啤 *3*
酒和一杯白酒与组合（b）——一杯啤酒和两杯白酒之间没有差异。无差异曲线是一条把所有对经济个体来说无差异的啤酒杯数和白酒杯数的组合连接起来的曲线。但后来人们发现，根据现有的关于经济和经济行为的数据同样很难找到合适的方法建立起无差异曲线。因此，到了 20 世纪 30 年代中期，无差异曲线最终因为不能为经济学提供坚实的科学基础而最终被放弃了。

60 年前，心理学似乎提供了一个行为主义形式的解决方案。行为主义是由约翰·布罗德斯·华生、伯尔赫斯·弗雷德里克·斯金纳等人提出的一个科学项目，它主导着 20 世纪 20—30 年代的美国心理学界。行为主义认为所有人类行为都只是对（现在的和过往的）外在刺激的反应，因而可以通过将观察到的个体行为同该个体在过去和现在所受的刺激联系起来解释所有人类行为。如此一来，任何对内在思维状态的讨论都显得多余了。

受行为主义启发，保罗·萨缪尔森从 20 世纪 30 年代起就主张经济学中的科学推理只能建立在观察到的个体行为的基础上。萨缪尔森的新理论被称为“显示性偏好”理论。它表明，由于在经济均衡时个体都是按照自己的偏好进行选择的，所以他们的内在偏好可以通过他们的选择被推断或揭示出来。因此，显示性偏好理论认为任何对内在思维（心理）状态的讨论都是不必要的，从而经济学与依赖内在思维状态研究的心理学科之间其实没什么关系。在接下来的几十年里，显示性偏好理论一直是经济学中关于人类行为的最有影响力的解释。

尽管如此，在有关第二次世界大战前的研究中使用“行为”或“行为的”等概念仍为时尚早。作为一个概念，“行为”产生于 20 世纪早期的美国，它囊括了人类甚至动物（这一点是有争议的）的全部行动。其后，“行为”这一概念成为心理学的一个新兴分支（行为主义）的发展基础。但直到第二次世界大战时期，“行为”一词才以副词的形式（behavioral）与“科学”“经济学”等名词组合起来。最早在1943年，耶鲁大学的克拉克·霍尔在他的《行为原理》（*Principles of Behavior*）一书中提出了“行为（社会）科学”这一概念（Senn，1966；Berelson，1968；Pooley，即将发表）。然而，“行为”
4 等术语是在1949年詹姆斯·米勒在芝加哥大学心理学系创建了行为科学委员会及1951年福特基金会创立了行为科学项目之后才得以广泛使用的，尽管开始的时候不同使用者的使用方式也不尽相同。

“行为经济学”一词的流行可追溯至20世纪40年代晚期的密歇根大学社会研究院。彼时，乔治·卡托纳认为行为经济学研究的是经济行为，即个体行为中有关经济活动的那一部分。其他使用行为副词的人还有沃德·爱德华兹（同处密歇根大学）和赫伯特·西蒙。爱德华兹在20世纪50年代后期借用行为副词为他所从事的行为研究命名，称之为行为决策研究；而西蒙在50—60年代则进一步将行为经济学视为不同于新古典主流学派的另一种经济学。后来，那些试图沿着西蒙的思路改造新古典主流学派的经济学家沿用了行为经济学这一名称。在1984年阿尔弗雷德·P. 斯隆基金会新创立的行为经济学项目中，丹尼尔·卡尼曼、理查德·塞勒、埃里克·万纳非常明确地使用了“行为经济学”这一概念。

另外，截至目前的简要介绍已经表明，经济学和心理学并非如行为经济学所期望的那样，是具有稳定而清晰边界的实体。例如，萨缪尔森的显示性偏好理论在认同心理学家的行为主义新理论的同时，也指责心理学只是在解释内在思维状态。更一般地，多萝西·罗斯（2003）等指出，20世纪根据使用的方法、研究的问题和提出的理论的不同对各类科学项目进行的学科分类，实际上是对已有的人类知识中各个分支相互重叠的部分进行协商与分割的结果。

但即使在20世纪，经济学和心理学及其他社会、人文学科之间的界限也不那么清晰、确定。例如，如果以所接受的教育作为评判依据，则诺贝尔经济学奖得主中不是经济学家的人除了卡尼曼还有政治学家西蒙和一大批物理学家及工程师，其中还有一些不能明确划分的情况，如弗农·史密斯，他同时拥有电机工程学的学士学位和经济学的硕士与博士学位。再如，当今行为经济学的领军学者科林·卡默

勒，他拿的是行为决策研究方面的博士学位。心理学的情况也是如 5
此。第二次世界大战后最重要的数理心理学家，如罗伯特·邓肯·卢斯、帕特里克·苏佩斯、戴维·克兰茨在转向心理学之前获得的是工程学或数学学位。此外，这些科学家们到底被称为经济学家还是心理学家是由具体场合决定的。西蒙在不同的场合，曾自称是政治学家、经济学家、心理学家和数学家。数学家吉米·萨维奇被经济学家们认为是一位重要的经济学家，同时被心理学家们看作是一位重要的心理学家。

标准划分方式存在的问题甚至体现在了出版物层面。约翰·冯·诺伊曼和奥斯卡·摩根斯坦的《博弈论与经济行为》（*Theory of Game and Economic Behavior*，2004［1944］）同时被经济学家、心理学家、生物学家和数学家形容为他们领域的奠基之作。数理心理学家克兰茨、卢斯、特沃斯基和苏佩斯认为他们三卷本的《度量基础》（*Foundation of Measurement*，1971，1989，1991）拓展了经济学家杰拉德·德布鲁的研究。但同时，他们也认为这本著作在一般性的实证科学领域做出了一定贡献，会对物理学、经济学、心理学等学科产生重要影响，并进而对科学方法论做出积极贡献。虽然不同学科的界限在 20 世纪就已厘清并根深蒂固地成了科学的一部分，但科学家们在实际工作中对这些界限的界定是模糊的，而且经常变化。

经济学与心理学之间纠缠不清的另一个原因是总有人试图跨越并抹平这两个学科之间的界限。例如，在美国，行为与社会科学委员会试图把行为与社会科学统一起来，并且经常向国家科学基金会递交相关报告。在行为心理学中，沃德·爱德华兹在 20 世纪 50 年代后期开创了行为决策研究，将经济学理论用于心理问题分析，拓展了心理学的研究领域。30 年后，卡尼曼和特沃斯基将修正后的爱德华兹项目引入了经济学。再比如西蒙，他试图用从政治科学中得到的一些想法改造经济理论，却最终得出了一个心理学的新理论。此外，数学家罗伯特·斯洛尔和心理学家克莱德·库姆斯在 1952 年组织召开了著名的以“决策过程中的实验设计”为主题的圣塔莫尼卡会议。事后，这场会议 6
经常被认为是同属于经济学博弈论、数理心理学和实验经济学三个学科发展史的重大事件。只要人们（特别是经济学家）认为经济学与心理学之间的划分存在问题，跨越和试图抹平界限的事情就会不断发生。

然而，尽管经济学与心理学之间存在纠结的历史，而且不断有人试图跨越、抹平两个学科之间的界限，我们却不能据此认为这两个学科是重叠、不可区分的科学项目。不止在细节层面，经济学与心理学这两个名称明显不同的区分是在科学范畴。本书一以贯之的主题是理解行为经济学的历史，其中理解经济学与心理学之间在认识论上的差异至关重要。

自亚当·斯密以后，经济学家们盛行（至少在 20 世纪 60 年代）将经济学理论建立在关于经济行为的各种原理、描述、前提或假设之上，我们称之为归纳描述认识论。归纳描述认识论所属的经济学严格区分了关于经济的实证性命题和关于经济学家偏好的经济政策的规范性价值判断。心理学产生于 19 世纪 60 年代，主要建立在费希纳、冯特等人的研究基础上。与经济学不同的是，心理学的认识论基础是可以直接被拒绝的经验命题。关于规范性与描述性的区分可以说广为应用，心理学的认识论为在这种区分下构建科学的描述性心理学提供了指导。心理学家设计实验并判断两只灯泡的亮度。从而，灯泡的亮度构成了客观既定的事实，即规范性的刺激。进而，实验对象对灯泡相对亮度的个体感受构成了实验的描述性结果。卡尼曼和塞勒在 20 世纪 80 年代创建的行为经济学的焦点就是用心理学家的可直接拒绝的命题的认识论取代经济学家的归纳描述认识论。行为经济学家将之表述为用心理学家的规范性-描述性二分法替代经济学家的实证性-规范性区分。

从 20 世纪 80 年代早期开始，行为经济学家试图将经济学中主要
7 的认识论导向从归纳描述转向可直接拒绝的经验命题。为了理解这一过程，我们首先需要体会经济学和实验心理学对个体行为的处理方式的差异。从 19 世纪的欧洲到 20 世纪的美国，这种差异一直存在。心理学家瑟斯顿试图通过心理学实验检验经济学家的无差异曲线，而经济学家弗里德曼和沃利斯驳斥了瑟斯顿的实验。对个体行为的两种不同处理方式在此直接冲突，它们的差异表现得尤为明显。其次，我们需要回顾冯·诺依曼和摩根斯坦的《博弈论与经济行为》[1] 是如何在行为公理上建立社会理论的。我们尤其需要了解冯·诺依曼和摩根斯

① 第一版出版于 1944 年，此处引用的是 2004 年重印的 1947 年第二版。

坦关于行为公理性质的观点（这是他们的博弈论的基础）是如何与关于人类行为的心理学与经济学概念联系起来的。第 1 章将简要介绍相关背景。

《博弈论与经济行为》出版后，在大约十年的时间里，经济学家、心理学家和数学家一直在讨论如何理解并在各自的研究领域应用行为公理。第 2 章回顾了一些代表性人物之间的争论，并详细讨论了其间最主要的阿莱-萨维奇争论。经济学和心理学学科内部的相关争论大约持续到 20 世纪 50 年代中期，第 2 章的剩余部分讲述了这两个学科内部的相关争论以及它们之间的主要区别。

心理学家与经济学家吸收整合冯·诺依曼-摩根斯坦公理的不同方式，为心理学家丹尼尔·卡尼曼、阿莫斯·特沃斯基、保罗·斯洛维奇、萨拉·利希滕斯坦以及后来的行为经济学家的批判埋下了伏笔。但这二者之间的差异确实非常大，怎么强调都不为过。第 3 章讲述了 20 世纪 50—60 年代数理心理学和行为决策研究对冯·诺依曼-摩根斯坦公理（更广泛地说是决策理论）的不同研究，它们构成了同一枚硬币的两面。公理形成了人类理性决策心理学理论和度量理论的基础，而所有的度量说到底就是人们判断两种价值中哪个更高、更 8
大、更亮等。

心理学的研究项目遇到了困难，因为实验中的人类行为经常和规范性理论产生系统偏差。这不仅使得描述理性行为的公理站不住脚，并且表明度量理论是无效的，而度量理论是通过实验研究个体决策的理论基础。这是特沃斯基在 20 世纪 60 年代晚期碰到的难题。第 4 章讨论特沃斯基在这一时期的研究，并通过阐述同时期卡尼曼的研究，给出他为特沃斯基遇到的难题提供的可能的解决方案。卓有成效的结合奠定了他们在 20 世纪 70 年代合作研究的基础，第 4 章接下来将阐明相关成果。第 4 章总结性地提出了三种解释，说明为什么卡尼曼和特沃斯基能够对心理学家和经济学家产生重要影响。

虽然卡尼曼和特沃斯基的理论令人信服且颇具吸引力，但是经济学家们对它的解读并不一致。第 5 章区分了两种主要的解读。实验经济学家沿袭了弗农·史密斯的研究传统。他们接受了心理学家的实验证据，但认为它只是进一步强调了市场机制在推动原始易错的市场行为走向竞争均衡过程中的重要作用。相比之下，以理查德·塞勒为首的数位偏金融的经济学家接受了卡尼曼-特沃斯基项目并开始把它应用到经济问题和经济理论研究中。他们主要的工具是心理学家关于人类决策的规范性-描述性区分，这源于实验心理学和数学家萨维奇的研究。虽然不能说是完全不相容，但是实验经济学和行为经济学对于“什么是经济学”“经济学与心理学的联系”给出了迥异的解答。行为经济学迎来具有决定性意义的蓬勃发展是在阿尔弗雷德·P. 斯隆基金会于 1984 年创立的行为经济学项目和随后埃里克·万纳主导的拉塞尔·塞奇基金会中。

第 6 章是最后一章，指出心理学家卡尼曼和特沃斯基在思想和认识论上对经济学的重新定义被塞勒所继承，决定了行为经济学的发展边界。第 6 章接下来讲述了 20 世纪 90 年代以及 21 世纪前十年行为
9 经济学中最重要的进展。具体来说，它探讨了行为经济学在跨期选择、二元系统方法、偏好研究的内生性、自由主义家长制的新福利经济学等方面的发展。最后，后记部分回顾了贯穿全书的主要线索。

第 1 章 理解人类行为

1. 引 言

经济学中的归纳描述认识论起码可以 10
追溯至 19 世纪。本章的第一个目标就是简要回顾约翰·斯图亚特·穆勒（1806—1873）关于经济学的著名定义（Mill, 1844）。他主张在刻画经济世界本质特征的一些描述上构建经济学理论，虽然这些描述不能直接被经验证实或拒绝。

穆勒认识论在 20 世纪逐渐丧失了影响力，其中，最主要的原因是逻辑实证主义的出现。所谓的逻辑实证主义只是一个粗略的概括，它是由维也纳学派的鲁道夫·卡尔纳普、摩里兹·石里克和奥图·纽拉特等人在 20 世纪 20 年代提出来的。

逻辑实证主义的科学世界观指出，任何科学的命题要么是可以被经验观察直接证实或拒绝的经验命题，要么只是一个定义。据此推论，归纳描述法不属于科学范畴。

但是，仍有经济学家坚持穆勒的方法，并借用逻辑实证主义的术语对它做了重新表述。本章的第二个目标是要阐明，经济学家艾伦·沃利斯（1912—1988）和米尔顿·弗里德曼（1912—2006）对心理学家路易斯·列昂·瑟斯顿（1887—1955）的批判就体现了这一点，后者通过实验证实无差异曲线是一种适当的分析工具（Wallis and Friedman，1942；Thurstone，1931）。本章将表明心理学家与经济学家在研究人类行为时所使用的方法存在着巨大差异。此外，本章还将说明弗里德曼关于经济学与心理学之间关系的代表性观点。

11 最后，本章将表明沃利斯和弗里德曼的穆勒认识论与约翰·冯·诺依曼（1903—1957）和奥斯卡·摩根斯坦（1902—1977）在《博弈论与经济行为》（2004 [1944]）中使用的方法惊人地相似[1]，尽管初看起来，二者似乎没什么关联。冯·诺依曼与摩根斯坦的公理化方法的核心是归纳描述理性行为的特征，这些描述来源于经验现实，是理性决策的准则，但并不能被经验直接证实或拒绝。这种观点不仅反映了冯·诺依曼对数学性质的理解，而且与穆勒（1844）以及沃利斯和弗里德曼（1942）的经济观点一致。

2. 穆勒与经济推理的性质

约翰·斯图亚特·穆勒在他颇具影响力的论文《论政治经济学的定义及其适用的研究方法》（On the Definition of Political Economy;

① 关于《博弈论与经济行为》的各种表述和应用构成了博弈论的起点（Leonard，2010；Weintraub，1992；Dimand and Dimand，1997，2005；Machina，1989）。该书改进了原来的期望效用理论，并为需求理论提供了新的基础（Amadae，2003；Fishburn，1964，1981）。博弈论、决策理论、期望效用理论都经受了牵涉甚广的哲学批判（Hausman，1992；Nozick，1993；Green and Shapiro，1994；Friedman，1996）。简单来讲，动荡的第二次世界大战和冷战时期是广泛的历史研究中的课题，而博弈论的创立与应用构成了其中一个不可或缺的部分（Amadae，2003；Klein，即将发表；Leonard，2010；Mirowski，2002；Capshew，1999；Fontaine and Backhouse，2010；Forman，1987；Hughes，1998；Hughes and Hughes，2000；Thomas，2007；Erickson，2010）。

and on the Method of Investigation Proper to It）中表明了经济学与人类行为之间的关系，他的观点虽然复杂，但表述得很清楚。穆勒指出，经济学家提出了几项与经济运行相关的人类行为的一般原理，比如对财富的追求和对劳动的厌恶，而且“人的欲望，以及由它导致的人的行为，是可以被我们（经济学家）观察到的……每个人都可以大致地收集齐全这方面知识的相关材料”（Mill，1844，p. 105）。穆勒论及，经济学家就是从这些“假设前提”出发推理出他们的生产和财富分配等理论的。这些假设前提和据之推理出的理论虽然“可能完全没有现实基础”，而且“没有假称和事实广泛一致”（Mill，1844，p. 102），但人们仍然需要通过证实（这些假设与理论）来降低“由每个特例的复杂性所导致的不确定性”（Mill，1844，p. 107）。 12

同时，穆勒指出经济学不可能像物理学那样做实验，因为“我们没有办法在实验室里对政府组织和国家政策体系进行小型化的试验”。但需要强调的是，穆勒并没有据此否认经济学是一门经验科学。经济学的假设前提和据之推理出的理论必须和日常经济中“自发的有限的实验”（Mill，1844，p. 103）以及经济学家们自身拥有的经济知识一致。他认为经济学在很大程度上算是经验科学，只是由于实践原因不能够做实验（Hands，2001；Maas，2005a，2005b）。

穆勒认为经济学科和数学具有相似的认识论：

> （政治经济学）必须只能从假设而非事实开始推理。它建立在假设基础上，正如其他抽象科学建立在定义上。几何学武断地给出了直线的定义，“只有长度，没有宽度”。政治经济学以类似的武断方式给人下了定义，人一直在努力，试图在现有的知识下，利用最少的劳动和生理付出获得最大数量的生活必需品、便利设施与奢侈品。没有数学家会认为他关于直线的定义与真实的线一致。同样地，没有政治经济学家会认为真实的人除了财富以外没有其他追求目标，或者说所有目标都会屈从于轻微的金钱动机。但为了实现直接和主要的理论目标，他们只能处理人类行为中涉及金钱利益的那一部分，所以，他们做的假设是有道理的。没有两个个体是完全一样的，因此，只有舍弃特例的**某些**情况，才能够得出概括性的、**一般性**的准则（Mill，1844，pp. 101-103）。

穆勒对经济学和数学性质的理解与主导20世纪的逻辑实证主义

很不一样。许多经济学家（大多数是计量经济学家）都试图把逻辑实证主义的方法运用到经济学中（Morgan，1990；Boumans，2005），萨缪尔森也可归入此列，只是他的研究方法有所不同（Weintraub，1991；Wong，1978）。其他经济学家则仍在有意或者无意地坚持着穆勒的观点。

13 3. 瑟斯顿与沃利斯和弗里德曼的争论

沃利斯和弗里德曼（1942）对瑟斯顿（1931）无差异曲线实验的批判，表明了一些经济学家如何利用 20 世纪的逻辑实证主义术语改写并坚持穆勒认识论，这是这方面的一个有代表性的例子。双方的研究也揭示出心理学家和经济学家对同样的理论及其假设做出的不同理解。

在 20 世纪 20 年代晚期，心理学家瑟斯顿和经济学家亨利·舒尔茨（1893—1938）在他们各自的学术圈里都属于重要的学者之一（Gigerenzer，1987b；Hands and Mirowski，1998；Mirowski and Hands，1998）。他们同在芝加哥大学而且是好朋友（Thurstone，1931），二人之间的对话成了 20 世纪经济学家和心理学家交流史上的一段引人入胜的佳话。他们的对话没有被记录下来，没有留下文档资料。然而，想要重现他们探讨过的一些主题却也不是一件困难的事情。舒尔茨大概告诉瑟斯顿，他尝试着度量需求曲线，其中一个努力方向是利用无差异曲线把观测到的需求和对相关商品（组合）的需求连起来（Schultz，1928a，1928b，1938）。他肯定说过他在搜集、处理数据以及在证明需求理论假设的过程中遇到了一些实际的困难（Hands and Mirowski，1998）。他应该还明确或含蓄地提到过个体在选择时偏好更多而非更少这一假设。

舒尔茨关于一般经济理论和他自己的研究的阐述让瑟斯顿感兴趣的原因至少有两个。首先，舒尔茨等经济学家将经济理论建立在关于个体选择行为的假设之上，却没有明确意识到需要利用实验检验这些假设，在所有的可能性中，这一点最为吸引瑟斯顿的注意，原因很有可能是构建一个合适的实验并不太困难。第二，尽管没有明确意识到，瑟斯顿应该想到，他于几年前在实验心理学中提出的新的实验方法可以直接被应用于舒尔茨所说的个体行为的假设（Thurstone，1927a，1927b，1927c；Thurstone and Chave，1929）。

瑟斯顿曾经倡导将实验心理学引入“辨别过程”，在“辨别过程”中，人类思维在两种刺激之间进行比较、选择。由此，瑟斯顿得出了他的“比较判断法则”，相比这一法则的具体细节，它的假设前提更为重要，如下： 14

> 假设有一系列刺激或样本摆在我们面前，比如一系列灰度值、圆柱形砝码、书法样本、儿童画作，或其他需要比较的系列刺激……我们可能根据灰度值、重量、精彩程度或其他数量或质量的属性来思考每一个样本是“多”或者“少”。（Thurstone，1927b，p. 273）

在和好友舒尔茨的对话中，瑟斯顿肯定认识到“其他需要比较的系列刺激”可能也包括舒尔茨在经济理论中提到的商品。事实上，“多”和“少”正是经济学家在研究商品时所使用的术语。

瑟斯顿被认为是一位多才多艺的心理学家，他涉足心理学的众多领域，而且喜欢挑战（Gigerenzer，1987a，1987b）。只要看一下他发表作品的数量和类别就可以证实这一点。所以，毫不奇怪，在和舒尔茨对话后，瑟斯顿决定在他的心理实验室中检验舒尔茨的经济理论。在这项工作产生的论文中，瑟斯顿强调“这个问题的提出要归功于和我的朋友亨利・舒尔茨教授之间无数次的对话”（Thurstone，1931，p. 139）。[①] 另外，瑟斯顿清楚地看到了经济学家和心理学家在这一课题上进行合作的巨大潜力，“在经济学中这是一个老问题，但将它用实验的形式重新表述出来，或者作为一个心理学问题提出来，可能就是一个新问题……很显然，对一个非常古老的跨越经济理论和心理实验领域的问题进行研究拥有广阔的前景”（Thurstone，1931，p. 139）。

在开始分析前，瑟斯顿提出了“五个基本前提”，他认为这些前

---

① 莱尔・V. 琼斯曾是和瑟斯顿一起工作的博士后，后来成了他的同事。他回忆瑟斯顿时曾说：“（他）和舒尔茨午饭时会在芝加哥大学的学院俱乐部碰面，讨论共同的学术兴趣。”琼斯又说道：“我印象里他们互相非常尊重。”（琼斯 2011 年 1 月 31 日致本书作者的电子邮件。）

提对于利用理论和实验分析人们在不同商品间的经济决策是必需
15 的。这五个基本前提是：（1）满意度随着占有商品数量的增加而增加；（2）存在一个商品数量下限，低于它则经济个体不能或不会（供给商品进行）交易；（3）“动机的定义是数量化的，是总体的每单位增长所带来的可预期的满意度的增长”（p. 141）；（4）动机是有限的；（5）“动机随着已经占有商品数量的增加按比例递减”（p. 142）。这些基本前提也被称作“理性等式”，意指将观察到的一系列广为人知、被普遍接受的人类行为表现付诸科学的、理性的语言。瑟斯顿的分析聚焦在无差异曲线上，他有时称之为无差异函数。于是，他声明基于“无差异曲线的……理性等式”有可能“确认（无差异曲线）能否通过实验来证实”（Thurstone，1931，p. 151）。为了将这项实验和他以前的工作联系起来，瑟斯顿进一步强调个体在不同的商品组合之间的选择是一种“判断行为”。

瑟斯顿的实验设计简单明了，只有一个实验对象（经济个体）。现在看来，只使用一个实验对象的局限性可能太大，而且没有必要。但这并没有违反当时的实验惯例，而且和实验目标也不冲突，实验目标被确定为研究是否有可能证实个体无差异曲线的存在（Danziger，1990，1997）。瑟斯顿确认实验对象“对于实验中的心理物理问题全不知晓，也不具备我们所要寻找的关于无差异曲线的性质的相关知识”（Thurstone，1931，p. 154），他需要根据个人偏好在不同的商品组合之间进行比较判断，这些商品组合是帽子和鞋子、鞋子和衣服，以及衣服和帽子。其中暗含的参照点是零顶帽子、零双鞋子或零件衣服，即假设实验对象初始时不占有任何上述商品，但要在实验中表明他对不同商品组合的偏好。

更具体地说，瑟斯顿固定了一组商品组合，包含八顶帽子和八双鞋子（如图 1－1 所示），然后拿出一个包含更大数量的其他商品组合，询问实验对象更偏好哪一个组合。在图 1－1 中，实心圆代表实验对象更偏好的、优于八顶帽子和八双鞋子的其他商品组合，空心圆代表不如固定组合的组合。瑟斯顿据此画出了最可能的无差异曲线，同时说明由于实验对象可能犯错误，或由于其他原因导致的不一致，画出的无差异曲线并不完美。同样的实验程序接着被应用于帽子和衣服组合以及衣服和鞋子组合。

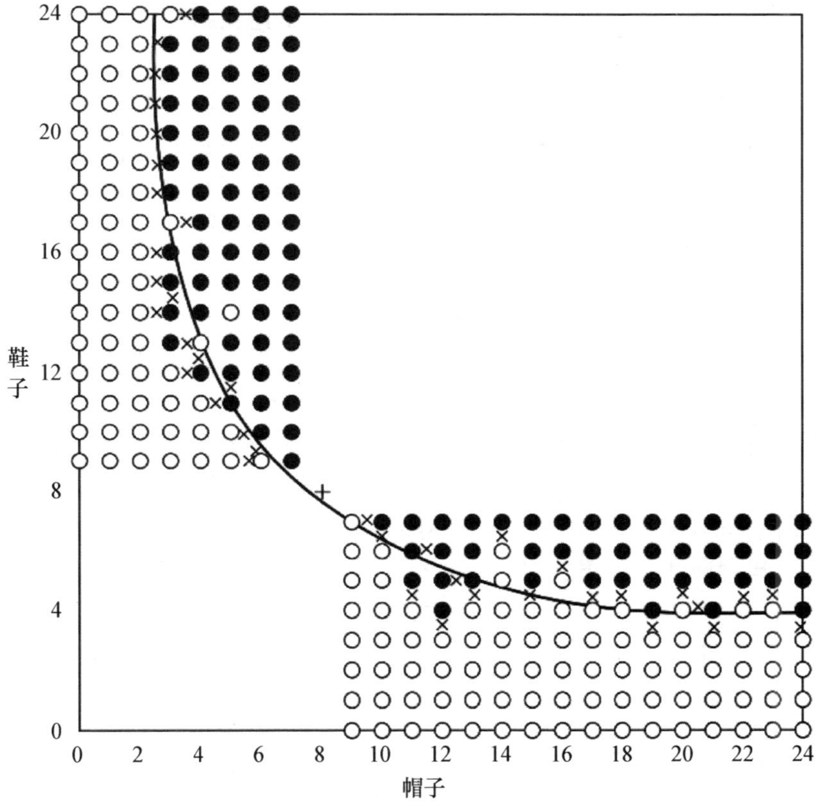

图 1-1　瑟斯顿关于帽子与鞋子的无差异曲线

资料来源：Thurstone（1931，p. 153）.

在之后的几年里，许多经济学家都曾简要地提及瑟斯顿的无差异 16
曲线实验，而且无一例外地都持批判的立场（Lenfant，2012）。① 事实上，直到半个世纪后的 20 世纪 80 年代，经济学家们开始热衷于个体决策行为的实验时，瑟斯顿的论文才又被重新翻了出来（Moscati，
2007a）。而在当时它被发表后的几年里，要数弗里德曼和沃利斯对它 17

① 20 世纪 50 年代早期，莱尔·V. 琼斯曾向芝加哥大学针对新员工的种子资助委员会申请基金以拓展瑟斯顿（1931）的研究。申请“被委员会主席米尔顿·弗里德曼否决，认为我是在修改我自己并不怎么了解的一些经济学议题，这可能是公正合理的”（琼斯 2011 年 1 月 31 日致本书作者的电子邮件）。沃利斯和弗里德曼（1942）对瑟斯顿（1931）的批评是琼斯的申请被否决的另一个原因，而琼斯当时并没有意识到这一点。后来，瑟斯顿和琼斯发表了两篇相关论文：Thurstone and Jones（1957）and Jones（1959）。

的探讨最为广泛。20 世纪 30 年代早期，弗里德曼跟随舒尔茨在芝加哥大学开启了他的学术生涯，并从 1934 年秋天开始协助舒尔茨筹建统计实验室。沃利斯也于 30 年代在芝加哥大学学习经济学，还和弗里德曼以及乔治·施蒂格勒（1911—1991）成为好朋友。1942—1946 年，沃利斯曾担任美国科学研究与发展办公室在哥伦比亚大学成立的统计研究组的负责人。另一位哥伦比亚大学的经济学家哈罗德·霍特林（1895—1973）也曾和舒尔茨在 20 世纪 30 年代有过合作。第二次世界大战期间，沃利斯和霍特林雇用弗里德曼、施蒂格勒等芝加哥大学学者参加哥伦比亚大学的统计研究组（Stigler，1988，p. 61）。20 世纪 30 年代末 40 年代初，弗里德曼开始批判舒尔茨的统计方法，并在 40 年代晚期著名的“没有理论的度量”（measurement without theory）争论中支持伯恩斯和米歇尔（1946）对统计学和经济理论的运用（Hands and Mirowski，1998；Morgan，1990）。

沃利斯和弗里德曼 1942 年的论文被收录在舒尔茨的纪念文集里（舒尔茨在 1938 年的一场车祸中离世），他们严厉地批判了瑟斯顿 1931 年的论文，这和其他经济学家的观点一致。沃利斯和弗里德曼对瑟斯顿的批评的不同寻常、引人注目之处，首先在于他们明确地、反复地尝试区分心理学和经济学。他们区分了瑟斯顿的实验对于经济学和心理学的不同意义，并强调经济学对无差异曲线的运用和其他学科是不同的。换句话说，沃利斯和弗里德曼认为心理学和经济学是具有不同假设前提和不同研究目标的两个学科。对他们来说，似乎仅此原因便足以拒绝瑟斯顿的心理学实验。

其次，沃利斯和弗里德曼试图让读者相信他们对瑟斯顿研究的批判是根本性的，而不是针对一些可以被解决的轻微问题。但当人们真的去审视沃利斯和弗里德曼的反对意见时，却惊讶地发现这些反对意见针对的都是实际性问题。沃利斯和弗里德曼不反对在经济学中使用实验，不反对瑟斯顿的基本前提的性质，也不反对瑟斯顿假定存在的
18 观察和理论之间的联系。相反，他们指责瑟斯顿的基本前提不像是“前提”，更像是“归纳的观察结果”，诸如此类。但接下来他们认同了瑟斯顿归纳的观察结果的有效性。此外，沃利斯和弗里德曼认为不能通过假设性的问题得出经济个体的真实偏好，个体在实验中的偏好有可能发生改变，而且人为设置的实验室也不能很好地替代所要研究

的经济环境。简单来讲：

> 瑟斯顿实验的经济意义因受到许多严重的限制而被削弱了……只要涉及经济刺激与人，这些根本性的缺陷便不能被克服……根本性的困难在于经济现象是完整的生活不可分割的一部分，从而任何有效的实验都需要控制实验个体的几乎全部的生活。（Wallis and Friedman，1942，pp. 179，180）

需要强调的是，沃利斯和弗里德曼对于利用经济行为的统计数据推断无差异曲线同样持批评态度。而且，他们对统计推断的批评更侧重实际层面，而不是理论或哲学层面。他们认为假设偏好不变是不合适的，因为不断变化的收入会影响偏好，而且不同个体的偏好存在显著差异，所以将不同个体的偏好在某个时间点进行加总也不可行。因此，他们认为纯粹基于统计数据无法构建无差异曲线。

沃利斯和弗里德曼没有利用实验或统计数据考察无差异曲线，而是指出，"经济学家的无差异函数隐含了决定消费者选择的所有社会和心理因素，不止如此，无差异函数的巨大优势还体现在一方面它全面涵盖了这些因素的复杂性与一般性，另一方面又能够绕开那些关于人类心理的无关或错误假设"（Wallis and Friedman，1942，p. 176）。这一表述看起来令人费解，因为如果把实验室实验和统计数据排除在科学的前提假定的来源之外，那些心理和社会的因素又据何而来呢？而且无差异函数既包含各种心理和社会的因素，又绕开那些无关假设，这怎么可能做得到呢？沃利斯和弗里德曼的回答是"无差异函数是针对具体时间的具体个体**定义**的，其目的是从经济学中**抽象出**心理 19
要素，这些心理要素和文化环境共同构造了选择的机制"（Wallis and Friedman，1942，p. 177，强调后加）。因此，尽管其中的一部分是基于对经济的观察，无差异曲线在某种程度上却是被定义出来的。另外，产生无差异曲线的经济观察并非来源于前文批判的实验室实验或统计数据，而是来源于对经济生活的清晰观察："无差异曲线向下倾斜的假设建立在人们一般认为经济物品多比少好这一事实之上"（Wallis and Friedman，1942，p. 176）。同时，无差异曲线还被用来组织、整理经济生活数据。"无差异函数的第二个用处是**组织**、分析消费者支出的经验数据……给出无差异函数的数学关系式"（Wallis and Friedman，1942，p. 176，强调后加）。沃利斯和弗里德曼使用的其他术语还有“合理化”和“归纳”经济生活事实。[①]

沃利斯和弗里德曼使用的语言是 20 世纪的，如事实、证明和试验等。他们拒绝了利用实验和纯粹统计数据推断无差异曲线的做法，转而支持对可获得的观察事实进行“归纳”与“合理化”处理的方法。事实上，这和穆勒（1844）的方法很相似。沃利斯和弗里德曼含蓄地指出经济学家通过阅读报纸和其他经济报道，以及通过购买食品、杂货、保险、房子，以及度假等了解一系列经济事实，然后利用无差异曲线等工具将它们组织成知识体系。例如，无差异曲线对如下事实进行了合理化处理：雇员只有在加班工资比平时工资高的情况下才愿意选择加班。这里，无差异曲线组织、整理了相关事实，使雇员的行为看起来合理了。但我们马上发现这些经济学家的语言表述中有一些错误，上述对经济事实的合理化还依赖于另一个经济工具——理性人假设。我们只有假设个体的选择基于自己的偏好，即选择是理性的，才能够使用描述工资与闲暇的无差异曲线来将他们对加班工资的
20 需求合理化。换句话说，沃利斯和弗里德曼将无差异曲线看作是对理性个体的经济行为进行合理化处理的一个例子。

尽管瑟斯顿的实验不能被既有的经济理论所接受，但将沃利斯与弗里德曼的批评看作是对它的简单否定仍是不合适的。同样，将 20 世纪 30—70 年代根本没人去讨论瑟斯顿实验的事实归因于经济学家蔑视心理学家和他们的实验也是错误的。其实原因很简单，瑟斯顿的实验本就不是经济学研究的方法。对于沃利斯和弗里德曼这样的经济学家，以及他们所代表并做出贡献的经济学传统来说，无差异曲线是对观察到的经济事实进行合理化处理的工具，而不是需要进行实验的理论命题。

4. 冯·诺依曼与摩根斯坦的社会现实之希尔伯特数学

沃利斯和弗里德曼背后的穆勒认识论与《博弈论与经济行为》（von Neumann and Morgenstern，2004［1944］）中的认识论十分相

① 另一个问题是，基于这种认识论，无差异曲线还是不是合适的经济分析工具，沃利斯和弗里德曼（1942）同样对此存疑，详细阐述请参见 Lenfant（2012）。

似。罗伯特·伦纳德在《冯·诺依曼、摩根斯坦与博弈论的创立》(*Von Neumann, Morgenstern, and the Creation of Game Theory*, 2010）中详细阐述了《博弈论与经济行为》的写作背景、结构以及出版后的影响，其中的主题之一是说明冯·诺依曼如何借鉴大卫·希尔伯特（1862—1943）的研究方法。希尔伯特将对某一科学领域的数学研究建立在一系列独立、一致的公理之上，在此基础上推导出该领域的相关原理。在《博弈论与经济行为》中，冯·诺依曼与摩根斯坦合作并颇具成效地创建了“社会现实的希尔伯特数学”（Leonard, 2010, p. 222)。

冯·诺依曼和摩根斯坦提出的行为公理是博弈论分析的基础，但这些公理的精致、巧妙之处被许多历史学家、哲学家和评论家们所忽视，即使在《冯·诺依曼、摩根斯坦与博弈论的创立》中也只是含蓄地提到。一个有说服力的原因是逻辑实证主义处于支配地位，甚至在历史学家和哲学家中，其他的认识论也并不流行。尽管伦纳德·吉米·萨维奇（1917—1971）和弗里德曼等冯·诺依曼的助手试图采用冯·诺依曼和摩根斯坦的观点，但这些观点在一些新的解读下迅速瓦解，到了 20 世纪 50 年代中期，则几乎消失殆尽。这是这些观点被忽视的第二个原因。然而，要想了解对行为公理性质的这些新解读，我们首先要理解冯·诺依曼和摩根斯坦本来的方法。 21

冯·诺依曼和摩根斯坦构建博弈论的基础是“对‘理性行为’的刻画：……一整套在所有可能环境下的行为准则”（von Neumann and Morgenstern, 2004, p. 33)。所谓“理性行为”是指“经济个体尽力获得效用最大化，对厂商来说则是利润最大化”（von Neumann and Morgenstern, 2004, p. 1)。换句话说，冯·诺依曼和摩根斯坦试图“找到完整的、定义社会经济参与者‘理性行为’的数学原理，并由此推导出他们的行为的一般特征”（von Neumann and Morgenstern, 2004, p. 31)。理性行为由下列公理刻画。

> 我们来看一个系统 U，包括 u，v，w，…，给定 u 和 v 的关系，$u>v$，对于任意的 α，$(0<\alpha<1)$，有
>
> $$\alpha u+(1-\alpha)v=w$$
>
> 这些概念满足下列公理：
>
> (A) **$u>v$ 是 U 的完备序。**

若 $v>u$，可写作 $u<v$，则有：

（A：a）对于任意的 u，v，下列三种关系中有且仅有一种成立：

$u=v$，$u>v$，$u<v$

（A：b）若 $u>v$，$v>w$，则 $u>w$。

（B）**有序性与合并性**。

（B：a）若 $u<v$，则 $u<\alpha u+(1-\alpha)v$。

（B：b）若 $u>v$，则 $u>\alpha u+(1-\alpha)v$。

（B：c）若 $u<w<v$，则存在一个 α，使得

$\alpha u+（1-\alpha）v<w$

（B：d）若 $u>w>v$，则存在一个 α，使得

$\alpha u+（1-\alpha）v>w$

（C）**组合代数**。

（C：a）$\alpha u+(1-\alpha)v=(1-\alpha)v+\alpha u$。

（C：b）$\alpha(\beta u+(1-\beta)v)+(1-\alpha)v=\gamma u+(1-\gamma)v$，其中，$\gamma=\alpha\beta$。

（von Neumann and Morgenstern，2004，p. 26，原文强调）

22 因此，上述三个公理刻画了经济个体的理性行为，而每个公理由两到三个部分组成。

冯·诺依曼和摩根斯坦只对刻画理性行为感兴趣，“我们力图集中研究一个问题，无关效用和偏好的度量”（von Neumann and Morgenstern，2004，p. 8）。关于效用度量问题的讨论似乎一直伴随着人们对理性行为的研究，尽管冯·诺依曼和摩根斯坦尽量避免在相关讨论中支持某种观点，但他们并不否认或许有一天效用可以被度量出来。对于冯·诺依曼和摩根斯坦来说，他们的著作既不讨论某一个具体理论概念的度量、证明，进而操作的问题，也不讨论个体效用能否、如何以及何时可以被度量这种更加哲学化的问题。他们认为《博弈论与经济行为》是一部关于理性行为的刻画与合理化的著作。然而，为了确定在不同环境下的理性决策，冯·诺依曼和摩根斯坦却需要比较，从而以某种方式度量各种选项。他们通过定义一种数字刻度解决了这个问题，该数字刻度允许为个体对每一个选择的偏好强度赋予一个数字，这和我们用温度（以数字的形式）定义热的做法极为相似（von Neumann and Morgenstern，2004，p. 17）。这一定义由前文

引用的公理 C 给出。

然而，冯·诺依曼和摩根斯坦却把用数字刻画的偏好强度称为"效用"，其后经济学家们忙碌多年以求理解这一改变（例如，Fishburn，1989）。凭借《博弈论与经济行为》的广泛传播，冯·诺依曼和摩根斯坦实际上完成了对效用概念的第二次重新定义。如前文所述，在 19 世纪最后的 25 年里，效用的概念已经从对社会福利的衡量（边沁的定义）转变为对享乐主义经济主体的心理状态的衡量（Maas，2005；Hands，2001）。冯·诺依曼和摩根斯坦则再次将效用的含义从"对个体偏好的心理学衡量"转变为"对个体偏好强度的公理化定义"。

行为公理（包括数字定义的效用）是基于科学性质的一个特定视角推导出来的。冯·诺依曼和摩根斯坦认为他们的工作是建立"对'理性行为'的刻画"（2004［1944］，p. 33）。其中的关键术语是**刻画**（characterization），类似的说法包括**精确描述**（exact description）、**合理化（或理性解释）**（rationalization）和**归纳概括**（generalization）。这种"刻画"方法与描述法是有区别的："本书的目标方向并非经验研究"（von Neumann and Morgenstern，2004，p. 5）。与穆勒（1844）以及沃利斯和弗里德曼（1942）类似，冯·诺依曼和摩根斯 23
坦从理性行为的一些众所周知的特征出发，试图建立一个前后一致的数学框架："我们试图找到数学上的完备的原理，可以用来定义社会经济参与者的'理性行为'，并推导出理性行为的一般特征"（2004［1944］，p. 31）。

行为公理总结了理性行为的一些特征，但也遗漏了很多（虽然不是全部）经验事实，"我们应该只使用人类行为具有共性的一些经验，这些经验适合于使用数学进行分析，而且具有经济上的重要性"（von Neumann and Morgenstern，2004，p. 5）。另外，实际中个体的行为是否理性对于刻画理性行为并不是特别重要。冯·诺依曼和摩根斯坦试图描述的是"个体**努力**"做到理性（2004［1944］，p. 1，强调后加），至于实际中个体是否实现了理性目标与此并无多大关系。

有关这一科学方法的进一步阐述可参见冯·诺依曼的《数学家》（The Mathematician，1988；或参见 Leonard，2010）。① 冯·诺依曼

---

① 《数学家》首次发表于芝加哥大学出版社 1947 年出版的《思维运作》（*Works of the Mind*）的第一卷，第 180—196 页。此处参考的是 1988 年的重印版。

以始自欧几里得的观点开始他关于数学性质的说明：数学家展开数学分析的起点是提出假设。他指出，这些假设随后被组合并应用于不同的情形，被应用于可以称为创造性的，甚至具有美学意义的运算过程中（von Neumann，1988）。但主要问题是，这些假设是从哪里来的呢？冯·诺依曼指出，直至19世纪晚期，人们始终认为虽然这些假设最开始可能源自实际经历和经验观察，但只能通过数学推理验证它们的有效性与正当性。换句话说，冯·诺依曼认为，截至19世纪晚期，数学家的目标是对作为诸多数学分支建立基础的假设进行去经验化。尽管如此，看一下库尔特·哥德尔对希尔伯特项目的反对意见和鲁伊兹·布劳威尔等人在20世纪前30年的直觉批判，事情便很清楚了，即数学（的有效性）总是以这种或那种方式建立在经验、直觉等相关经验事实的基础上。尽管冯·诺依曼不认可布劳威尔的直觉主义
24 者研究的深远影响，但是他同样认为数学的经验基础应该得到更明确的承认。例如，冯·诺依曼指出，贯穿整个19世纪的围绕欧几里得第五公设的热烈讨论，虽然可以被归结为它能否从前四个公设中推导出来，但讨论的实质是第五公设是否基于现实经历和经验观察，“所有欧几里得公设中只有第五公设遭到质疑的基本原因很清楚，整个无限平面的概念没有经验基础，而这一概念仅在第五公设中出现过”（von Neumann，1988，p. 2031）。

然而，冯·诺依曼同时指出数学不只是对直觉、经验和观察的总结概括，数学是从这些经验、观察和直觉中得到一般规律（或者称之为原理、假设、公理等）的推论过程。换句话说，“数学是一门诠释经验的科学，超越了纯粹描述的水平”（von Neumann，1988，p. 2029）。因此，冯·诺依曼认为“数学的性质中存在奇特的双重性”（von Neumann，1988，p. 2030）。虽然总是建立在经验与观察的基础上，但一旦经验和观察被总结为几个假设，数学便开启了它富有创造性的证明与推导的过程：

> 我认为，“数学思想源于经验”的说法相对来说已经比较接近事实真相了。由于这段发展谱系在有的环节过于晦涩、冗长，除了这种“粗略估计”之外，找不到其他更好的处理办法。但是，如此构想之后，这个学科便开始了自己奇特的历程。这一历程堪称富有创造性，而且审美动机对它的支配超越了经验科学等

其他任何东西。(von Neumann，1988，p. 2038)

然而，即使是富有创造性并具有审美意义的数学证明和推导，也并非和经验现实完全无关。任何推导和证明都要联系到经验世界。推导不必是对经验世界的精确描述或预测，但它应该是对经验世界的有用总结、刻画与理性解释，并得到人们的认可。

换句话说，当冯·诺依曼和摩根斯坦一起坐下来构建"对'理性行为'的刻画"时，这才是他的初衷（von Neumann and Morgenstern，2004［1994］，p. 33)。冯·诺依曼对数学的性质的解读反复
出现在《博弈论与经济行为》中的很多地方。比如，下文中他们对如 25
何选择公理的表述：

> 对公理的选择不是一项纯粹客观的任务。人们通常期待实现一些特定目标——从公理中推导出特定的定理。在这个层面上，对公理的选择是精确、客观的。但除此之外，其他的一些重要、急需的东西则没有这种精确的性质：公理个数不应该太多，公理体系应该尽可能简单明晰，每个公理应该有直观的直觉意义从而人们可以直接判断公理的正当性【脚注】。就我们的研究而言，最后一个要求虽然很模糊，但是非常关键。我们想要一个既有直觉意义又适合数学分析的概念，并且想尽可能了解清楚这需要什么样的假设。(von Neumann and Morgenstern，2004，p. 25)

更确切地说，这些公理以直觉为基础并且受客观的数学要求的约束。直觉体现为"我们的每个公理的直觉意义，即是否合适"（von Neumann and Morgenstern，2004［1944］，p. 27)。在前述引文的脚注中（以【脚注】形式标注），冯·诺依曼和摩根斯坦进一步说明："第一个和最后一个原理可能至少在某种程度上代表相反的意义：如果我们在技术允许的条件下通过合并减少公理的个数，我们就有可能会丧失辨别各种不同直觉背景的可能性"（2004，p. 25)。这就是说，冯·诺依曼和摩根斯坦承认这两个要求的直觉与数学上的有用性相互冲突。在这种情况下，科学家需要衡量相关依据以判断这两个要求中哪一个更重要。

冯·诺依曼和摩根斯坦数学方法的"奇特双重性"还有另外一层重要含义。由于这些公理既受数学推理逻辑的约束，又以经验现实为

基础，如果人们认可，它们还是理性行为的准则。当冯·诺依曼和摩根斯坦“刻画‘理性行为’”时，他们同时提出“一整套行为准则，可用于能够想象到的各种情况”（von Neumann and Morgenstern，2004，p. 33）。实际上，这是他们的主要目标之一：“在我们的方法中，解决方案的直观思想是一套有眉有眼的行为准则，告诉每一个参与者在可能出现的各种情况中应该如何行动”（von Neumann and Morgenstern，2004，p. 31）。因而，在《博弈论与经济行为》中，冯·诺依曼和摩根斯坦在致力于刻画理性决策行为的同时，也力求提
26 供如何进行理性决策的准则。基于这种认识论，冯·诺依曼拒绝通过实验检验博弈论的解（Leonard，2010）。

5. 总　结

19 世纪至 20 世纪上半叶，虽然许多作者通常相互之间并无太多联系，但他们对经济学赖以建立的各种原理、前提、假设或公理的理解非常相似。把穆勒对经济学原理的解读（Mill，1844）与沃利斯和弗里德曼对瑟斯顿无差异曲线实验的批判（Wallis and Friedman，1942）联系起来，可以更清楚地理解经济学家沃利斯和弗里德曼与心理学家瑟斯顿在理解经济推理性质上的冲突。这种联系也有助于阐明《博弈论与经济行为》（2004 [1944]）背后的认识论基础。按照这些作者的理解，作为经济学建立基础的各种原理、前提、假设或公理应该被理解为对经济行为的刻画与合理化。而通过观察杂货店里的经济运行，通过完备的经济行为的统计数据，以及通过反思经济主体如何运作的相关知识，我们可以清楚地看到经济行为。

然而，这种关于经济学基础原理的性质的认识随后却消失了。原因大致可归结为逻辑实证主义的兴起。按照逻辑实证主义的看法，科学命题要么是定义，要么是可以直接被观察所证实或拒绝的经验命题。换句话说，对经济行为的刻画或合理化并不符合逻辑实证主义框架对科学的要求，因此应该被定义或者经验命题所替代。在这段叙事里，对于经济学科来说，弗里德曼是一个重要的过渡人物。一方面，他试图坚持 19 世纪经济学家关于“经济学假设对经济行为的刻画”

的观点；另一方面，他也试图使这种观点和逻辑实证主义的新框架相容。新框架包括了假说、试验、假设、证实、拒绝，一般还强调经验证据的重要性。

将经济学原理解读为“对经济行为的刻画”观点的消失，继而逻
辑实证主义的兴起，为 20 世纪 70—80 年代心理学对经济学的批判埋
下了伏笔，并直接导致了行为经济学的产生。对冯·诺依曼-摩根斯 27
坦公理的解读逐渐演变成这样一种情形：心理学家理解了经济学家对
公理或假设的使用方式，明白他们把公理或假设看成有待证实或拒绝
的经验命题，而心理学家所做的是依据经验拒绝这些公理。

第 5 章将讲述这一过程，但首先我们来看一下经济学家和心理学家在 20 世纪 40 年代中期至 50 年代中期对冯·诺依曼-摩根斯坦公理做出的不同解读。

第2章　经济学与心理学对行为公理的整合

28 1. 引　言

冯·诺依曼和摩根斯坦的《博弈论与经济行为》(2004 [1944]) 和作为整本书基础的关于行为公理* 的微妙认识论，在心理学家中间，尤其是在经济学家中间，引发了大约十年的激烈争论，争论主要围绕着应该如何将新理论及其公理融合进已有的理论和方法中。[①] 最初，争论并没有明确的方向，也没有哪一方的观点占据上风。

① 此外，《博弈论与经济行为》被兰德公司等机构的数学家选中，这些机构是为政府服务的 (Leonard，2010)。

* 此处的行为公理即冯·诺依曼和摩根斯坦的行为公理。——译者注

伦纳德·吉米·萨维奇沿着冯·诺依曼的数学传统理解行为公理，认为公理是对理性行为超越纯粹描述水平的总结。米尔顿·弗里德曼则沿着穆勒传统理解行为公理，认为公理是对经济行为的刻画。一方面，萨维奇和弗里德曼曾就冯·诺依曼-摩根斯坦方法在经济学中的进一步应用进行过短暂的合作。他们能够合作的原因是数学和经济学关于公理的解读是相似的，这一点已在第 1 章中说明。另一方面，保罗·萨缪尔森，特别是威廉·鲍莫尔，将冯·诺依曼-摩根斯坦公理看作是可以直接被经验观察拒绝的关于效用衡量的描述性命题。这导致爆发了一场激烈的争论。争论产生于 1950—1952 年，一方是萨缪尔森和鲍莫尔，另一方是弗里德曼和萨维奇。1952—1954 年，萨维奇和莫里斯·阿莱重启了这场争论，而且争论的腔调有所提升。争论结合当时的其他因素引发了著名的阿莱悖论，并促使萨维奇在《统计学基础》(*The Foundations of Statistics*，1954) 中对决策理论进行了“规范”和“实证”领域的区分。其他学者，如肯尼思·阿罗和雅各布·马尔沙克等曾试图调和不同的观点，但鲜有成效。 *29*

1953—1954 年，这场争论演变成不同学科对公理做出不同的解读。概括来讲，一方面，心理学家利用规范性-描述性区分解读行为公理，认为行为公理属于规范领域，是用纯粹推理定义的“刺激”，被用来和描述领域中的真实人类决策行为进行对照。另一方面，经济学家利用弗里德曼在《实证经济学方法论》(1953) 中提出的实证性-规范性区分解读行为公理。他们认为建立在行为公理基础上的选择或决策理论属于实证经济学。虽然对于究竟该如何精准地理解公理依然存疑，即关于它到底是归纳概括的特征事实还是可以直接被拒绝的经验描述尚无定论，但把选择或决策理论归入实证经济学已无争议。最初，弗里德曼将公理理解为归纳概括的观点占了上风，但在 20 世纪 50—70 年代，这种观点逐渐消失了，取代它的观点把公理解读为可被直接拒绝的描述。

本章第 2 部分介绍弗里德曼和萨维奇 (1948) 把冯·诺依曼和摩根斯坦的行为公理 (2004 [1944]) 吸收进经济学的过程。第 3 部分讲述关于行为公理性质的争论，争论一方是鲍莫尔和萨缪尔森，另一方是弗里德曼、萨维奇和马尔沙克。第 4 部分介绍产生阿莱悖论的萨维奇-阿莱争论，争论还促使萨维奇使用规范性-实证性区分解读行为公理。第 5 部分讨论心理学在 20 世纪 50 年代中期吸收行为公理的情况。第 6 部分将说明经济学对行为公理性质的理解。

2. 弗里德曼与萨维奇（1948）

1941 年，冯·诺依曼和摩根斯坦在普林斯顿合作写作《博弈论与经济行为》的时候，招募了一位聪明的研究助理——来自密歇根大学的吉米·萨维奇（1917—1971）。在密歇根大学，萨维奇曾在萨摩·梅尔斯（1910—1955）的指导下从事数理统计学的研究，他的博士论文题目是《矢量方法在距离空间研究中的应用》（The Application of Vectorial Methods to the Study of Distance Spaces）。但弗里德曼和沃利斯也对他的学术生涯产生过重要的影响（如 Savage，
30 1954，p. xi），尤其是沃利斯，萨维奇和他成为终生的亲密好友。当年正是沃利斯将萨维奇招募到统计研究小组，后来机缘巧合促成了弗里德曼和萨维奇的合作。然而，对萨维奇的学术影响最大的却是他于 1941—1943 年在普林斯顿高级研究所为冯·诺依曼做助手的两年，以及后来他和冯·诺依曼就《博弈论与经济行为》展开的讨论。萨维奇曾在很多地方工作，1941—1943 年在普林斯顿高级研究所，1943—1944 年在布朗大学，1944—1945 年在哥伦比亚大学，1945—1946 年在纽约大学，均是以一个数学家和统计学家的身份为美国军方提供各种服务。1947 年 6 月，他加入了芝加哥大学数学系，直至 1964 年他转入耶鲁大学，受聘为尤金·希金斯统计学教授。

弗里德曼关注数学与统计学在经济学中的应用，萨维奇则强调统计学的数学基础，他们感觉这两种方法是相容的。二人的“经典论文”（Machina，1982，p. 280）——《风险条件下选择的效用分析》（The Utility Analysis of Choice Involving Risk，1948），将沃利斯和弗里德曼的分析（Wallis and Friedman，1942）、冯·诺依曼和摩根斯坦的《博弈论与经济行为》（2004 [1944]）综合了起来。这篇论文的研究目的是对人类经济行为中涉及个体对风险的反应的那部分进行理性解释。论文开篇第一句话便声明：“本文旨在表明，关于

人类面对风险的一类重要反应的理性解释，可以通过对正统效用分析的一个相当简单的扩展来实现”（Friedman and Savage，1948，p. 279）。具体来讲，他们试图合理化这样一个事实：经济中的个体既赌博又买保险，因此，看起来既是风险偏好者，又是风险规避者。为了处理这种明显的冲突，弗里德曼和萨维奇提出了“扭曲的效用曲线”，见图 2-1。假设个体在财富-效用曲线的某一部分是风险偏好型的，喜欢赌博，而在曲线的其他部分是风险规避型的，选择买保险。弗里德曼和萨维奇认为这样一来就解释了个体行为中的冲突。

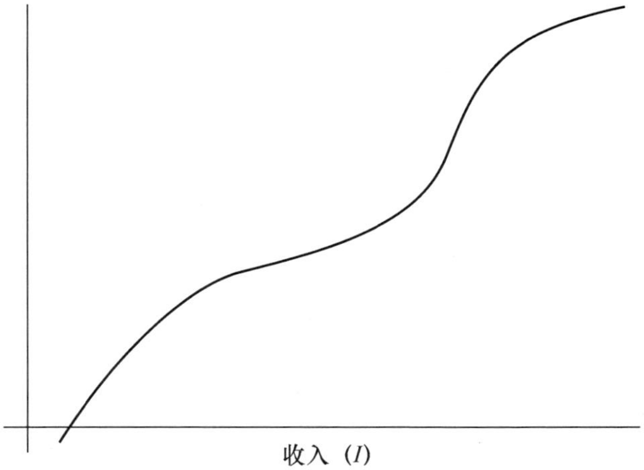

图 2-1　扭曲的效用曲线

资料来源：Friedman and Savage，1948，p. 297.

相比提出的具体的理性解释，《风险条件下选择的效用分析》中的认识论立场更为重要。弗里德曼和萨维奇强调，由于所有人都可以清楚地观察到那些需要合理化的事实，从而不再需要进行新的或独立的实证研究：“个体在不同的风险度之间进行选择，这在购买保险和赌博中非常突出，在更大范围的经济选择中同样重要，并**清楚地呈现出来**”（Friedman and Savage，1948，p. 279，强调后加）。他们指 31
出，“本文试图结合在更大范围内观察到的‘个体在不同风险度之间的选择’的事实，提出一个粗略的实证研究……并研究这些事实是否与被冯·诺依曼和摩根斯坦复活的那些假设一致”（Friedman and Savage，1948，p. 282）。[1] 此外，这篇论文的第二部分标题为“有待合理化的行为事实”，描述了同时存在的风险偏好与风险规避行为（Friedman and Savage，1948，p. 283）。

对于瑟斯顿这样的心理学家和望远镜背后的天文学家来说，最重要的问题是所提出的理论能否被观察所证实，以及观察结果是否由于实验或望远镜问题而存在人为加工成分。但是，对于弗里德曼和萨维奇来说，关键问题是如何合理化那些无可争辩的人类经济行为的相关
32 事实。在这一过程中，他们拒绝了一些著名经济理论的理性解释：“边际效用递减加上期望效用最大化将……意味着个体只有获得报酬才会承担风险。但这明显和真实行为不符”（Friedman and Savage，1948，p. 280）。弗里德曼和萨维奇使用英国经济学家约翰·希克斯和罗杰·艾伦在《价值理论的再思考》（A Reconsideration of the Theory of Value，1934a）中介绍的序数-基数语言，说明弗朗西斯·伊西德罗·埃奇沃思、维弗雷多·帕累托和欧文·费雪的无差异曲线分析可以处理无风险选择行为，而冯·诺依曼和摩根斯坦提出的效用函数的新“数字性质”（2004 [1944]）可以用来“合理化风险条件下的选择行为”（Friedman and Savage，1948，pp. 281－282）。[2]

因此，弗里德曼和萨维奇的方法（Friedman and Savage，1948）与冯·诺依曼关于数学的观点（von Neumann and Morgenstern，2004 [1944]；von Neumann，1988）是一致的，与穆勒（1844）以及沃利斯和弗里德曼（1942）所使用的方法也是一致的。然而，正如弗里德曼和沃利斯之前的工作（Wallis and Friedman，1942），他们的写作并不是在历史真空中进行的，弗里德曼和萨维奇也只能使用

① 弗里德曼和萨维奇（1948）没有直接在冯·诺依曼和摩根斯坦的行为公理之上构建理论，而是“通过重写行为公理的实质部分”使他们自己的理论可以自成格局（p. 281）。因此，弗里德曼和萨维奇（1948）是不是完全与冯·诺依曼和摩根斯坦的公理（von Neumann and Morgenstern，2004）一致尚存在争议。例如，冯·诺依曼和摩根斯坦曾提出（仅作为一种建议），“在一个社会交换经济中，（边际效用）在决定参与者的行为中的作用并不明确”（von Neumann and Morgenstern，2004，p. 31），这一点似乎与弗里德曼和萨维奇的扭曲的效用曲线矛盾，见图 2－1。尽管如此，弗里德曼和萨维奇（1948）认为扭曲的效用曲线和《博弈论与经济行为》一致，因为扭曲的效用曲线是单调递增的。

② 没有具体的参考文献。

那个年代特有的语言和标准来论证他们的方法。他们将提出的理论看作预测真实行为的假说，不断地谈到理论的证明与检验，待检验的内容是假说的预测。然而，对理论的证明与检验仅仅意味着研究提出的理论是否和观察到的行为一致。并且，从检验层面说，在彩票站观察到的行为不亚于那些在更广范围内所做的实证研究。换句话说，弗里德曼和萨维奇在论证他们的方法时使用了 20 世纪的语言，最合理的处理是把这些语言看作粗略的以逻辑实证主义和卡尔·波普的证伪主义为基础。[①] 这些论证还被用来强调经济学与心理学之间的区别，就如沃利斯和弗里德曼（1942）表明了心理学与经济学的区别。

> 无论个体做出选择的心理机制是什么，这些选择看起来都具有某种一致性，我们的效用假说已明确说明了这一点。效用假说使得在缺乏可靠证据的情况下也可以对现象做出预测。假说不能因为某类特定行为的存在而被认为是无效的，除非假说做出的关于那类行为的预测被证伪。其他关于假说有效性的检验则不具备类似的决定性影响。（Friedman and Savage，1948，p. 298）

如第 1 章所述，沃利斯和弗里德曼以及冯·诺依曼和摩根斯坦使 *33*
用过的关于对理性行为“合理化（或理性解释）”的近似表达包括“刻画”“精确描述”“归纳概括”。弗里德曼与萨维奇（1948）指出，“归纳概括”和“合理化”之间是有差别的。尽管没有进一步说明具体差别是什么，但重要的是他们提出了新的近似表达，给出了与前述稍微不同的说法。新的近似表达是“与……一致”（in accordance with），意指观察到的个体行为需要和公理、扭曲的效用曲线相一致。弗里德曼的著名的“好像”（as-if）也应该在这个意义上去理解，这一说法最早出现在 1948 年（Friedman and Savage，1948）。“好像”的说法表明了合理化的过程，也部分地表明了经济学与心理学之间的区别。因此，按照弗里德曼和萨维奇的观点（1948），如果扭曲的效用曲线刻画了个体行为，即“好像”个体是以曲线为基础做出

① 弗里德曼（1953）这种粗糙的波普方法论在他的《实证经济学方法论》中体现得最为充分。参见 Blaug（1980）和 Mäki（2009）。

选择的，则对个体行为的心理学解释就不重要了。再一次，需要检验的是预测的（而且是可观察的）行为。重要的不是揭示人类行为背后的心理机制，而是建立一个可以正确预测个体行为的假说，好像个体依据假说行动一样：

> 假说指出……在做某类决策时，个体行为**好像**是依据对期望效用的计算与比较，**好像**他们知晓概率的大小。该说法的有效性不取决于个体是否知晓精确的概率，更不取决于他们是否说过他们计算并比较期望效用或自认为他们是这样做的，也不取决于心理学家能否揭示相关证据，而仅仅取决于假说能否针对它所研究的某类决策做出足够准确的预测。（Friedman and Savage，1948，p. 298，原文强调）

最后，需要指出的是弗里德曼和萨维奇（1948）与冯·诺依曼和摩根斯坦（2004［1944］）之间的两个差别。这两个差别在后来的很多年里引发了多次混乱与讨论。第一个差别，在冯·诺依曼和摩根斯坦的理论中，理性行为是个体“尽力”去实现的事情，但在弗里德曼和萨维奇的理论中（Friedman and Savage，1948），个体行为总是理性的。如果个体行为不总是理性的，关于这些行为的无效预测便不能证实或证伪弗里德曼和萨维奇的理论。对于冯·诺依曼和摩根斯坦来说，关于理性行为的公理是以经验现实为基础的，但某一项具体的实证检验不能决定性地证实或证伪行为公理，因为他们预留了一种可能性，即尽管个体尽力去按理性原则行事，但不一定能够做到如此。弗
34 里德曼和萨维奇强调理论的预测是对理论的决定性检验，实际上隐含的假设是经济中的个体总是按理性原则行事。如果不是这样，则预测将会是错的，而理论也会因此被错误地拒绝。

第二个差别，弗里德曼和萨维奇对货币和“数字定义的效用”的使用方式与冯·诺依曼和摩根斯坦不同，加剧了这两个定义之间的混乱。严格地讲，二者并不等同。数字定义的效用是一种理性解释，是对个体选择与相应产生的满足之间的关系的一种公理式的简化。它不是关于这一关系性质的存在论命题，而是关于个体如何决策的公理化描述。这是冯·诺依曼和摩根斯坦的原意。但是弗里德曼和萨维奇认为，“相较于其他可供消费者选择的、完全用货币或货币等价物来表示的单位，数字定义的效用简化了问题，又不失一般性”（Friedman and Savage，1948，p. 288）。因此，他们至少是含蓄地认为数字定义的效用是一个存在论命题，而且个体从不同决策中得到的效用总是可以被计算成货币等价物。

除了弗里德曼与萨维奇，还有其他经济学家和数学家吸收了冯·诺依曼和摩根斯坦的新方法，比如他们同时代的雅各布·马尔沙克（1898—1977）。马尔沙克早期同《博弈论与经济行为》提出的公理化方法做了很多斗争，但最终在实质上追随了这种方法（例如，Marschak，1946，1950）。[①] 与冯·诺依曼和摩根斯坦相似，他认为“理性行为理论是一组定理，这组定理既可以看作是对人们真实行为的理想化近似，也可以看作关于人们应该如何行为的建议”（Marschak，1950，p. 111）。马尔沙克的言外之意是对这些定理的使用由两部分构成：“近似性地描述人们的行为，因为我们相信不可能‘所有人在所有时间都是傻瓜’；还有就是给出如何达成‘正确’决定的建议。行为定理逻辑与代数规则的这两方面可以分别被叫做描述性与建议性方面”（Marschak，1950，p. 112）。虽然马尔沙克只是把这些定理看作理想化的近似，但他认为个体是“相当理性的”（参见 Marschak，1946）。

但是，由于马尔沙克把定理看作“理想化的近似”，他站到了弗里德曼和萨维奇（1948）的对立面，而与冯·诺依曼和摩根斯坦（2004［1944］）一致，他认为这些定理“不能通过观察来检验” 35
（Marschak，1950，p. 127）。马尔沙克另外指出，经济学实验面临着太多的实际困难，因此，不可能通过实验检验“理想化的近似”。这与弗里德曼和萨维奇（1948）类似，但与沃利斯和弗里德曼（1942）更相似。不存在检验个体是否足够理性的方法：“困难显而易见，源于经济学不能够做实验”（Marschak，1950，p. 127）。马尔沙克认为行为假设或者是“直接可信的”，或者建立在直觉或概括的行为事实基础上，“（我们）希望避免使用那些既没有直观可信性，又不是‘通过简单观察即可确认’属于‘近似’的行为假设”（Marschak，1950，p. 134）。这一点与冯·诺依曼和摩根斯坦（2004［1944］）及弗里德曼和萨维奇（1948）都很相似。

① 彼时，马尔沙克是设在芝加哥大学的经济学研究考利斯委员会（1943—1948）的负责人。

3. 经济学上的反对意见*

许多经济学家不认可冯·诺依曼和摩根斯坦（2004）及弗里德曼和萨维奇（1948）提出的对经济行为的公理化处理方法。其中要数麻省理工学院的保罗·萨缪尔森（1915—2009）、普林斯顿大学的经济学家威廉·鲍莫尔（1922—2017）以及国立巴黎高等矿业学院的工程师、经济学家莫里斯·阿莱（1911—2010）最为直言不讳。这场争论被其参与者以及历史学家解读为围绕效用度量问题展开的，对冯·诺依曼-摩根斯坦-弗里德曼-萨维奇-马尔沙克阵营提出的用基数度量效用的方法的指责，因为各种原因的存在将使得基数不可能建立起来（Moscati，2007b，2010；Ingrao and Israel，1990；Mandler，1999；Mongin，2009）。这背后隐藏的问题是行为公理（甚或整个经济学）的目标是提供什么样的理论，是归纳概括（general characterizations）还是描述（descriptions）？鲍莫尔、阿莱和萨缪尔森认为是后者，但是，总体而言他们似乎没有意识到，这正是他们与弗里德曼、萨维奇和马尔沙克不同观点背后的认识论差异。[①]

36 双方争论的结果并没能解决争端。鲍莫尔逐渐失去了争论的兴趣并转向了其他主题。萨缪尔森的观点虽稍有改变但随后也离开了。阿莱是最后参加争论的人，却是最持久的，他一直试图说服弗里德曼和萨维奇，但他似乎也没有能够以令人信服的理由驳倒弗里德曼和萨维奇的观点。因此，到了20世纪50年代中期，弗里德曼和萨维奇似乎已经赢得了这场争论。本书第5章将说明，萨缪尔森颇具影响力的本

---

① 保罗·萨缪尔森与弗里德曼的对立不止在意识形态方面，还涉及很多其他领域。弗里德曼、阿莱、萨维奇和沃利斯（不如前二者热情）都是毫无保留的自由市场倡导者，而萨缪尔森和鲍莫尔则是著名的凯恩斯主义者。因此，人们自然会问政治意识形态在这场关于行为公理的讨论中扮演了什么样的角色。在各种书籍、论文、信件中，关于这点也是众说纷纭，莫衷一是。需要注意的是，尽管弗里德曼与鲍莫尔自始至终互相出言友善，萨维奇和阿莱之间却发生了不可挽回的冲突。

* 此处的反对意见是指对冯·诺依曼和摩根斯坦以及弗里德曼和萨维奇解释的不认同。——译者注

科《经济学》教科书在其 20 世纪 40—50 年代的早期版本中沿用了穆勒对经济学原理的传统解读。鉴于萨缪尔森不认可冯·诺依曼和摩根斯坦的观点（von Neumann and Morgenstern，2004 [1944]），这看起来似乎有些矛盾。但是，到了 20 世纪 70—80 年代，萨缪尔森的教科书将经济理论赖以建立的假设解释为实证的描述性命题。阿莱提出的萨维奇理论的反例在 20 世纪 50 年代时鲜有人注意，到了 70—80 年代则成了著名的阿莱悖论。相关进展解释了鲍莫尔为什么会加入阿尔弗雷德·P. 斯隆基金会于 1984 年创建的行为经济学项目，鲍莫尔在基金会中担任咨询委员会委员。该行为经济学项目旨在资助进一步反驳经济理论基础假设的实证研究。

但在 1950 年左右时，这些还是几十年后的事情。1949 年 11 月，鲍莫尔询问萨缪尔森是否有兴趣就“冯·诺依曼-摩根斯坦的效用度量观点”写点东西，并且“刺激”他说：“我现在想把整个事件记录下来，（我想）你还没有这样的计划。”[①] 萨缪尔森回复称没有时间或对这个问题没多少兴趣，并且鼓励鲍莫尔把他的想法写成论文。鲍莫尔最初认为相互之间的观点差异并不大，因此，他建议马尔沙克联合萨缪尔森和弗里德曼发表一个声明。但是，马尔沙克和弗里德曼均表示没有兴趣。

之后，在 1950 年 5 月 5 日致萨缪尔森的一封长信中，鲍莫尔写到，冯·诺依曼-摩根斯坦效用指数描述了个体赋予不同的商品（组合）的“自省效用”（introspective utility）。另外，他提出了一些新的反例，并计划用在一篇相关主题的小论文中。鲍莫尔的信激发了萨缪尔森的兴趣。几天内，他就给鲍莫尔写了回信，信中弥漫着萨缪尔森典型的傲慢：

> N-M 结果是武断、不可接受的：不要搞错了。它**的确**和一 37
> 般理解的事实相矛盾，虽然莫斯特勒那可怜、无用的实验没能证明这一点（Mosteller and Nogee，1951）。但是，要想找到 N 和 M 在哪里引入了这种武断的因素也不容易。他们自己也不知道。公理 3：C：b 本身并不令人反感。令人反感的是从一开始就使

① 杜克大学珍本、书稿、特藏图书馆，经济学家文件项目，威廉·鲍莫尔文件，C1 箱，鲍莫尔 1949 年 11 月 18 日致萨缪尔森的信。

用的处理方式，他们将**彩票的效用或收入概率状况作为他们代数式中的要素**，这里隐含地引入了独立性假设。[1]

哈佛大学的弗雷德里克·莫斯特勒与菲利普·诺杰尝试着用一种复杂的、类似于扑克赌博性质的实验度量大约十个个体的货币效用曲线。实验结果表明个体的确追求效用最大化，并且随着货币收入总量的增加，边际效用会递减。然而，结果还远远不能令人信服，实验本身也揭示了经济学实验面临的诸多实际困难，针对这一点，两位学者做了广泛的探讨。

受鲍莫尔启发，萨缪尔森也坐下来把他对冯·诺依曼-摩根斯坦方法的反对意见简单记录下来。萨缪尔森的主要观点是这些公理没有很好地描述人类的决策行为。他直截了当地声明："我不知道这个理论曾提出过什么新奇、有效的经验预测，而且是除了这个特殊理论之外的其他理论所解释不了的"（Samuelson，1950，p. 168）。继而，萨缪尔森以一种更加散文化的语言说道："我所遇到过的最理性的人，我叫他伊西德罗，当被告知他不满足所有冯·诺依曼-摩根斯坦公理时……他回答说，他认为满足他自己的偏好是更理性的做法，让公理自己满足自己去吧"（Samuelson，1950，p. 170）。[2] 这段话中提及的"伊西德罗"和"伊西德罗函数"在随后的两年中曾多次出现在萨缪尔森、鲍莫尔、弗里德曼、萨维奇和马尔沙克之间的通信中。在同一封信里，萨缪尔森还提到了他的妈妈，并把她作为一个依靠良好的判断力而非经济学家式的理性的典型例子。比如，萨缪尔森的妈妈不会计算不同彩票结果的自省效用，而只会简单地认为 200 美元的价值是
38 100 美元的两倍。萨缪尔森和鲍莫尔认为她是冯·诺依曼-摩根斯坦-弗里德曼-萨维奇-马尔沙克方法的一个反例。因此，马尔沙克也和鲍莫尔讨论如何最好地将萨缪尔森妈妈的行为公理化，并且说明为什么她的行为是理性的或者非理性的。为了彻底表明他的反对意见，萨

① 杜克大学珍本、书稿、特藏图书馆，经济学家文件项目，威廉·鲍莫尔文件，C1 箱，萨缪尔森 1950 年 5 月 9 日致鲍莫尔的信（原文强调）。

② 对当时的经济学家来说，"伊西德罗"显然是指前文提过的弗朗西斯·伊西德罗·埃奇沃思。会同其他经济学家，埃奇沃思进一步发展了个体决策和效用理论的数学方法，他也是第一个提出将无差异曲线作为经济理论工具的经济学家。因此，萨缪尔森将埃奇沃思看作第一个真正科学、理性的经济学家。

缪尔森指出："如果数据能够完全反映人们的知识，行星的运行轨迹将变成正圆"（Samuelson，1950，p. 170）。[1]

萨维奇在给萨缪尔森的一封长信中谈到了后者的文章并指出行为公理当然不是精确的描述：

> 你指出效用理论（冯·诺依曼和摩根斯坦方法的简称）不能够和观察到的所有行为相一致。这样说当然没错。而且，目前来看，该理论令人称道的是它并不是简单的同义反复。能够让冯·诺依曼、弗里德曼和我感兴趣的原因是造就该理论的信条——这是一种精心设计的对现实的零级近似。实际上，我们之间如果需要争论什么的话，那就是这种特别设计的近似是不是足够专业。[2]

萨维奇接受了冯·诺依曼的认识论立场，"精心设计的对现实的零级近似"表明萨维奇试图表述、弘扬这种认识论。此外，萨维奇指出冯·诺依曼和摩根斯坦的行为公理只不过是丹尼尔·伯努利函数背后的一组假设，该著名函数表明随着货币量的增加，其"精神上的价值"是递减的（Bernoulli，1954［1738］）。[3]

伯努利早在1738年就曾指出个体在两个或更多（不确定）的结果之间进行选择时，考虑的不是不同结果的货币或客观价值，而是个人的主观评价。他把这种个人评价称为"精神上的价值"，并且假设它会随着货币的增加而递减，如图2-2中的曲线所示。[4] 39

弗里德曼和萨维奇说法一致，只是换了一个表达方式："重要的是建立关于经济行为的假说，借助这些假说，可以通过观察部分行为（不能是无行动）来对其他部分行为做出预测。假说将证明对它有信心是正确的，除非出现很多情况与假说相矛盾，但实际情况多次表明

---

① 托勒密的天文学体系预测行星的运行轨迹是正圆，直到哥白尼、伽利略和开普勒提出的日心说取代了地心说，才出现了解释行星的本轮理论。换句话说，萨缪尔森指控冯·诺依曼、摩根斯坦、弗里德曼、萨维奇和马尔沙克建立的是一个和现实不一致的托勒密天文学体系。

② 杜克大学珍本、书稿、特藏图书馆，经济学家文件项目，威廉·鲍莫尔文件，C2箱，萨维奇1950年5月19日致萨缪尔森的信，抄送弗里德曼。

③ 没有抄送的信件经常被转发，比如刚刚引用的这封，就是萨缪尔森转发给鲍莫尔的。

④ 关于伯努利等求解所谓圣彼得堡悖论的历史请参考 Jorland（1987），Teira（2006），Jallais，Pardier and Teira（2008），Basset（1987）。

假说不能被反驳（证伪）。”① 因此，弗里德曼指出将冯·诺依曼-摩根斯坦公理解读为关于效用度量的命题完全是风马牛不相及。行为公理不是一对一地度量（描述）决策，而是对个体典型经济行为的归纳概括。

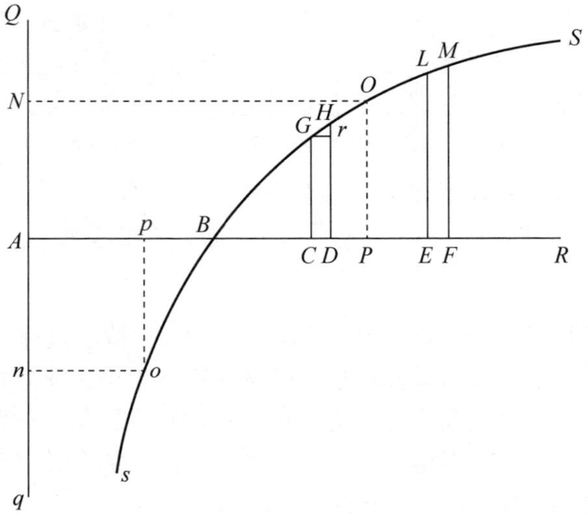

图 2－2　货币价值（横轴）与精神上的价值（纵轴）的关系

资料来源：Bernoulli，1954［1738］，p. 26.

鲍莫尔迅速回复道：“如果效用度量完全不相关，那么并不是萨缪尔森或者我把它提出来的”，而且

> 即便是作为关于人类心理的假说，在我看来该理论似乎也是非常不合理、不可行的，而我的朋友们提出的相当粗糙的质疑加
> 40 强了我的疑虑……（我们）可能需要针对这个问题专门设计一些实验。遗憾的是，莫斯特勒和诺杰所做的研究似乎并不符合这种目的。②

鲍莫尔在给萨维奇的第二封信中指出，“有些人（包括奥斯卡·

① 杜克大学珍本、书稿、特藏图书馆，经济学家文件项目，威廉·鲍莫尔文件，C1 箱，弗里德曼 1950 年 6 月 3 日致鲍莫尔的信，抄送萨缪尔森与萨维奇。

② 杜克大学珍本、书稿、特藏图书馆，经济学家文件项目，威廉·鲍莫尔文件，C1 箱，鲍莫尔 1950 年 6 月 12 日致弗里德曼的信，抄送萨缪尔森与萨维奇。

摩根斯坦）感觉已经找到了度量效用的正确方法”[1]。

1950 年夏天，鲍莫尔把他关于冯·诺依曼-摩根斯坦-弗里德曼-萨维奇方法的评论投给了芝加哥大学的《政治经济学杂志》（*Journal of Political Economy*）。杂志编辑厄尔·汉密尔顿把他的文章发给了四位审稿人，其中一位便是米尔顿·弗里德曼。弗里德曼从 20 世纪 30 年代起便在芝加哥大学，他一直反对鲍莫尔的观点，考虑到之前的讨论，他让汉密尔顿转告鲍莫尔他是审稿人之一。虽然存在严重分歧，但弗里德曼没有反对鲍莫尔的文章在《政治经济学杂志》上发表，因为长久以来，从“智识”层面说，他对鲍莫尔的研究是认可的。[2] 在评论鲍莫尔的文章时，弗里德曼坚持了之前的立场，即认为“伯努利-马歇尔-冯·诺依曼-摩根斯坦-弗里德曼-萨维奇-马尔沙克**假说**”[3] 是描述不确定条件下经济行为的实证命题。他认为如果要拒绝这个假说的话，首先要问的是，是否存在一个比它更好的替代性假说。换句话说，弗里德曼把行为公理理解为对可清楚观察到的行为的理性解释，但他用假说、拒绝、描述这样的语言来表达他的立场。因此，鲍莫尔为何会认为“弗里德曼宣称行为公理是实证的、可被拒绝的命题”便很清楚了。

鲍莫尔的文章试图利用弗里德曼和萨维奇自己的术语（鲍莫尔理 *41*
解的他们的术语）来证明他们是错的，他们的理论是无效描述。鲍莫尔指出，“要想构建一些反例，表明冯·诺依曼-摩根斯坦（数字化效用）指数产生的结果和真实可行的偏好相冲突，并不是一件困难的事情”（Baumol，1951，p. 64）。也就是说，鲍莫尔声称可以很容易构建一些和行为公理的直觉不一致的例子。或者用鲍莫尔自己的话说，这些反例有“自省意义”，可以证明行为公理是错的。从本质上

---

① 杜克大学珍本、书稿、特藏图书馆，经济学家文件项目，威廉·鲍莫尔文件，C1 箱，鲍莫尔 1950 年 7 月 27 日致萨维奇的信，抄送弗里德曼与萨缪尔森。有趣的是，萨缪尔森、鲍莫尔、弗里德曼和萨维奇，没有一个人想过要和冯·诺依曼或摩根斯坦就该问题通信。大家不跟冯·诺依曼通信十有八九是因为都知道他的兴趣已经转移到了其他方面（Leonard，2010），只是尚不清楚为何摩根斯坦没有参与进来。

② 总体来说，鲍莫尔与弗里德曼的关系虽然不如他与萨缪尔森之间那样亲近，但如果用稍微正式一些的语言形容的话，也是真诚、友好的。他们之间从 20 世纪 40 年代起便就各种经济问题通信，并且延续到关于行为公理的争论之后。鲍莫尔的修改稿在 1950 年 9 月 29 日被接受发表。

③ 杜克大学珍本、书稿、特藏图书馆，经济学家文件项目，威廉·鲍莫尔文件，C1 箱，1950 年弗里德曼对鲍莫尔论文第一稿的评论，原文强调。

说，鲍莫尔的反例和阿莱（Allais，1953a，1979）、艾尔斯伯格（Ellsberg，1961）、卡尼曼和特沃斯基（Kahneman and Tversky，1979）等人提出的著名反例属于同一类别。其中一个是这样的，为了避免“把数字化效用等同于货币”等不必要的误解与讨论，把从选择中获得的数字化效用称为“效用量”。[①] 请问以下两个选项你会选择哪一个？

> a：以 5/6 的可能性赢得 600 效用量，如果输了，可以获得 60 效用量的安慰奖。
>
> b：以 1/6 的可能性赢得 600 效用量，如果输了，可以获得 420 效用量的安慰奖。
>
> （Baumol，1951，p. 64）

冯·诺依曼-摩根斯坦和弗里德曼-萨维奇方法认为应该选 a，因为 a 和 b 的期望效用（可能应该叫期望效用量）分别是 510 和 450。然而，鲍莫尔认为很多个体会由于风险规避而认为 b 比 a 好。想想自身的情况，这很容易理解。可见，行为公理存在缺陷。

马尔沙克就这个问题参与了 20 世纪 50 年代后期的通信。如前文所述，马尔沙克试图区分开刻画理性行为的公理与建议应该如何理性行动的公理，并识别出真实行为偏离理性标准的可能性。这种做法不同于弗里德曼和萨维奇，而与冯·诺依曼和摩根斯坦相近。关于什么是理性的问题也由此被引入了争论。比如，鲍莫尔这样认为：“我想我们都认同，该体系的经验有效性不能建立在演绎推理的基础上，尽管我个人相信它在实践中一般不成立……但是还有一个很大程度上是语义学方面的问题——是不是一个人违反了该假
42 说，就说明他是‘非理性的’。”[②] 随后，鲍莫尔和马尔沙克卷入了一场涉及范围广泛的通信讨论。鲍莫尔不断质疑马尔沙克和冯·诺依曼-摩根斯坦公理的描述有效性。马尔沙克在回应时表明鲍莫尔的反例实际上是符合公理的，并且这些反例本身自相矛盾。但鲍莫尔迅速

① 注意“效用量”中包括了递减的货币效用或货币收入的其他值。所以根据定义，对于个体来说，100 效用量的价值是 50 效用量的两倍。

② 杜克大学珍本、书稿、特藏图书馆，经济学家文件项目，威廉·鲍莫尔文件，C1 箱，鲍莫尔 1951 年 1 月 9 日致马尔沙克的信，抄送萨缪尔森。

回复：

> 我不认为现实中人们真的会一般性地追求精神上的期望最大化。我并非坚持认为没有人会这样做，也不认为追求效用最大化在某种意义上是非理性的。我只是认为人们经常做不到这样，而且按照非理性的标准看，没有实现精神上的期望最大化和实现了相比，并没有更加非理性。①

马尔沙克因不能解决争论而有些厌烦，他回复道："数学（和逻辑）的存在就是人类极限的证据。"② 因此，在很大程度上，马尔沙克对公理的解读和弗里德曼-萨维奇保持一致，而且和其他人一样，在开始的时候认为互相之间分歧不大，可以相对容易地解决。然而，马尔沙克和鲍莫尔也没能弥合不同观点之间的分歧，因为他们没能看到在效用度量或理性定义争论的背后，实际上是对作为决策理论基础的行为公理的两种不同的解读。

斯坦福大学的经济学家肯尼思·阿罗（生于 1921 年）也曾试图调和不同的观点并提出和既有经济理论相一致的新决策理论。阿罗（Arrow，1951a）首先粗略地综述了广泛的"有关在结果不确定的选项中进行选择的文献，涉及经济学、哲学、数学和统计学"（Arrow，1951a，p. 404）。然后，阿罗区分了三种情况：（1）源自冯·诺依曼和摩根斯坦等人的"对在概率分布之间的选择进行的公理化处理"；（2）"现代统计推断理论"，该理论源自奈曼、皮尔逊、瓦尔德，被认为是"不确定条件下（理性）行为问题的特殊形式"；（3）"沙克尔教授对于整个不确定预测以及以此为基础的行动问题的新阐述"（Arrow，1951a，p. 405）。③

随后，阿罗指出经济学家不需要过分担心这些理论属于实证还是 43

① 杜克大学珍本、书稿、特藏图书馆，经济学家文件项目，威廉·鲍莫尔文件，C1 箱，鲍莫尔 1951 年 3 月 5 日致马尔沙克的信。

② 杜克大学珍本、书稿、特藏图书馆，经济学家文件项目，威廉·鲍莫尔文件，C1 箱，马尔沙克 1951 年 7 月 2 日致鲍莫尔的信。

③ 20 世纪 50 年代，乔治·沙克尔（1903—1992）对理性决策行为的系统处理曾被广泛地认为是冯·诺依曼-摩根斯坦-萨维奇方法的一个重要备选。但是随着一段时期以来人们对冯·诺依曼和摩根斯坦（2004 [1944]）、萨维奇（1954）的神化，以及沙克尔（1961）转而对主流学派采取一种更具批判性的做法，沙克尔的方法便逐渐被包括阿罗在内的学者抛在一边了（Zappia，2008；Basili and Zappia，2010）。

规范领域的问题。

> 这里讨论的有些理论宣称要解释不确定条件下个体的真实行为，有些要提供关于理性行为的建议，还有一些理论，至少是含蓄地声称，要完成上述两项工作……这里讨论的所有理论乍看起来似乎都是理性的，但其实不是。经济学的一般传统倾向于将理性行为看作对真实行为的初步近似。基于此，我认为有理由将这两种理论归在一起。（Arrow，1951a，p. 406）

阿罗似乎察觉到，争论的要害在于，关于整个经济学科赖以建立的基础的那些公理或原理，存在不同的理解方式。这一点和鲍莫尔、萨缪尔森、弗里德曼、萨维奇和马尔沙克不同。接着，阿罗尝试将不同的新理论融合进经济学理论，并试图弥合看起来对立的各种解读。如此一来，阿罗1951年的论文（Arrow，1951a）可以被理解为第二次世界大战后经济学广泛发展的一部分（Amadae，2003）。经济学不再强调对公理的各种解读以及它们与既有经济理论的可能冲突，而旨在通过这种方式将不同版本的新决策理论吸收进经济学。

就在弗里德曼-萨维奇-马尔沙克和鲍莫尔-萨缪尔森之间那场悬而未决的争论稍微平息的时候，法国工程师经济学家莫里斯·阿莱（1911—2010）联系了鲍莫尔。他们二人从20世纪40年代晚期以来就维持着不定期的联系，但从未讨论过这一问题。这次阿莱联系鲍莫尔是因为看到了后者发表在《政治经济学杂志》上的论文："拜读了您发表在《政治经济学杂志》上的论文后，我很乐意邮寄给您一篇关于风险的论文，我想您会感兴趣的。因为这篇论文在收到刊有您论文的那期《政治经济学杂志》之前就已经写完了，所以我很遗憾没能参考您的论文。当然，如果能够收到您对论文的评论
44 和建议，我将非常高兴。"[①] 而且，阿莱还提到了他和弗里德曼之

① 杜克大学珍本、书稿、特藏图书馆，经济学家文件项目，威廉·鲍莫尔文件，C1箱，阿莱1951年9月20日致鲍莫尔的信。阿莱提到的那篇论文是《关于包含风险的选择的实验理论基础研究兼评美国学派的假设与公理》（Fondements d'une Théorie Positive des Choix Comportant un Risque et Critique des Postulats et Axioms de L'Ecole Americaine，1953a）。它的英译本构成了阿莱和哈根一篇论文（Allais and Hagen，1979）的基础。在他们的通信中，阿莱用法语，鲍莫尔、萨维奇和弗里德曼用英语，这是当时在法语和英语科学家之间交流的通例。英语翻译由本书作者提供。

间关于冯·诺依曼和摩根斯坦（2004［1944］）、伯努利（1954［1738］）、弗里德曼和萨维奇（1948）的讨论。[1] 在回信中，鲍莫尔干巴巴地指出“您和弗里德曼讨论的时候，我们正巧在通过邮件进行类似的辩论，有意思。”[2] 两人很快发现了他们同冯·诺依曼和摩根斯坦（2004）、弗里德曼和萨维奇（1948）的分歧。阿莱自此开始了他激烈、漫长的批驳冯·诺依曼、摩根斯坦、弗里德曼和萨维奇的历程。然而，鲍莫尔却已经开始对这整个问题丧失了兴趣。[3]

阿莱试图证明他称之为效用理论的“美国学派”是错的，并在 1952 年 5 月 12—17 日于“风险问题巴黎国际专题讨论会”上一鸣惊人。归因于这场研讨会，阿莱说服萨缪尔森重新阐述了他对于这个问题的看法（Samuelson，1952），后来鲍莫尔也引用萨缪尔森的论文来表述他自己的观点。萨缪尔森强调说明了他对“伯努利效用理论”（萨缪尔森贴的标签）的反对意见，其中既包括实证和规范层面，也包括演绎逻辑层面（Samuelson，1952）。萨缪尔森认为伯努利理论只具有审美或语义学价值：“可能效用假说与大部分人类行为存在本质上的、不可避免的差异。赌博或不确定的乐趣、对风险（禁忌）的 *45*
偏好等，这些效用假说否定的东西恰恰对于智人（现代人的学名）很重要，无论是从社会角度还是从经济角度来看都是如此”（Samuel-

---

① 阿莱和弗里德曼的第一次见面很有可能是在 1947 年朝圣山学社（Mont Pelerin Society）于瑞士洛桑召开的第一次会议期间。他们自 1948 年早期开始通信，讨论各种经济问题，包括法国的经济组织能否使得法国达到美国的福利水平，美国各种商品的价格与收入弹性。阿莱在致鲍莫尔的信中提及的关于效用度量的讨论，是指他把相同的论文和问题邮寄给了弗里德曼和萨维奇。与萨维奇不同，弗里德曼总是只用一两句话作为回复。也有例外，有一次阿莱给弗里德曼和萨维奇发了一份涉及广泛的调查问卷（本书后文有相关讨论），弗里德曼很耐心地填完了，同时提出了问卷的很多实际缺陷，从他的角度看这些缺陷会使得问卷丧失意义。

② 杜克大学珍本、书稿、特藏图书馆，经济学家文件项目，威廉·鲍莫尔文件，C1 箱，鲍莫尔 1951 年 10 月 18 日致阿莱的信。

③ 除了萨缪尔森、鲍莫尔和阿莱之外，还有其他人不赞同冯·诺依曼和摩根斯坦方法。麻省理工学院的罗伯特·索洛（生于 1924 年）跟鲍莫尔提到他和萨缪尔森等许多人都质疑冯·诺依曼-摩根斯坦效用指数：“起初我比保罗（萨缪尔森）还要抗拒给予线性指数特权，假设存在这种特权的话。尽管我现在变得宽容一些了，但是基于我们对其整体思想的认识，我对效用指数的态度没有什么变化”（C1 箱，索洛 1952 年 5 月 14 日致鲍莫尔的信）。

son，1952，p.128）。①

弗里德曼和萨维奇忽略了萨缪尔森的直接攻击，但是用书面形式巧妙地回应了鲍莫尔（Baumol，1951）。弗里德曼和萨维奇（Friedman and Savage，1952）将鲍莫尔的批评总结为两点：（1）行为公理“没有直观的自省意义”（Baumol，1951，p，65）；（2）可以提出反例。弗里德曼和萨维奇提出的针对第一点的辩护意见是：事实胜于雄辩。他们指出科学的每一次进步都是源于初看起来非常不合情理的命题。因此，甚至可以说，假说越不合情理，越可能是真理。针对这一观点，除了哲学或历史学层面的反对意见外，（我们发现）它明显违背了他们自己的认识论（Friedman and Savage，1948）。弗里德曼和萨维奇的认识论认为经济学应该研究那些日常生活中常见的行为，那些任何人只要在彩票站或杂货店待几分钟就能观察到的行为，应该是被刻画并提供理性解释的行为。

另外，鲍莫尔的第二点批评意见遭到了一种粗糙的波普证伪主义的反击。弗里德曼和萨维奇认为，评价任何理论或假说，都要看它能否经受住各种检验：“如果关于未观察到行为的论述被证伪了（经常性地，或者和其他替代性假说做出的陈述相比，被证伪的次数更多、更明确），那么假说就是错误的”（Friedman and Savage，1952，p.465）。由此，弗里德曼和萨维奇（1952）指出，关键问题是有没有其他理论或假说能够比弗里德曼和萨维奇（1948）及冯·诺依曼和摩根斯坦（2004［1944］）的理论更好地预测包含风险的个体行为。弗里德曼和萨维奇认为，答案是不存在这样的理论，因此，他们的理论最有可能产生丰硕的成果，从而不应该被弃用，除非出现了更好的理论。他们得出结论，“对我们来说，重要问题是能否期待基本原理相当好地符合观察到的经济行为”，“经济学家非
46 常关注基本原理和同它密切相关的假设。广泛共识是从‘自省’角度来说，它们非常具有吸引力，而且和经验的契合虽谈不上完美，

① 大概也在这个时候，萨缪尔森逐渐开始区别弗里德曼、萨维奇在经济学中对冯·诺依曼-摩根斯坦公理的应用和萨维奇、德费奈蒂在贝叶斯统计学方面的研究。后者是萨维奇的《统计学基础》的一块重要的踏脚石（Savage，1954）。1952年，萨维奇的贝叶斯统计学慢慢地打动了萨缪尔森。此外，萨缪尔森对冯·诺依曼和摩根斯坦的批评开始强调他们在个体效用函数中使用了可分概率，并将此作为行为公理的关键问题。更多细节请参考汉兹的著作（Hands，2010）。

但也足够引起人们持续的兴趣”（Friedman and Savage，1952，p. 468）。这种立场使得弗里德曼和萨维奇（1952）既能接受鲍莫尔的反例，又能坚持他们原来的理论。这样一来，鲍莫尔的批驳便没有效果了。①

总结来看，第一版《博弈论与经济行为》出版后的第一个十年，出现了关于公理化方法不同解读版本的讨论。马尔沙克（1946，1950）严格遵循冯·诺依曼-摩根斯坦对行为公理的解读：作为对理性行为的一般性的刻画、作为应该如何理性行动的建议以及对某些真实行为的预测。弗里德曼和萨维奇（1948，1952）忽略了作为建议的方面，但认为公理不是对行为的描述而是一般性的刻画。同时，有点矛盾的是他们强调检验公理的唯一有效的方式是看它的预测。只要行为公理和从中推导出的理论产生的预测比竞争性理论产生的预测更准确，它们就应该被保留。相比之下，萨缪尔森（1950，1952）和鲍莫尔（1951，1958），特别是后者，认为冯·诺依曼-摩根斯坦公理及其各种演化都是对行为的严格描述，任何相反的观察或反例都会使它们不再有效。

当这场辩论中的参与者认识到争论不可能得到解决时，他们丧失了兴趣转而研究其他问题。但是，也是在这个时候，萨维奇着手进行一个比将行为公理简单应用于赌博或保险行为大得多的研究项目。在意识到这实际上是在探索一个全新的领域后，萨维奇把他书稿的一部 47
分寄给了很多人。1951 年晚些时候，他接触了阿莱，这导致了关于“如何理解作为个体决策理论建立基础的假设或公理”的讨论被重新带回学术前沿。

① 虽然 1952 年以后鲍莫尔的研究转到了其他方面，但他一直对冯·诺依曼-摩根斯坦用数字效用指数度量个体偏好的做法持批判态度。在 1958 年的一篇论文中（Baumol，1958），鲍莫尔指出冯·诺依曼-摩根斯坦理论提出的新的数字效用度量指数度量了“内省快乐强度”“感情的力度”，或者提供了某种所谓的个体行为的功利主义基础。鲍莫尔指出这是一个严重的问题，他强烈地认为这是假的，仅仅是一种混淆。尽管大家对冯·诺依曼和摩根斯坦的行为公理的有用性存在不同认识，但一致认为效用作为数字度量指数的标签是非常不合适的，因为它暗示在功利主义和早期经济中使用的效用概念存在着联系。同时，又没有其他更好的标签（如，Savage，1954；Baumol，1951，1958；Lucas and Raiffa，1957；Friedman and Savage，1948，1952；Fishburn，1989）。

4. 萨维奇-阿莱争论

弗里德曼和萨维奇合作发表两篇论文（Friedman and Savage，1948，1952）后便分道扬镳了。弗里德曼进一步发展了之前研究（Wallis and Friedman，1942；Friedman and Savage，1948，1952）中的认识论立场，并结合其他研究完成了《实证经济学方法论》（Friedman，1953）。这篇论文在 20 世纪下半叶引发了经济学家、哲学家和历史学家持续而热烈的讨论（Nagel，1963；Archibald et al.，1963；Hausman，1992；Mäki，2009；Fourcade，2009）。而萨维奇回到了关于统计学的数学基础的研究，这是他最初的工作。此外，他仍继续解读行为公理，这是冯·诺依曼对他的工作期待。

1950 年左右，萨维奇当时正在写一本书，计划把冯·诺依曼、摩根斯坦和他自己的研究同弗里德曼的理论结合起来，并整合主观概率和逻辑概率理论的最新发展。这本书最终在 1954 年出版，书名为《统计学基础》。其实，萨维奇的书稿在正式出版之前就已经引起了相当广泛的讨论。阿莱的态度尤其强烈，他否认萨维奇的方法是一种理性决策理论。虽然两人之间有过一系列密集的通信（萨维奇使用法语）和面对面的讨论，但并没有达成一致意见，双方都不承认对方的认识论观点。萨维奇-阿莱争论在很多方面类似于之前的鲍莫尔/萨缪尔森-弗里德曼/萨维奇/马尔沙克争论，而对于前一场争论，阿莱只是部分地了解。鲍莫尔、弗里德曼、萨维奇，特别是马尔沙克，总是尽力寻找不同观点的共同基础，但是阿莱全盘否认萨维奇的理论并且不遗余力地证明他是错的。萨维奇拒绝认同阿莱的观点，但他和阿莱的讨论的确促使他对他和冯·诺依曼、摩根斯坦的公理的性质采取一种新的立场。这对数学心理学者和行为决策理论学者解读决策理论及其公理产生了重大影响。要想了解萨维奇和阿莱为什么会有分歧，分歧又在哪些方面，我们需要了解一些萨维奇著作的背景（包括冯·
48 诺依曼和摩根斯坦的学术遗产），此外，我们尤其需要领会、鉴别阿莱的观点。

20 世纪 20—50 年代涌现出很多新思想，彻底改变了决策理论者对不确定条件下决策的认识。[1] 布鲁诺·德费奈蒂（1906—1985；1937，1949，1951）和弗兰克·拉姆齐（1903—1930；1931）等人提出了一种理论，认为概率理论不仅可以被应用于现实中“客观”的不确定性，比如扔一枚硬币背面朝上的概率以及明天出太阳的概率，也可以被应用于“主观”概率，即个体内在的不确定性，例如，“我在多大程度上确定明天会下雨”或者“我在多大程度上确定这辆二手车至少还可以开两年”。在后续相关研究中，约翰·梅纳德·凯恩斯（1883—1946；1921）和鲁道夫·卡尔纳普（1891—1970；1950）等人拓展了逻辑理论，使之包括了可能性小于 1 的不确定命题。[2] 根据逻辑概率理论，不确定来自个体对事件发生的个人信念。客观概率和主观概率的区别在于，客观概率是基于可获得的信息和数学理论得出的，根据定义，这种概率对所有人来说都是一样的；而主观概率是和个体的个人信念相关的一个数字，因此，不同个体对同一事件的主观概率可能是不一样的。

关于客观概率和主观概率的争论一直没有断过，因为很难在二者之间画一条清晰的界限。统计数据是客观概率的基础，但是它又是人观测到的信息，因此，也可以看作是主观概率的决定因素。而且，客观概率的计算总是需要人来操作，因此，也可以看作是主观概率。那些所谓主观主义或贝叶斯学派的追随者们确实是这样理解的：统计学只是简单地把人的信念形成过程拓展成一个更加规范的范畴（参见
Giocoli，2013）。因此，这意味着整个统计学是一个人们在不确定条 49
件下决策的过程，只不过逻辑更加严密，表述更加规范。

换句话说，德费奈蒂和拉姆齐开创的主观概率理论，以及凯恩斯和卡尔纳普等人开创的逻辑概率方法，将统计学变成了决策理论的一部分。因此，亚伯拉罕·瓦尔德（1902—1950）颇具影响力的《统计决策函数》（*Statistical Decision Functions*，1950）在第 1 页便声明：“当我们面临在一系列不同的决策之间的选择时，就遇到了统计决策问

① 这里只是提及了浩瀚文献的冰山一角。相关概述可参考 Hájek（2012），von Plato（1994），Eriksson and Hájek（2007）。关于拉姆齐-凯恩斯关联，可参考 Skidelsky（2003）。

② 这些研究可以追溯至 19 世纪的乔治·布尔和奥古斯塔斯·德摩根等人（如 Maas，2005b，pp. 111－122；MacHale，1985）。有关 20 世纪以前概率理论、决策理论和统计学的历史请参考 Daston（1988）、Hacking（1975）和 Porter（1986）。有关凯恩斯的逻辑概率以及它与主观主义学派的复杂关系，请参考 Skidelsky（2003）。

题，各种可能的决策的偏好强度取决于未知的 X 的概率分布 $F(x)$”（p. 2；参见 Fishburn，1964）。[①] 决策理论不再只是关于给定条件下我们应该如何决策的理论，这里的给定条件包括我们的偏好和现实世界中不同状态对应的客观概率。它还涉及统计学家从统计数字中推断出什么结论。决策理论已融合了统计学，现在已经成为一种囊括不确定条件下人类决策所有方面的理论。

萨维奇的专著综合了风险下的决策理论、主观概率理论和逻辑概率理论。具体来讲，萨维奇的目标是建立起能够推导出这些应用的基础理论。他以冯·诺依曼和摩根斯坦以及他自己和弗里德曼合作的两篇论文中的公理化方法为基础，建议从以下 7 条假设前提出发：

> 假设一个偏好集 F，
>
> P1：F 中的偏好关系满足传递性与完备性。
>
> 完备性是指，或者 $f\leqslant g$，或者 $g\leqslant f$。传递性是指，如果 $f\leqslant g$，$g\leqslant h$，则 $f\leqslant h$。
>
> P2：偏好关系不依赖其他事件或选择，也被称作确定性原则（sure-thing principle）。[②] 更规范的表述是，对于可能的结果 f、g 和所有的事件集合 B，要么，给定 B，$f\leqslant g$；要么，给定 B，$g\leqslant f$。
>
> P3：对两个结果的偏好独立于产生结果的事件。
>
> P4：偏好关系不依赖于结果发生的概率。因此，如果 $f\leqslant g$，则对于所有 $0<p\leqslant 1$，有 $f_p\leqslant g_p$。
>
> 50 P5：集合 F 中存在偏好关系。
>
> P6：任何结果都不会无限优于或无限差于其他结果。
>
> P7：单调性，即人们认为多比少好。因此，如果个体认为 f 的一部分优于 g 的全部，那么，他也会认为 f 的更大的一部分也优于 g 的全部。
>
> （Savage，1954，pp. 1－104）

---

① 类似地，萨维奇指出“传统上，统计学的中心问题是得到统计推断，即在不完全信息的基础上得到相当可靠的结论”（Savage，1951，p. 55）。

② 它也被称作独立性公理。

1951 年晚些时候，萨维奇完成了他手稿的大部分内容，并且发给了阿莱询问他的建议。

《博弈论与经济行为》出版后，阿莱也对理性行为理论产生了兴趣（参见 Leonard，2010）。阿莱热衷于把自己描述成一个学术偶像，宣称创立了和美国学派分庭抗礼的法国理性选择学派。但是，苏菲·雅莱和皮尔-查尔斯·普拉迪耶的研究表明，阿莱的研究其实是从更广泛的法国经济工程研究中衍生出来的（Jallais and Pradier，2005）。雅莱和普拉迪耶指出，20 世纪 40 年代晚期和 50 年代初期在法国展开的关于期望效用理论的广泛讨论可以划分为两种意见。阿莱和其他参加了在国立巴黎高等矿业学院举办的研讨会的工程经济学家，包括马塞尔·布瓦特、杰拉德·德布鲁、埃德蒙·马兰沃和雅克·莱所内，主张以皮尔·马斯 20 世纪 40 年代早期的研究为基础，反对以任何方式使用期望效用理论，并积极设计了反例和反理论，用来表明期望效用理论是无效的。相反，巴黎大学统计研究所的数学家，包括乔治·达尔木瓦、乔治·盖勒博德、乔治·莫拉塔、让·威莱和杰曼·克雷沃拉斯，则都认为期望效用理论是一种规范，它提供了公共部门中受过训练的理性决策者（例如，经理们）进行决策的规则。

然而，就所设计的反例和反面理论的深入和细致程度来说，没有人超过阿莱。阿莱比冯·诺依曼和摩根斯坦（2004 [1944]）以及弗里德曼和萨维奇（1948，1952）都更加直截了当。他把《博弈论与经济行为》与 17 世纪的数理统计传统、圣彼得堡悖论以及 18 世纪丹尼尔·伯努利（1700—1782）为之提出的解、19 世纪晚期的韦伯-费希纳心理物理学联系起来（Allais，1953a，1979）。① 阿莱重新提及，伯努利曾利用预期精神上的价值（而不是预期货币价值）来描述人们在不同的概率结果之间进行选择的心理。阿莱认为 51
预期精神上的价值是某种形式的“基数”效用，因为它表明（货币）结果的主观价值可以通过数字形式度量。② 随后，阿莱将伯努

① 除了 Allais（1953a，1979），接下来的几段将借鉴阿莱在致萨维奇的信中提出的观点，这些信件可在耶鲁大学的萨维奇档案中查找到。Allais（1979）是 Allais（1953b）的英译本。

② 阿莱没有提及希克斯和艾伦的文章（Hicks and Allen，1934a，1934b），并且认为序数效用和基数效用之间的区别是明确而牢固的。

利基数效用等同于心理物理学中的韦伯-费希纳法则[*]，从而和心理学联系起来了。

在19世纪后期出现的实验心理学和心理物理学中，韦伯-费希纳法则指的是通过实验可以观测到的一种现象，即随着刺激强度的增加，个体对它的感知递减，由此得到一条类似于上文描述过的伯努利曲线的曲线。如果一个人已经负重25千克，再给他加上1千克，他对这1千克的感知要弱于他之前负重5千克时的情况。从心理学的角度看，这和人们对给25欧元加上1欧元的感知弱于给5欧元加上1欧元的情况是一样的。众所周知，心理物理学是影响英国新古典理论早期发展的主要因素。比如，斯坦利·杰文斯和埃奇沃思利用心理物理学将经济学建立在个人感知和价值，即对商品的需求上，而不是对商品的供给上（Maas，2005）。阿莱也认为伯努利的货币-精神上的价值曲线是韦伯-费希纳理论的一个例子，后者广泛探讨了客观刺激与主观感受之间的关系。此外，阿莱明确将伯努利-韦伯-费希纳理论解读为关于人类思维运作的描述性命题（或假说）。

尽管如此，阿莱指出伯努利-韦伯-费希纳的“心理价值”假说走得不够远，然后对假说做了拓展。他引入了一种思想：个体度量一项刺激（包括货币收入）依据的是他或她自己的“心理均值”。换句话说，阿莱认为伯努利-韦伯-费希纳假说是正确的，但“价值”应该根据个体自己的心理起点（或均值）去定义，而不是根据数学或经济决定的起点去定义。而不同个体的心理均值存在很大差异。例如，存在两个选项，一个是确定可以获得5欧元，一个是以4/10的概率获得10欧元。其中，数学或经济起点都是0欧元。相形之下，心理均值则要考虑这两个结果和个体的心理
52 情境的联系，要考虑当时个体是如何看待货币刺激的。一个亿万富翁和一个服务生的心理情境差别巨大，这可能导致他们做出不同的选择。①

① 因此，阿莱的“心理均值”理论本质上与后来卡尼曼和特沃斯基提出的参照依赖是一样的。

* 原文为“Weber-Fechner equation”，疑有误，译者经考证认为应为“Weber-Fechner law”，故译作韦伯-费希纳法则。——译者注

此外，阿莱认为关于理性行为的讨论是不同观点的争论，一方是以推理为基础的哲学，另一方是以经验为基础的科学。因此，他的观点既不同于冯·诺依曼和摩根斯坦（2004［1944］），也不同于弗里德曼和萨维奇（1948，1952），但是，和鲍莫尔（1951，1958）、萨缪尔森（1950，1952；请参阅 Fishburn，1989）相近。阿莱含蓄地区分了作为哲学知识基础的推理和作为经验科学基础的系统、可控的观察，他的逻辑清晰而严谨。这使得对伯努利-韦伯-费希纳假说的科学研究变得很困难。由于"心理价值"是个体在人类思维层面给某项结果赋予的价值，因此，了解它的唯一方式是通过个体的自省。

> 在最一般的情况下，心理价值与货币价值以及心理价值分布形状的影响之间，存在**不可分割的密切关系，而且不能指望关于在不确定期望之间进行选择的实验能够测定心理价值（基数效用）……**
>
> 在最一般的情况下，心理价值（基数效用）**只能**通过对心理上的等价增量或可感知的最小临界值的自省式的观察测定。（Allais，1979，p. 35，原文强调）

在区分推理和实验观察的基础上，阿莱认为存在两种定义理性行为的方式。第一种将理性行为定义为前后一致、没有矛盾等符合哲学推理的抽象标准。虽然阿莱没有明确说明，但可以肯定地说要想批驳关于理性行为的这一定义，只能通过推理或内省式的观察。为了突出阿莱的观点，请注意冯·诺依曼、摩根斯坦和萨维奇都不会同意他的解读，他们会辩称即便是抽象标准也需要以某种方式从经验或观察中推导出来。然而，阿莱指出唯一可以改变理性定义的方式是一个个体说服另一个个体，使之相信他基于推理得到的理性定义存在缺陷。

阿莱认为关于理性行为的第二个定义是"实验式的，是通过观 53
察人们的行为（获得的），我们有其他方面的依据相信他们的行为是理性的"（Allais，1979，p. 24）。也就是说，这是瑟斯顿的实验心理学的路数（Thurstone，1931）。这种实验式的定义主要取决于"参与实验的个体的行为确实是理性的"这一假设。因为如果个体的行为不是理性的，则显然不能通过观察个体得出关于理性行为的描述或理论。[①] 另外，这种关于理性的实验式的定义与冯·诺依曼和摩根斯坦（2004［1944］）的观点，以及萨维奇1954年手稿中的观点相冲突。对于冯·诺依曼和摩根斯坦（2004［1944］）以及萨维奇（1954）来说，只要个体试图去做到理性，即便他的行为偏离了理性标准也是完全没有问题的。但是，在阿莱关于理性的第二个定义下，实验中个体的行为被假设为是理性的。而且，重要的是阿莱相信冯·诺依曼和摩根斯坦（2004［1944］）、弗里德曼和萨维奇（1948，1952），以及萨维奇（1954）在他的手稿中表达的也是这样的观点。因此，阿莱相信能够表明个体行为不是理性的证据可以驳倒理性决策理论的"美国学派"。[②]

1951年晚些时候，阿莱开始和萨维奇就决策理论进行通信。阿莱不断地质疑萨维奇的方法，萨维奇则是不情愿但严肃地，有时候又很全面地考虑阿莱的观点。但到最后，萨维奇只是稍微调整了一
54 下他的理论。[③] 从第一封信开始，阿莱便明确认为萨维奇手稿的研究内容是个体面对不同选项的"心理态度"或"心理评价"，并且认为萨维奇的公理是关于这种人类心理的经验描述。然而，萨维奇在信中表述的观点却多少有些不同。很快，这让阿莱感觉到

① 这里关于实验的使用似乎在某些方面和前述引文中说明的"不可能做关于货币价值的心理学的实验"相矛盾。阿莱似乎已经区分了两种类型的实验，这也符合实验心理学实验的发展历史（如Danziger，1990，1997）。历史上，心理学使用的第一种实验方法是让可控环境中的个体报告他受到外在刺激后内在的、内省的感知。最早的实验不包括针对不同选项的评价或针对什么是理性个体行为的标准的评价，但很容易把这些包含进去。第二种实验方法试图更紧密地遵循自然科学的方法，只看可度量的结果，而忽略实验对象的内省报告。阿莱强有力地指出要严格区分推理和经验，而实验只是后者的一种方法。但是他的理性选择实验采用了一种陈旧的心理学实验，其中哲学的或理性的内省是实验操作的关键部分。

② 阿莱对于他自己的研究一直有一种自我意识，在反对"由冯·诺依曼创建的美国效用学派"时，他认可"由其创建者阿莱代表的法国效用学派"（Allais and Hagen，1979，p. vii）。

③ 耶鲁大学保管的萨维奇档案包括8封阿莱致萨维奇的信（1箱，11文件夹）。第一封的日期是1952年3月21日，最后一封的日期是1952年12月30日。但是，阿莱的一封信中提到了萨维奇给他的另一封信，日期是1951年12月20日，阿莱在与鲍莫尔的通信中也提到了这封信。正如上所说，那似乎是萨维奇和阿莱之间的第一封信，信中萨维奇请阿莱对他的手稿做评论。此外，萨维奇档案中有一封萨维奇致阿莱的长信，日期是1953年3月10日（1箱，11文件夹），这封信对这场讨论多多少少做了一些总结。耶鲁大学和萨维奇的家庭付出相当多的努力力求档案涵盖全面，所以可以肯定地认为其他信件丢失了。如前所述，英文翻译由本书作者提供。

沮丧[1]：

> 我承认没有特别好地理解你的观点……自然，我们可以将理性人定义为遵循你的假定的人，但是我感觉这一关于理性的定义和科学逻辑中的理性没什么联系……有必要确认我在给你的前两封信里提到的观察事实。[2]

在前文已提到的 1952 年由阿莱组织的学术研讨会上出现了著名
的阿莱悖论（这是后来的称谓）。[3] 阿莱悖论是现代决策理论中最著 55
名的理论之一，雅莱和普拉迪耶（Jallais and Pradier，2005）详细记
录了阿莱悖论的发展历程。在研讨会的午餐上，阿莱给萨维奇提出了
一个决策问题。设计这个问题的目的和鲍莫尔提出反例（Baumol，
1951）的目的一样：表明冯·诺依曼-摩根斯坦-萨维奇理论是无效
的描述。阿莱的问题是这样的：

> 1. 下列两项赌局你会选择哪一项？
> a）以 100%的概率获得 1 亿法国法郎。
> b）以 89%的概率获得 1 亿法国法郎；
> 以 1%的概率什么都得不到；
> 以 10%的概率得到 5 亿法国法郎。

---

① 萨维奇对德语和法语普遍感兴趣。1952 年，他作为古根海姆学者在巴黎待了几个月，其间他成为莫里斯·弗雷歇（1878—1973）的朋友。因此，萨维奇能够流畅地阅读法语。混杂着严肃的和半开玩笑式的语言是他写作的标志。他在古根海姆申请表“法语”栏写道：“能够熟练阅读德语的数学，其他方面也还不错。得益于目前对法语口语的学习和练习，能够听懂德语演讲。期望也能够听懂法语演讲，已经能够熟练对话，特别是就数学问题”（萨维奇的古根海姆申请表，1950 年晚期，2 箱，11 文件夹）。

② 康涅狄格州，纽黑文，耶鲁大学，吉米·萨维奇文件，11 文件夹，1 箱，阿莱 1952 年 4 月 2 日致萨维奇的信。

③ 参加研讨会的除了阿莱、萨缪尔森和萨维奇之外，还有肯尼思·阿罗、布鲁诺·德费奈蒂、米尔顿·弗里德曼、朗纳·弗里施、威廉·杰斐、雅各布·马尔沙克、吉米·萨维奇、乔治·沙克尔。不太清楚为什么鲍莫尔没有出席研讨会。考虑到阿莱在信中对鲍莫尔的评论，他似乎不可能邀请了萨缪尔森、弗里德曼和沙克尔，而不邀请鲍莫尔。鉴于 1954 年发生的一件事情，阿莱邀请鲍莫尔出席在巴黎举行的一个关于动态模型的会议，但由于普林斯顿大学不提供资助，鲍莫尔不得不辞谢了。因此，鲍莫尔没有出席研讨会的一个可能解释是因为他当时没有条件。另一种说法是，鲍莫尔当时承担了太多的事务，他分不出时间和精力跑一趟欧洲（威廉·鲍莫尔 2011 年 10 月 18 日致本书作者的电子邮件）。

2. 下列两项赌局你会选择哪一项？

c）以 89%的概率什么都得不到；

以 11%的概率得到 1 亿法国法郎。

d）以 90%的概率什么都得不到；

以 10%的概率得到 5 亿法国法郎。[①]

（Allais，1953b，p. 527；英文翻译由本书作者提供）

萨维奇和许多人一样，在第一个问题中选择了 a)。正如伯努利所说（Bernoulli，1954），这一选择虽然没有最大化货币结果，但可以用风险规避和（或）财富的效用递减去解释。但是萨维奇在第二个问题中选择了 d)，从而最大化了货币结果。鉴于一个人不能在同一时间既偏好最大化又不偏好最大化，萨维奇的选择违反了在他即将出版的书中阐述的公理。因此，萨维奇不得不在两个不喜欢的选项中选择一个。他要么承认他的 7 条公理是无效的，要么裁定他自己——一个数学家和他自己的理论与公理的专家——的行为是非理性的。

阿莱-萨维奇争论中的一个重要细节是萨维奇曾经思考过这个结果（Jallais and Pradier，2005）。如果他采用和阿莱一样的观点，即认为经验证据可以而且必然能够直接证实或拒绝理论，则他立即可以判定公理是假的。但是和他的导师冯·诺依曼一样，萨维奇认为尽管个体努力想让他的行为和萨维奇公理中规定的一样理性，但他们可能
56 做不到这一点。尽管如此，（观察到的行为）违反行为公理也可能意味着公理没能有效地刻画理性行为。因此，萨维奇需要花时间思考到底是他的公理没能很好地刻画理性行为，还是他的行为是非理性的。当萨维奇回到阿莱那儿时，他宣称他认为他自己的行为是非理性的，而 7 条公理仍然是理性行为的良好刻画。

另外，阿莱把他和萨维奇在午餐上的问题讨论看作一次实证研究，是针对“冯·诺依曼-摩根斯坦-萨维奇理论能否有效地描述（人们对）货币结果的心理评价”进行的第一次观察。据阿莱所说，萨维奇的回应表明萨维奇（1954）、冯·诺依曼和摩根斯坦（2004

① 萨维奇指出当时的汇率是 350 法国法郎兑 1 美元。所以，1 亿法国法郎兑换成 1952 年的美元，大概是 285 000 美元。类似地，5 亿法国法郎相当于 1952 年的 1 400 000 美元。

[1944]）提出的“关于个体对期望货币结果的评价的线性、单调的描述”是无效的。阿莱明确地将萨维奇的回答看作是打入公理的第一个楔子。为了充分利用这一成果，阿莱在开完研讨会的两天后给萨维奇写了一封信（当时萨维奇还在巴黎），旨在进一步表明萨维奇是错的。他在信中提出了一个问题，并且认为萨维奇不能做到使用与他自己的理论或与伯努利的边际效用递减理论相一致的方法回答这个问题。阿莱开门见山，直述要点。阿莱的长文值得在此引用一下。

> 假设某项博彩包括 1 000 张彩票，其中只有一张价值 2 亿法国法郎。
>
> 第一种情况，个体 X 拥有 999 张彩票，并且同意为第 1 000 张彩票支付价格 S_0。
>
> …………
>
> 第二种情况，他拥有 998 张彩票，并且打算再买一张，最后一张是他无论如何也得不到的。
>
> 假设 S_1 是第二种情况中个体愿意为第 999 张彩票支付的金额。
>
> …………
>
> 我向许多人提出了这个问题，这些人普遍被认为是理性的，他们的答案无一例外地表明 S_0 的值大于 S_1 的值。
>
> 您认为这种情况是非理性的吗？
>
> …………
>
> 我打算就这个问题做一份调查问卷，将它发放给两个群体。一是国立巴黎高等矿业学院的学生，总体来说他们可能被看作是理性的；二是我正在主持的一个系列研讨会（小组会议）的成员，他们可能同样被认为是理性的。
>
> 不管怎样，在组织这次调查问卷之前，如果可能的话，我希望您能够**回复本信**，给出您对这些问题的评价。那样的话，我就可以把您的意见考虑进来。[①] 57

萨维奇在一天之内就给出了回复，他回应指出，没有理由可以表

---

① 康涅狄格州，纽黑文，耶鲁大学，吉米·萨维奇文件，11 文件夹，1 箱，阿莱 1952 年 5 月 19 日致萨维奇的信，原文强调。

明理性、稳健的个体就不能是风险规避的。因此，随着期望货币收入的增加，个体给出的边际评价将会是递减的。但是一周后阿莱回复称“（萨维奇的）答案没能说服他”①，原因是如果把问题中的 2 亿法国法郎换成 50 法国法郎、200 法国法郎、300 法国法郎、400 法国法郎或者是 1 000 法国法郎，也可以得到同样的结果。这意味着在每一个可能的区间，期望货币收入的边际效用曲线都是递减的，但就曲线总体来看，要一直递增至 2 亿法国法郎。阿莱表明伯努利和冯·诺依曼-摩根斯坦-萨维奇的想法是错误的，因为他们认为人们对期望货币收入的评价是不断递增的。显然，阿莱感觉他已经把萨维奇逼到了一个由他和冯·诺依曼-摩根斯坦公理组成的悖论困境里。

随后阿莱如约发给萨维奇一份“风险调查表”。② 调查表以法语形式发表，题目为“针对美国学派理性人定义有效性的调查表”（Questionnaire destiné a tester la validité de la formulation de l’école Américaine pour les hommes rationnels）。调查表由 10 组问题组成，内容是被调查者对风险的态度（Allais，1953c）。例如，第 3 组中有 2 个问题后来成为著名的阿莱悖论，其他 8 个问题也与此类似。第 4 组提出的 4 个问题则延续了前文刚刚引用过的阿莱在 1952 年 5 月 19 日写给萨维奇的那封信中的思路。其他组中问题的设计思路也大致类似。第 10 组提出了 21 个问题，如“你玩扑克吗？如果玩的话，你会把你每月收入的多大比例用于玩扑克？”“你会参加有风险或者有很高风险的运动吗？”“如果你在一场碰运气的游戏中输了，你认为在你的月收入中减少多大比例和你在游戏中的全部损失是无差异的？”另外，阿莱请萨维奇就“说明你对可能获得的从 100 法国法郎到 10 亿法国法郎的不同评价”③ 这一问题做出回答。

58 彼时，萨维奇比较繁忙，而且明显并不急于回应阿莱的广泛性要求。这并不奇怪，因为萨维奇肯定也认识到了（阿莱的问题表明）他的公理存在悖论。在 1952 年 6—12 月，阿莱在很多信件里强调，他

---

① 康涅狄格州，纽黑文，耶鲁大学，吉米·萨维奇文件，11 文件夹，1 箱，阿莱 1952 年 5 月 28 日致萨维奇的信。

② 同①.

③ 康涅狄格州，纽黑文，耶鲁大学，吉米·萨维奇文件，11 文件夹，1 箱，阿莱 1952 年 6 月 18 日致萨维奇的信。

把萨维奇的回应用于“关于风险的广泛研究和向《计量经济学杂志》（*Econometrica*）投稿的两篇论文中”①。另外，阿莱在信中几次抄写早先的调查问卷和相关的评价问题，萨维奇也许已经把早先的版本弄丢了。

1953 年 3 月，萨维奇终于做出了回应，而且涉及面非常广泛。在回答阿莱的问题和按照阿莱的要求画出他自己（萨维奇）的效用曲线时，萨维奇首先假设当收入或财富为零时效用为零，100 万美元的效用为 1 单位。接着，他“通过自我审视”② 估计出如果让他放弃一项“有 50%的可能性获得一笔收入，有 50%的可能性什么都得不到”的赌博，他想要得到多少钱，赌博可能获得的那笔收入为 0～100 万美元。然后，他估计出了他在 0～100 万美元区间的效用曲线③：

$$U(x)=0.035\,578(1-\mathrm{e}^{-0.001x})$$

萨维奇估计出他自己的收入-效用曲线后，把“（阿莱）的调查表输入电脑里，通过电脑指令来回答问题，给出的答案是指数公式的形式，比较含蓄”。萨维奇解释让电脑作答的原因是“我长期接触调查表，已经不能自发、自然地去填写了”④。但是，让电脑在提前设定好的方程基础上提供答案当然也就确保了不会出现非理性的结果。电脑做完工作后，萨维奇检查了电脑给出的答案，“看一下机械性地给出的答案中有没有一些是完全不符合我的偏好的。”⑤ 萨维奇高兴地宣称：“不管有没有价值，我想我可以诚实地说，尽管如果由我自 59
发回答的话，有些答案可能不同，但我对由曲线替我给出的答案并没有感到多么不满，经过思考后更是如此，虽然曲线表达的比真实的我多少要更大胆一些。”⑥

---

① 康涅狄格州，纽黑文，耶鲁大学，吉米・萨维奇文件，11 文件夹，1 箱，阿莱 1952 年 5 月 28 日致萨维奇的信。

② 康涅狄格州，纽黑文，耶鲁大学，吉米・萨维奇文件，11 文件夹，1 箱，萨维奇 1952 年 12 月 23 日所作表格，见附录。

③ 康涅狄格州，纽黑文，耶鲁大学，吉米・萨维奇文件，11 文件夹，1 箱，萨维奇 1952 年 12 月 23 日所作表格。本章结尾处附上了萨维奇画的他自己的效用曲线的最初草稿，以及他发给阿莱的最终版本。

④ 康涅狄格州，纽黑文，耶鲁大学，吉米・萨维奇文件，11 文件夹，1 箱，萨维奇 1953 年 3 月 10 日致阿莱的信。

⑤ 同④.

⑥ 同④.

萨维奇的回应涉及广泛，和冯·诺依曼-摩根斯坦-萨维奇理论完全一致，或者说和阿莱详加说明的伯努利曲线完全一致。而且尽管他没有明说，他对阿莱的回应却直接干脆地拒绝了阿莱对“性状良好的收入-效用曲线的有效性”的质疑。所以，毫不奇怪，这成了阿莱和萨维奇之间的最后一封信。1953 年年末，《数学评论》(*Mathematical Reviews*) 的编辑约翰·魏豪森邀请萨维奇评论阿莱当年发表在《计量经济学杂志》上的论文。萨维奇注意到了一个不太鼓舞人的现象，“作者所称的美国学派所坚持的效用理论，其影响并不局限在美国，很多其他人也相信（他们的理论）”①。接着，萨维奇概括了阿莱的观点并断定没有人会认同阿莱。经历过这一事件后，阿莱将注意力转移到了其他问题上，这和两年前鲍莫尔的情况非常相像。他反对期望效用理论的观点被大部分人遗忘了，直到 20 世纪 70 年代，随着阿莱和哈根（Allais and Hagen，1979）以及其他人的著作（Jallias and Pradier，2005）的出版，它才得以复兴。②

然而，萨维奇的确吸收了阿莱的批判。在他的接近完成的手稿中，萨维奇区分了对行为公理的“规范解读”与“经验解读”(Savage，1954，pp. 19－20)。规范解读由冯·诺依曼-摩根斯坦-萨维奇方法构成，这种刻画理性行为的方法不考虑个体的行为是否真的一直都是理性的，而是从这种刻画中推论出理性行为的原则。而经验解读研究在什么样的情况下个体的行为是理性的，以及在什么样的情况下不是理性的。萨维奇的《统计学基础》中新的规范性-经验性区分方
60 式虽然基本上没有改变冯·诺依曼-摩根斯坦-萨维奇的方法，但使人们承认科学家，特别是心理学家，也应该去实证研究真实的个体是如何行动的。而且，它使得萨维奇偏离了他在和弗里德曼合作的研究中的立场（Friedman and Savage，1948，1952），回到了更加贴近冯·诺依曼和摩根斯坦的《博弈论》(*Theory of Games*) 的观点。

阿莱将冯·诺依曼-摩根斯坦-萨维奇公理理解为关于人类行为

---

① 康涅狄格州，纽黑文，耶鲁大学，吉米·萨维奇文件，251 文件夹，11 箱，草稿。

② 1988 年，阿莱获得诺贝尔经济学奖。依据官方说法，阿莱获得诺贝尔经济学奖是因为“他在市场和资源有效利用理论方面做出的开创性贡献”，并不是因为用他的名字命名的悖论（“1988 年瑞典国家银行纪念阿尔弗雷德·诺贝尔经济学奖”，Nobelprize. org，2012 年 6 月 9 日获取，http://www. nobelprize. org/nobel prizes/economic-sciences/laureates/1988/）。即便如此，法国的工程师、经济学家一直把期望效用理论及其反例看作用工程学方法研究经济的一部分。

的描述性命题，这比鲍莫尔（1951，1958）、萨缪尔森（1950，1952）和阿罗（1951）都要更加明确、有力。人们可能对阿莱关于公理的解读有异议，但必须承认阿莱的确指出了冯·诺依曼-摩根斯坦-萨维奇理论的一个弱点，而萨维奇却压根儿拒绝承认这一点。因此，萨维奇对公理进行的规范式和经验式解读应该被看作是拯救公理的一种尝试。同时，萨维奇调整吸收了调查表的结果，将其归类为不一样的、经验的范畴。的确，人们同样应该欣赏萨维奇的“高招”。他让阿莱无言以对，也增加了他自己的著作的影响力。此外，让人意想不到的是，萨维奇的规范性-经验性区分在数学心理学和行为决策研究中催生出一片全新的研究领域。

5. 数学心理学与行为决策研究

1952 年夏天，即巴黎研讨会后两个月，来自密歇根大学的数学心理学家克莱德·库姆斯（1912—1988）和数学家罗伯特·斯洛尔（1914—2009）在加利福尼亚州圣莫尼卡的兰德公司举办了一期为期 8 周的研讨班，研讨班的主题是“决策过程实验的设计”。研讨班缘起于库姆斯 1950 年在密歇根大学发起的数学心理学研讨班（更多细节请参见第 3 章）。圣莫尼卡研讨班得到了福特基金会、兰德公司、海军研究办公室和考利斯委员会的直接或间接资助。经济思想史学家形容该研讨班是推动博弈论发展的重要力量（Leonard，2010；Weintraub，1992；Dimand，2005；Mirowski，2002；Lee，2004）。同时，数学心理学家和研究数学心理学发展史的学者认为圣莫尼卡研讨班推动了数学心理学的发展（Tversky，1991；Frederiksen and Gulliksen，1964；Laming，1973；Luce et al.，1963a）。研讨班促发了很多研究，卡利什、米尔诺、纳什和内灵 1954 年的论文《若干 n 61
人博弈的实验》(Some Experimental N-Person Games)，通过实验检验了非合作博弈理论，表明人们的行为不是竞争性和纯粹自利的（Kalish et al.，1954）。其他参加研讨班并做了报告的学者包括心理学家里昂·费斯廷格（1919—1989）、威廉姆·埃斯蒂斯（1919—2011）和库姆斯，数学家梅里尔·弗勒德（1908—1991）和斯洛尔，以及经济学家马尔沙克、霍华德·雷法（生于 1924 年）和杰拉德·德布鲁（1921—2004）。其中，马尔沙克是唯一既参加了阿莱在巴黎的研讨会，也参加了圣莫尼卡研讨班的科学家。

研讨班的出发点是对“我们所说的现代决策理论发展至今尚不足 10 年”（Davis，1954，p. 2）的观察。也就是说，研讨班的组织者和参与者都认为《博弈论与经济行为》（2004 [1944]）开创了社会科学领域的一个新分支，而目前这一分支仍有待开发。同时，他们对“决策理论”的定义要比冯·诺依曼和摩根斯坦更宽泛一些。其中还包括了不确定（不同于博弈论中的策略不确定性）条件下的理性决策、约翰·福布斯·纳什倡导的非合作博弈理论，以及帕累托、埃奇沃思、萨缪尔森等经济学家创建的确定条件下的决策理论。[①] 在 1954 年出版的论文集前言中，库姆斯、斯洛尔和戴维斯努力站在冯·诺依曼-摩根斯坦-萨维奇的认识论立场上，从而站在了阿莱的对立面。但是同时，他们对规范性-描述性的区分做了新的解读：

> 以描述或预测为主的理论和纯粹的规范性理论之间是有区别的，尽管这种区别得到了人们的承认和正确解读，但在不同学者之间仍存在沟通和理解不清楚的地方……
>
> “规范性”和“理性人”这样的词语看起来很糟糕。最早使用这些词语思考问题的经济学家可能真的想阐释清楚一个理性的人**应该**如何行事，而现代的规范性理论学者的目标要低得多。他们每个人都建立一个自认为有效的抽象体系：“如果按照适当的理解，一个人的行为满足了这个体系提出的要求，那么，就可以说在我的理论中他的行为是‘理性的’。”（Davis，1954，p. 4，原文强调）[②]

62 首先，需要注意，学者们认为将理性等同于规范性的（做法）源于经济学。其次，引文的最后两句表明了库姆斯、斯洛尔和戴维斯是如何理解他们自己的。他们在认同冯·诺依曼-摩根斯坦-萨维奇立

① 这里的介绍没有提供这些作者的具体论文或书籍。

② 会议组织者斯洛尔和库姆斯“委派了一项任务（给罗伯特·L. 戴维斯），撰写一章作为引言……许多思想都是来自众多的编辑会议……这里的‘我们’……指代所有三位编者，当然，文章的（问题）由他（戴维斯）负责……”（Davis，1954，p. 1）。

场的同时忽略了个人主体，着重突出了学者们对什么构成理性行为的理解。换句话说，他们对冯·诺依曼-摩根斯坦-萨维奇的立场做了稍微不同的重新解读。此外，他们突出了冯·诺依曼-摩根斯坦-萨维奇理论中对描述性与建议性成分的区别：“博弈论表明了跨学科讨论中混乱和困惑的又一个根源。对冯·诺依曼和摩根斯坦来说，理论目标明显不只是提供规范性的解读，而是要为经济交换实证过程的新分析建立基础”（Davis，1954，p. 5）。

行为心理学家，如沃德·爱德华兹（1927—2005；请参考第 3 章）等人继承并发扬了基于规范性-描述性区分对冯·诺依曼-摩根斯坦-萨维奇理论的解读。爱德华兹认为萨维奇对规范性和经验性解读的区分与实验心理学对科学研究规范性和描述性领域的区分是一样的，这和库姆斯、斯洛尔、戴维斯的观点类似（Edwards，1954，1961）。爱德华兹将决策理论看作是为主体在不确定环境下受到客观刺激后的决策提供理论框架。行为决策研究者自我设置的任务是利用实验度量主体面对客观刺激做出何种决策。在传统框架内，实验心理学研究个体对客观价值的主观感知，如重量和亮度的差异（Danziger，1990，1997）。行为决策研究将砝码和灯泡替换为决策理论的概率和货币值（或其他等价物）。给出货币结果和概率的客观值，决策理论就可以确定客观的，也即规范性的决策。行为决策研究则通过实验度量主体实际上会采取哪种决策。

行为决策研究者经常明确地说明规范性-描述性区分（参阅 Amadae，2003）。举例如下：

> 决策理论研究决策是如何做出的以及应该如何做出。因此，它有两面性：描述性与规范性。描述性决策理论试图描述、解释真实的选择是如何做出的。它研究不同环境下决定选择行为的各种变量。因此，它构成了心理学的某个分支。规范性决策理论关注最优的而非真实的选择，其主要作用是在明确决策者的目标和获得的信息后给出应该如何决策的建议，具有一定的指导性。例如，他们认为如果个体追求实现预期收益最大化，那么他就应该遵循某种行为方案。因此，规范性决策理论是一个纯粹的演绎性学科。（Coombs et al.，1970，p. 114） 63

因此，决策理论的规范性部分不再有某种“特殊的双重性”。这与冯·诺依曼和摩根斯坦（2004［1944］）、冯·诺依曼（1988）、萨维奇（1954）以及爱德华兹等行为决策研究者（也包括库姆斯等数学心理学家）的研究形成了鲜明对比。经验、观察和决策理论的公理化特征之间也不再存在错综复杂的关系。而决策理论的规范性部分具有纯粹演绎的意味，即全部通过纯粹推理得来。观察到的行为仅仅在决策理论的描述性部分被提及，其实是用来和纯粹推理的规范基准进行比较的。

正是由于这一点，爱德华兹才对经济学产生兴趣，正如在他1954年那篇内容广泛而又颇有见地的讨论经济学的论文中体现出来的那样（Edwards，1954）。[①] 爱德华兹认为经济学是关于人类决策的规范性、演绎性理论，与统计学、数学和哲学具有同等地位。由此，爱德华兹指出经济学是一门“脱离实际”的科学（Edwards，1954，p. 14），这并不是他对经济学的指责，而是他认为经济学就如同数学、统计学和哲学一样，是脱离实际的科学。爱德华兹对“经济人”的探讨也应该从这个角度去解读。在他和大多数心理学家看来，经济人是一个依据规范性理论做选择的人，因此，是一个规范性概念。如果你想了解在一个特定的决策问题中经济人会做什么，实际上你想了解的是规范性的解是什么。同时，体现了规范性理论的经济人概念形成了一个关于真实决策的假说，这个假说可以被检验：“如果经济人是真
64 实的人的模型，则真实的人的真实选择应该始终表现出可传递性。可传递性是一个假设，但是可以被直接检验。经济人作为真人模型的其他性质也类似”（Edwards，1954，p. 16）。这种基于实验心理学解读的经济学和瑟斯顿在与舒尔茨对话时想到的内容非常相似。

经过戴维斯（1954）、爱德华兹（1954，1961）、库姆斯等人（1970）的阐述，**规范性**和**描述性**成为心理学与数学中探讨决策理论的概念。冯·诺依曼-摩根斯坦-萨维奇关于行为公理的观点既是理性决策特征的归纳概括，又是理性决策的规则，而将决策理论分类为

---

① 1954年1月，爱德华兹联系了萨维奇，想核对一下他的论文早期版本中引用的萨维奇的两篇论文。彼时，他们二人并不认识对方，而且在爱德华兹写信前，萨维奇也没有关注过爱德华兹的研究。但是，萨维奇回复了一封长达11页的信，仔细谈了总共达52条意见。萨维奇的回复开启了他们之间长达数年的通信，为日后爱德华兹成功地将萨维奇吸引回密歇根大学奠定了基础，萨维奇在密歇根大学从1960年一直待到1964年（Phillips and von Winterfeldt，2006）。

规范性与描述性研究的做法迥异于这种立场。数学心理学家和行为决策研究者认为（行为公理）规范性层面的规范来自推理，而和实证研究无关。相比之下，关于人类真实决策的描述性命题则可以直接通过实验检验是否有效。另外，心理学家基于规范性-描述性区分的方法和经济学家对决策理论及其公理的解读存在很大的差异。

6. 弗里德曼与实证经济学方法论

如前所述，弗里德曼关于经济学特有的认识论的观点最早出现在他和沃利斯（Wallis and Friedman，1942）以及和萨维奇（Friedman and Savage，1948，1952）合作的研究中，但在《实证经济学方法论》（Friedman，1953）一文中得到了更为充分的阐述。弗里德曼的阐述表明了第二次世界大战后经济学家是如何认识经济学的性质的，从而也表明了经济学家是如何理解决策理论及行为公理的。在《实证经济学方法论》中，弗里德曼复原了经济学家们使用的实证科学和规范科学的概念。这些概念最早可追溯至约翰·斯图亚特·穆勒和约翰·内维尔·凯恩斯，与萨维奇做的规范性-经验性区分，以及库姆斯、爱德华兹等心理学家在理解决策理论时使用的规范性-描述性方法截然不同。按照弗里德曼的理解，“规范性”含有道德的要求，从而不是科学的；而“实证性”没有道德和规范的要求，因此是科学的（Hands，2001）。如此解读“规范性”和其他人形成了明显差异，因此看起来有些奇怪。但需要注意的是，弗里德曼的文章（Friedman，1953）比萨维奇首次介绍“规范性”的数学-心理学含义的文章（Savage，1954）要早一年。而且那个时候，他们已经分道扬镳了， 65
因此虽然他们对“规范性”概念的使用方式不同，但也没有迫切的理由来解决这个问题。

在沃利斯、弗里德曼、冯·诺依曼、摩根斯坦和萨维奇等学者的研究中（Wallis and Friedman，1942；von Neumann and Morgenstern，2004；Friedman and Savage，1948，1952）出现的关于理性行为的“合理化（或理性解释）”、“归纳概括”、“刻画”以及“精确描述”等词汇，在弗里德曼的文章中（Friedman，1953）重新被贴上了“假设”的标签。因此，在弗里德曼的逻辑里，经济学家设定关于经济中个体行为的某些“假设”，这里并不需要心理学。然后，经济学家从假设中推出对尚未观察到的行为的具体预测。如果预测是对的，就说明假设是合适的，而这些假设的现实性（例如，描述的准确性，参考弗里德曼与鲍莫尔和萨缪尔森的讨论）则无关轻重，这一点后来成为弗里德曼的文章（Friedman，1953）中最具争议性的话题之一。其实，弗里德曼在 1953 年文章里的观点和他在与萨维奇合作的文章（Friedam and Savage，1952）中的观点是相似的。他认为如果有强烈的理由要求科学理论尽可能地简洁、一般化，那么科学理论就应该尽可能地忽略经验内容。因此，从某个角度可以说，假设越不现实越好。万有引力定律在不考虑空气阻力或“一个小男孩拿着球”等干扰因素时得到了最好的表述。但是，不考虑经验内容使得万有引力定律及其假设（没有空气、不是小男孩拿着球）更加不现实。

弗里德曼（Friedman，1953）在文章中一直给“假设”依次加上引号，显然，他试图找到更合适的术语。另外，他的表述（Friedman，1953）曾有几次溜回到过去，使用“一般化”等术语：

> 实证经济学原则上与所有的道德立场或规范判断无关。正如约翰·内维尔·凯恩斯所说，它研究“是什么”，而不是“应该是什么”。实证经济学的任务是提供一个能够对任何情形的改变的后果做出准确预测的一般化的理论体系。它的功效需要依据它的使用范围、精准性以及它产生的预测与经验现实相符的程度来判断。简单地讲，实证经济学是一门，或者可以是一门“客观”科学，在这个意义上，它和所有的物理科学完全一样。（Friedman，1953，p. 4）

因此，《实证经济学方法论》（Friedman，1953）的观点是，实证研究与道德上的价值判断无关，而规范经济学思考的则是什么是好的、正义的，或者换个说法，道德的。如此一来，弗里德曼加入了纳
66 索·西尼尔、约翰·斯图亚特·穆勒、约翰·内维尔·凯恩斯和莱昂内尔·罗宾斯的研究传统（Hands，2001）。弗里德曼指出规范经济学不能脱离实证经济学，因为人们要想实现设定的道德目标，就需要了解经济世界（的运行），但是实证经济学可以而且应该尽可能地远离道德评价。在 20 世纪八九十年代行为经济学出现以前，这构成了

经济学家对实证性和规范性最主要甚至是唯一的解读方式（例如，Hands，2001）。

库姆斯和爱德华兹等人的规范性-描述性观点与弗里德曼《实证经济学方法论》中的实证性-规范性观点之间一个重要的差别是对与科学的关系的理解。对心理学家来说，规范性与描述性（理论）都在科学范畴内，规范性理论研究理性行为的规则，而描述性理论关注个体的真实决策行为。但是，弗里德曼（Friedman，1953）认为规范性首先规定了科学的经济学**不是**什么，以及应该不是什么。他从一个科学家的角度理解并指出，科学的经济学首先应该不是规范性的（参见 Stapleford，2011）。《实证经济学方法论》发表后，规范性成了经济学家争相躲避的污名，成了非科学性的标签。因此，两种“规范性”的内涵不一样，一个指理性推理，一个指道德。不同的使用方式使得“规范性”在两个圈子里的地位截然不同。对于数学心理学家、行为决策研究者和其他决策理论者来说，规范性是由科学家制定而应被所有人遵循的行为标准，也是度量所有行为的基准。对于第二次世界大战后的大多数经济学家来说，规范性是绝对不应该触碰的内容。①

---

① 无论是心理学家的规范性-描述性区分，还是经济学家的实证性-规范性区分，都忽略了最早的冯·诺依曼和摩根斯坦的观点的微妙之处，这也解释了为什么摩根斯坦在他生命的最后阶段仍然感到不得不重提他们的观点。摩根斯坦在 1972 年（Morgenstern，1972）略带傲慢地指出，他和冯·诺依曼 1944 年的合作研究（von Neumann and Morgenstern，2004 [1944]）做的正是自大卫·希尔伯特以来好的科学在做的事情：使用公理化方法。摩根斯坦声称，公理是对世界的描述，但不是一般的描述，而是“最高等级的描述”（Morgentern，1972，p. 700）。他指出，这种形式的描述和弗里德曼 1953 年的文章里说明的道德意义的规范性没有任何关系。但是摩根斯坦解释说还有另一种意义上的规范性，这种意义存在于当个体想要基于公理化体系采取行动时。比如，当个体想要建造一艘火箭去月亮上时，他可能会去查阅物理公理看看应该做什么。在这种意义上，公理是规范性的。类似的情况是当一个个体在某个特定情境下想采取理性的行为时，冯·诺依曼-摩根斯坦公理可以告诉他应该怎么做。一年以后，摩根斯坦又简洁地概括了这个观点：“理论中的‘理性’并不是一个具有既定、确定含义的概念，相反，它需要根据理论推论出来，并通过理论获得内涵。如果行为偏离了理论的预测，经过理论解释后，行为将会被修正，从这个角度说，理论具有‘完全的说服力’。冯·诺依曼-摩根斯坦‘期望效用理论’是对现实的第一次近似估计，毫无疑问，相对丰富、复杂的现实来说，这种近似要简单、粗略多了。从这一意义上说，对理论的抨击是错误的。科学界里人所共知，公理体系经常被修改，背后是我们对物理规律理解的拓展，以及相应的公理被替换，或者被修改得更加精确、合适。正如所料，冯·诺依曼-摩根斯坦‘期望效用理论’30 年的演变历程和科学的进步完全一致”（Morgenstern，1973，p. 175）。

67 7. 总　结

冯·诺依曼和摩根斯坦的《博弈论与经济行为》(2004 [1994]),以及作为整本书建立基础的行为公理的认识论,在心理学家和经济学家之间引发了激烈的争论。争论围绕如何将公理吸收、融合进已有的理论和方法中展开。但是到了1953—1954年,争论变成了不同学科对理论的不同解读。概括地讲,心理学家利用规范性-描述性区分解读行为公理,认为公理属于规范领域,是用纯粹推理定义的“刺激”,被用来和描述领域中的真实人类决策行为进行对照。经济学家则利用弗里德曼(Friedman,1953)的实证性-规范性区分解读行为公理,认为建立在冯·诺依曼和摩根斯坦公理基础上的选择理论或决策理论是科学的、无关道德的,从而属于实证经济学。关于如何准确地理解公理(是刻画还是可以直接被拒绝的描述),目前还不完全清楚,但对于公理属于实证经济学这一表述已经没有争议了。

心理学家和经济学家对行为公理的理解存在差异并不令人意外,这反映出在《博弈论与经济行为》出版以前,双方对个体行为的理解便不一样。瑟斯顿在和他的朋友、经济学家舒尔茨对话后,利用实验检验经济学家的无差异曲线,但随后就遭到了沃利斯和弗里德曼(Wallis and Friedman,1942)的反驳(已在本书第1章中讨论过),
68 这说明分歧早就存在。但是,要想真正了解心理学家和经济学家对冯·诺依曼与摩根斯坦提出的公理化方法的解读究竟有哪些不同,我们还需要理解冯·诺依曼和摩根斯坦的认识论立场。关键点可能不是冯·诺依曼和摩根斯坦立场本身的微妙之处,而在于它为其他的解读留下的空间。如果冯·诺依曼和摩根斯坦在一开始就支持某一方的立场,另一方想要把行为公理吸收融合进自己学科的传统中就会困难很多。

然而在1944年,没有任何征兆表明经济学家和行为心理学家会接受冯·诺依曼和摩根斯坦的新理论、新方法,更不用说如何从认识论上去解读。20世纪40年代中期至50年代中期,围绕行为公理出现了很多热烈的讨论，讨论后来集中在如何理解冯·诺依曼-摩根斯坦（后来加上了萨维奇）的公理。讨论过程中产生了心理学家的规范性-描述性区分和经济学家的实证性-规范性区分，形成了在 20 世纪 60—70 年代讨论中所使用的术语。

附　录

为了回应阿莱关于风险的调查表，萨维奇于 1952 年 12 月 23 日通过“自我审视”画出了他自己的 0～100 万美元的效用曲线（见下图）。纵轴表示美元，横轴表示效用量。根据草图估计出的效用函数是 $U(x)=0.117\,54(1-e^{-0.002\,5x})$，这和他在最后写给阿莱的信中提到的效用函数 $U(x)=0.035\,578(1-e^{-0.001x})$ 不一样。①

69

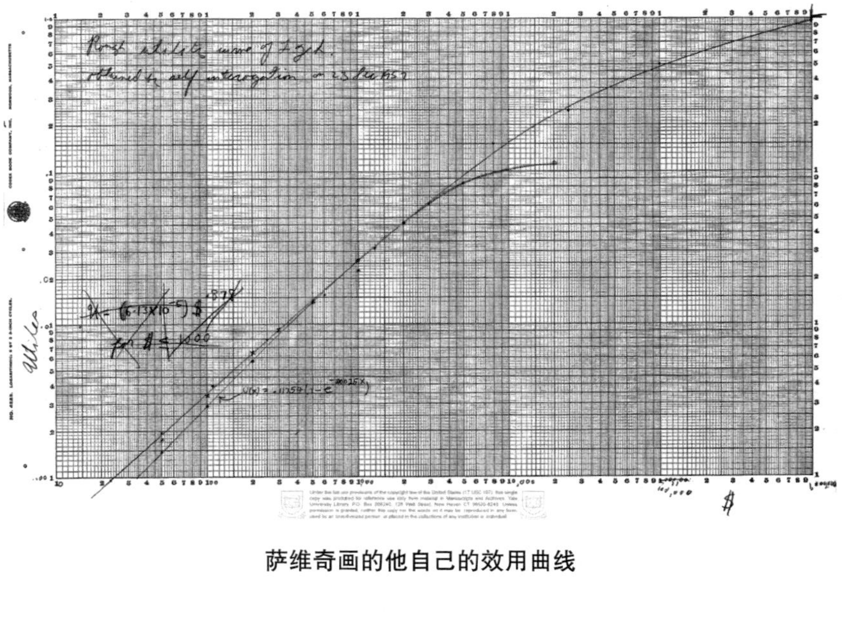

萨维奇画的他自己的效用曲线

① 康涅狄格州，纽黑文，耶鲁大学，吉米·萨维奇文件，11 文件夹，1 箱。

70

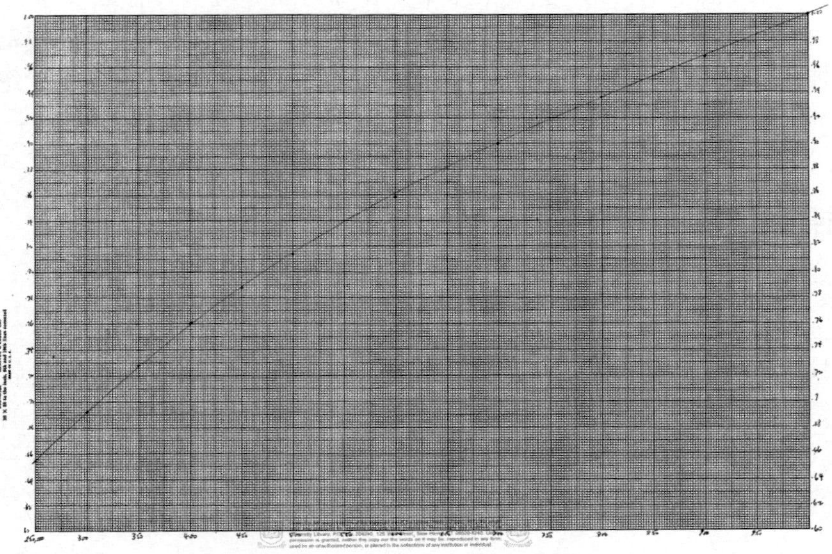

萨维奇画的他自己的效用曲线

第3章 “心理学中的度量理论就是行为理论”

1. 引　言 71

上一章讨论了 20 世纪 50 年代部分心理学家采纳萨维奇原理并将其规范性-经验性二分法调整为规范性-描述性区分的过程。这是美国心理学家重视人体工程学的广泛历史的一个注脚。在此过程中，心理学家非常明了他们的研究是建立在经济学家工作的基础之上的。经济学家和心理学家都吸收、融合了冯·诺依曼及摩根斯坦的《博弈论与经济行为》(2004 [1944]) 和萨维奇的《统计学基础》(1954)。而且，经济学家也越来越自视为社会工程师（如 Mirowski，2002)。因此，将这些发展看作一幅更广阔图景的一部分成了一种有吸引力的做法。但是，本章认为心理学的研究和经济学的方法之间存在巨大的不同。

心理学中的规范性与描述性分析一直紧密联系在一起。在弗洛伊德的精神分析和第一次世界大战期间军方征兵的智商测试中，目标既包括描述人的行为并将之分类，也包括将人的行为引导到更合意的方向，且二者同样重要。詹姆斯·麦基恩·卡特尔（1860—1944），宾夕法尼亚大学的心理学教授，也是美国第一位心理学教授，曾指出，心理学的目标是“描述、理解并控制人类行为”（Cattel，1930，p. 31）。实验心理学等领域的研究强调描述性，而应用心理学家则更关注如何改进社会中真实的人类行为。他们都是美国心理学会（American Psychological Association，APA）的成员，该学会是美国心理学领域主要的权威机构（Capshew，1999）。事实上，随着具有美国背景的心理学家逐渐主导了心理学专业，美国心理学会的权威性
72 已经辐射到了美国之外。1929 年 9 月，第九届国际心理学大会在美国召开，这也是大会首次在美国举办。当时注册的美国心理学家达到了 678 位，而其他国家或地区总计才 551 位（Murchison，1929；Caphsew，1999，p. 16）。然而，尽管描述性与规范性研究联系密切，且美国心理学会中既有大学里的心理学者也有应用心理学家，埃德温·波林（1886—1968）等实验心理学家依然认为二者截然不同，他们因为觉得应用心理学不是特别科学而对其心存轻视。

社会工程学试图将社会进步归因于理性科学的规律和机理，这是在 20 世纪初期的美国出现的一种（科学）现象（Jordan，1994；Mills，1998；Lemov，2005）。新成立的慈善基金会对它的发展起了重要作用（Dowie，2001）。例如，洛克菲勒基金会在 1929 年许诺出资近 1 000 万美元用于帮助在耶鲁大学建立人类关系研究所，旨在集合跨学科的力量共同向个人与社会问题研究的根基层面发起冲击。研究所希望创建一门学科，奠定研究人类事务的理性管理（即社会与思维工程学）的基础（Capshew，1999；Lemov，2005；Morawski，1986；Samuelson，1985）。在第二次世界大战中，科学与工程学为组织社会、赢得战争做出了重要贡献，这极大地激发了美国社会工程学的发展。心理学也被带动起来了，新的基金、职业机会、心理学研究与应用的新领域都促进了学科的发展，而且，心理学的各个分支也

被集合到人体工程学一个学科中（Capshew，1999；Cordeschi，2002；Mindell，2002）。

在现代美国社会和战争中，对日益复杂的机器、组织的依赖的一个结果是人类的操作变得至关重要。人类需要操作机器、打仗，并为组织配备人员。心理学家从中窥到了机遇，认为可以为战争贡献力量，从而通过战事获得一部分资金。沃尔特·亨特如是写道：

> 战争不是靠机器打的，也不能只靠人来打，而是由人和机器的组合打的。机器是为人设计的，而人也必须经过选择和培训以适应机器……人的效率表现依赖于众多的才能和能力，（相关能力和才能）必须经过分析并联系到全局工作的需要，才能产生一个有效率的人机组合。（Hunter，1946，p. 479）

战争“把心理学家、物理心理学家、物理学家、设计工程师和 73
（旨在研究效率最高的工作方法的）动作与效率工程师集合在一起解决其中的一些问题”（Chapanis et al.，1949，p. v）。行为主义兴起后，第一次世界大战期间曾被称作“思维工程学”的学科，在第二次世界大战期间被重新命名为“人体工程学”，该学科在心理学中获得了新的发展动力（Dodge，1919；Capshew，1999）。

罗伯特·耶基斯（1876—1956）尤其具有代表性，他在第二次世界大战期间发起、组织了心理学家协会间条例修改会议，旨在代表美国心理学会和其他几个主要的协会重组心理学行业，他因此走到了众人关注的中心。耶基斯指出，“在可以部分地由物理学家满足的人类需求和期待由牧师或教士满足的人类需求之间”存在着差距（Yerkes，1941，p. 535）。鉴于心理学是一门关于正常个体（相对于需要治疗或医学关注的非正常或严重失调的个体而言）的需求、要求的科学，它“必须是一门提供具有广泛需求的专业服务的基础科学，为个体的成长和发展、教育、职业选择、社会适应、获得并保持平衡、自信、高效能、知足、幸福、有用提供指导与保护”（Yerkes，1941，p. 536）。会议重新确认美国心理学会是行业的首要权威机构，声明“学会的目标是促进心理学成为一门科学，成为一种职业，成为提高人类福利的一种方式”（Intersociety Constitutional Convention，转引自 Capshew，1999，p. 67）。

对工程学的新近强调更加突出了理性的重要性。一方面，根据定义，工程心理学旨在研究处理正常、健康（即理性）的个体；另一方面，工程心理学家试图理解并强化正常、健康的个体的理性。相应地，对理性的关注为已有的实验心理学增添了新的主题，如研究人的感知和决策；同时，也为将人类理解为最终的度量工具提供了新的要素（Heidelberger，2004；Michell，1999）。度量是人的感知，不管这个人是科学家还是其他什么人。毕竟是人来感知 A 的重量比 B 大，并度量出 A 比 B 重。其中不同于以往的情况是承担度量或感知（工作）的人需要被确认能够正确地区分并报告两种刺激的差异。
74 也就是说，执行度量的需要是一个理性个体，或者换个说法，适宜的科学感知或度量可以被理解为在两种不同刺激之间的一次理性决策。

心理学的不同分支在融合对人体工程学的新近关注时采用了不同的方法。波林领导的实验心理学家认为他们关于技术、能力以及人类表现极限的知识对于军事的设计、运作至关重要（Capshew，1999，p. 145）。实验心理学新近关注人体工程学的一个实例就是波林和范德沃特合著的《战斗人员心理学：做好战斗人员自身的准备》（*Psychology for the Fighting Man*：*Prepared for the Fighting Man Himself*，1943），这是一本为每一个具备阅读报纸能力的士兵和军官准备的手册，目的是提高他们的战斗技能，最终销售了 40 万册（National Research Council，1943；Capshew，1999）。

第二次世界大战后，心理学家回到了他们的科研院所。一部分实验心理学家和心理度量专家回归了更基础的研究，但其他人则继续从事人体工程学研究，现在看来这一领域已经积累了丰硕而卓著的成果。无须担心心理学的新地位会弱化或相关研究基金会减少。在 1944 年《军人安置法案》（G. I. Bill）的推动下，心理学专业学生数量等指标急剧增加，大量的资金也不断涌向心理学研究领域。不仅耶鲁大学和哈佛大学这样的传统上的主要心理学重镇从中受益，其他大学也从第二次世界大战后的繁荣中收获良多，建立起了蓬勃发展的心理学系。其中密歇根大学心理学系充分把握、借势新的发展机遇，表现突出，很快成为全美顶尖的三家（甚或两家）心理学系之一。

2. 密歇根大学的心理学

1942 年，密歇根大学心理学系主任沃尔特·皮尔斯伯里（1872—1960）退休，之前他担任系主任职务长达 45 年之久（Raphelson，1980）。新的系主任是唐纳德·马奎斯（1908—1973）。马奎斯是第二次世界大战后心理学领域的一颗新星，曾是耶鲁大学人类关系研究所的研究员，1942 年以前一直担任耶鲁大学心理学系系主任（Pooley and Solovey，2010）。马奎斯迅速将密歇根大学心理学系建设成全美顶尖的心理学系之一（Capshew，1999；Sears，1973；Duderstadt，1994；Peckham，2005，pp. 245 - 266；Frantilla，1998）。心理学专业博士的数量从 1935—1939 年的 16 位增加到 1950—1954 年的 133 位，1960—1964 年更是增加到了 147 位。[①] 1945—1950 年， 75
心理学系职员数量从 8 位增加到 40 位，到了 60 年代后期则增加到了 220 位左右，相当于 60 位全职人员。[②] 1956 年，密歇根大学文学、科学与艺术学院院长海沃德·凯尼斯顿请全美最大的 20 家心理学系的系主任按功绩大小列出了最顶尖的十大心理学系。调查结果显示，哈佛大学、密歇根大学、耶鲁大学分列第一、第二和第三位。[③] 不论其他，马奎斯在联合心理学系和大学其他部门扩张心理学系方面称得上是一位大师级的人物。[④]

（密歇根大学）社会研究院名下成立的各中心与心理学系既有关联，又存在着组织上的差别。调查研究中心由心理学家乔治·卡托纳（1901—1981）在 1946 年建立。卡托纳曾开创了消费者信心指数的社会调查研究（House et al.，2004；Bulmer，2001；Hyman，1991；Hollinger，1989）。美国政府为了筹集战争经费曾发行了大量的战争债券，随着第二次世界大战接近尾声，政府想知道消费者在多大

---

① 根据安娜堡市密歇根大学本特利历史档案馆中心理学系档案中的各种材料汇编而成。

② Capshew（1999）；本书作者 2008 年 6 月 20 日在纽约哥伦比亚大学采访戴维·克兰茨的记录；本书作者 2009 年 4 月 8 日在安娜堡市密歇根大学采访罗伯特·帕切拉的记录。

③ 安娜堡市密歇根大学本特利历史档案馆，克莱德·库姆斯文件，心理学系系主任 1961 年 11 月 8 日致文学、科学与艺术学院院长及执行委员会的信。

④ Capshew（1999）；克兰茨 2008 年采访记录；帕切拉 2009 年采访记录。

程度上会保留或变现这些债券。因为卡托纳意识到他不能够直接询问人们会如何处理他们的钱，他打算先问一些一般性的问题，这样会让回答者放松并开始思考他们的预算和预期收入。在此类消费者信心调查中，卡托纳早在 1947 年就使用了**行为经济学**这一术语（Juster，2004，p. 120）。1948 年，团体动力学研究中心在它的创始人库尔特·勒温（1890—1947）逝世后，从麻省理工学院（MIT）搬迁至密歇根大学。最初这两个团队保持分立，但在 1949 年新成立
76 的社会研究院中又联合在了一起。[①] 马奎斯为了保护总的大学基金，在 1946 年坚持创立调查研究中心并坚持它的资金全部来自赠款和契约，1949 年成立的社会研究院也采用了这项政策。这导致社会研究院不能够为员工提供终身职位。当基金用完时，总有一些研究员属于最后离开的那一拨，但即便是这些高级研究员和主管，也不能得到终身职位。[②]

1955 年，"密歇根帝国"迎来了新的成员——心理健康研究所。阿纳托尔·拉帕波特（1911—2007）等人是研究所的创始人。[③] 后来芝加哥大学从事行为科学理论和相关研究的心理学家格利尔·米勒（1916—2002）成为研究所的负责人（Capshew，1999；Pooley and Solovay，2010）。其他小一些的研究团队有克莱德·库姆斯（1912—1988）创建的密歇根数学心理学小组，这是他 1949 年来到密歇根大学后创建的；还有沃德·爱德华兹（1927—2005）创建的工程心理学实验室，该实验室是爱德华兹于 1958 年来到密歇根大学后在刚成立的人类绩效中心的资助下成立的。[④]

第二次世界大战后，（研究人员）普遍都可以获得研究基金，导

① 1949 年后，其他一些中心加入了社会研究院，而社会研究院也成立了一些新中心，如政治研究中心和人口研究中心。20 世纪 60 年代，社会研究院还一度包含科学知识研究与应用中心，该中心后来解散、消失了。社会研究院各中心的职员由社会科学家和一些统计学家构成。他们很多是社会学家或政治学家，但在 20 世纪 40—70 年代，心理学家占了大多数（克兰茨 2008 年采访记录）。

② 克兰茨 2008 年采访记录；Juster（2004）；Hollinger（1989）。里昂·费斯廷格（1919—1989）于 1984 年入选阿尔弗雷德·P. 斯隆基金会行为经济学项目的顾问委员会（参见本书第 5 章），他曾受聘于勒温的团体动力学研究中心和搬迁至密歇根大学以后的卡托纳的调查研究中心。

③ 拉帕波特是一位出生在俄罗斯的数学家，曾于 1955—1970 年受聘于密歇根大学数学系并担任数学生物教授。他因将博弈论应用于化解冲突的心理学和政治学而闻名。

④ 帕切拉 2009 年采访记录；Phillips and von Winterfeldt（2006）；Fryback（2005）。

致在一种“互相帮助、共生共荣”的氛围下，几乎每个人都有足够的资金支持他去追求、研究自己的想法和兴趣，而这和马奎斯组织、筹集资金的技能无关（Krantz，interview，2008；Dawes，interview，2008）。[①] 此外，尽管可以确信马奎斯对研究做了一些限制和约束，但这种限制普遍来说并不强烈。拿罗宾·道斯（生于 1936 年）来说，他曾受聘在社会研究院工作一年，在研究院大楼里有一间办公室，但 77
他继续和库姆斯及数学心理学家们一起工作，几乎没有为社会研究院做什么工作。[②] 结果，学者们能够从事自己的研究，而不用管其他研究项目，无论它们之间存在多么紧密的关联。因此，尽管拉帕波特和米勒的心理健康研究所、卡托纳的调查研究中心、爱德华兹的工程心理学实验室和库姆斯的密歇根数学项目之间看上去应该很自然地寻求互相合作，但实际上它们主要都在做各自自己的事情。在这种情况下，（我们）也可以理解库姆斯和爱德华兹之间的关系。两人能力都很强，但个性截然相反，而且都有自己的研究项目。（研究）人员数量充足且普遍可以获得资金，这保证每个人都可以从事自己的研究而不用真的面对彼此之间的竞争。库姆斯的密歇根数学项目和社会研究院之间也存在某种类似的关系。库姆斯和其他数学心理学家都意识到了他们关于度量公理的研究工作应该和社会研究院使用的度量方法存在某种联系，相应地，社会研究院的研究员们同样也注意到了库姆斯等人的工作。[③] 但是在日常的工作中，两个团队都只是按照自己的议程从事研究。

心理学系发展迅速，因此在 1959 年被划分出 10 个专业领域[④]：实验心理学、数学心理学、生理心理学、发展心理学、个性心理学、社会心理学、社区心理学、工业组织心理学，以及临床心理学和咨询心理学，其中后两个是最大的（分支）。后来，生理心理学被重新命名为生物心理学，而数学心理学则成为实验心理学的一部分，这也说明了二者之间的密切联系。尽管如此，这种划分相对来说还是比较松

① 克兰茨 2008 年采访记录；本书作者 2008 年 6 月 23 日于匹兹堡采访卡内基·梅隆大学罗宾·道斯的记录。

② 道斯 2008 年采访记录。

③ 克兰茨 2008 年采访记录。

④ 帕切拉 2009 年采访记录。

散，其实是根据研究者正在做的研究工作做的分类，而不是要指派他们去做某方面的研究。库姆斯（的研究）只和数学心理学有联系，但是爱德华兹的工程心理学实验室和数学心理学、实验心理学都有关联。阿莫斯·特沃斯基（1937—1996）（的研究）也和两个领域都有联系。戴维·克兰茨（生于 1938 年）（的研究）同实验心理学、数学心理学和生理心理学有关系，而道斯（的研究）则联系到了数学心理
78 学和临床心理学。因此，心理学系的组织按照资金来源和专业领域两种方式进行了划分。[1] 但是得益于庞大的职员数量和资金的可获得性，20 世纪 40—60 年代，（心理学系的）组织并不严密，因此每个人基本都能够做自己想做的事情。[2]

3. 数学心理学与行为决策研究

克莱德·库姆斯在 20 世纪 30 年代曾是芝加哥心理度量专家瑟斯顿的学生，本书第 1 章曾介绍了瑟斯顿的研究。库姆斯在第二次世界大战期间曾在美国军队服役，退役后，他于 1949 年去了密歇根大学并在那里一直待到 1982 年退休。库姆斯要求他的研究员加班加点地工作，但在很大程度上并没有提出什么限制或指定某些研究课题，而且当时整体氛围就是庆祝美好生活，特别是学术界的美好生活。[3] 另外，哈佛大学的爱德华兹却较好地意识到了这一点。他始终坚持推进自己的研究项目，同时也对那些出色的学生给予支持，这其中当然包括特沃斯基这样的人。[4]

---

① 克兰茨 2008 年采访记录。

② 克兰茨 2008 年采访记录；道斯 2008 年采访记录。

③ Tversky（1991）；克兰茨 2008 年采访记录、帕切拉 2009 年采访记录、道斯 2008 年采访记录。

④ 克兰茨 2008 年采访记录、帕切拉 2009 年采访记录、道斯 2008 年采访记录、Phillips and von Winterfeldt（2006）。库姆斯在给哥伦比亚大学系主任詹姆斯·马奇的一封信中写道，“我不担心爱德华兹的正直和诚实，但是想说一下他的个性。他有很坚定的见解并且会在公开讨论中表达出来。这并没什么问题，但他惹恼了一些人。我想这可能是因为他在面对他认为的高于他的人和低于他的人时表现出了不同的个性。他对待学生强硬、苛刻，但又倾心付出，而且只要用心投入并像他一样努力，他就没有任何问题”（安娜堡市密歇根大学本特利历史档案馆，克莱德·库姆斯文件，1966 年通信文件，1 箱，库姆斯 1966 年 2 月 2 日写给马奇的信）。

库姆斯在密歇根大学发起的数学心理学项目具有明确的背景。心理现象研究中对数学的使用可以追溯到古斯塔夫·费希纳 1860 年的著作，而且对数学的使用和实验心理学有很大的关系（Heidelberger，1993，2004；Daston and Galison，2007；Michell，1999，2007）。1935 年，瑟斯顿和其他人于美国心理学会年会期间在密歇根大学共同创办了心理度量协会和《心里度量学》（*Psychometrika*）杂志，进一步激发了人们对心理学中度量的理论思考，也促进了心理学家对数学的使用，正如第 1 章中简要说明的那样（参见 Gigerenzer，1987a，1987b；Dunlap，1942）。很快，另一个度量项目加入了瑟斯顿的项 79
目。20 世纪 40—50 年代，所谓的代表性度量理论引发了世人的关注，斯坦利·史蒂文斯（1906—1973）是该理论最重要的贡献者（Boumans，2007；Michell，1999）。库姆斯感兴趣的主要问题是有没有可能，以及，如果有的话，如何能够将瑟斯顿的度量方法和代表性度量传统结合起来。

数学心理学一词最早是由瑟斯顿在 20 世纪 30 年代创造出来的，随着 1949 年库姆斯创建密歇根数学心理学小组，才在 50 年代获得广泛的使用。当人们陈述数学心理学的起源时总是会提到瑟斯顿的关键作用（如 Frederiksen & Gulliksen，1964；Laming，1973；Luce et al.，1963a；Tversky，1991；Stevens，1951a），但是，促使数学心理学成为心理学中一个独立领域的是库姆斯。第一个重要的促发因素便是官方称谓的关于社会科学中的数学的研讨会，但一般人们提到它时都将其称作数学心理学研讨会。[1] 数学心理学研讨会由库姆斯负责组织，从 1950 年秋季以来便每个月碰头一至两次，发言者来自将数学应用到社会和行为现象中的各个学科，包括爱德华兹、肯尼思·阿罗和肯尼思·博尔丁。第二个重要的促发因素其实是将数学心理学研讨会拓展到夏季月份，就是之前提过的库姆斯和密歇根大学数学家罗伯特·斯洛尔于 1952 年在圣莫尼卡组织的为期两个月的夏季学会（Davis，1954）。圣莫尼卡会议集合了一大批运用数学和实验研究决策的心理学家、经济学家及其他学科的科学家，会议启发并促进了数学心理学中很多出色的研究。除了克莱德·库姆斯，20 世纪 50 年代

① 克兰茨 2008 年采访记录。

后数学心理学中领军的学者还包括戴维·克兰茨、阿莫斯·特沃斯基、罗伯特·邓肯·卢斯（1925—2011）、帕特里克·苏佩斯（生于1922年）和威廉姆·埃斯蒂斯（1919—2011）。

该领域的成果迅速增加，结果是《数学心理学杂志》（*Mathematical Psychology*）在1964年得以创办。[①] 这为那些自称为数学心理学家的人从事该领域的研究打下了更坚实的基础。尽管如此，彼时
80 却并没有就此形成一个数学心理学协会。直到1975年，《数学心理学杂志》的编委会才讨论有没有可能和心理度量协会以及其杂志《心理度量学》合并。这种尝试背后的原因是《心理度量学》杂志资金管理不善，以及双方都期望通过合并会议、杂志管理层等确保未来的资金来源。此外，《数学心理学杂志》和《心理度量学》的订阅者和编委会都认为从内容的角度看合并也是有好处的。最终形成两个方案供两个团队表决，方案一是两家完全合并为一个拥有两本杂志的协会，方案二是两家独立存在，每家拥有一本杂志，但在两家之上成立一个总的协会。尽管库姆斯、克兰茨和特沃斯基都向卢斯（《数学心理学杂志》的编辑）表明他们赞成合并的方案，但两个方案最终都被否决了。《数学心理学杂志》的编辑在1976年提议成立数学心理学协会，算是（对方案被否决的）回应。[②] 提议被接受了，协会在1977年正式成立。

数学心理学家认为他们的领域不是建立在对心理现象的一种独特理解之上，而是建立在对心理现象的独特研究方法上。这一领域被描述为“尝试用数学方法研究心理问题”，因此“（对该领域的）定义不是根据内容而是基于方法”（Coombs et al.，1970，p. 1）。它标志着“应用新的技术研究传统的心理问题，而不是研究某一特别种类的行为或描绘某类新的心理现象”（Laming，1973，p. 1）。换句话说，数学心理学的定义很宽泛，它尝试用数学中的理论和技术来表现、研究心理现象。所有将数学应用于人们所说的心理现象的研究原则上都可以归到数学心理学的名下。三卷本的《数学心理学手册》（*Handbook of Mathematical Psychology*，1963—1965）对此作了说明，该书开篇列了囊括39本书的“数学心理学基本参考书目”，用以阐释什么是

---

① 创办委员会成员包括理查德·C. 阿特金森、罗伯特·R. 布什、威廉姆·埃斯蒂斯、罗伯特·邓肯·卢斯和帕特里克·苏佩斯。本段利用的资料是哈佛大学卢斯档案中的信件和备忘录。

② 杂志编辑包括威廉姆·巴彻尔德、威廉姆·埃斯蒂斯、B. F. 格林和罗伯特·邓肯·卢斯。

数学心理学。[1] 数学心理学的目标是综合所有研究个体人类行为的数学方法。 81

基本参考书目书单的范围被证明并不是对数学心理学家从事的研究真实思考的结果，而更像是表达一种愿望。书单中包括经济学家阿罗和政治学家西蒙，这表明了某种综合，而这种综合其实并不存在。人们期望数学心理学囊括所有与人类行为相关的数学推理，但是，数学心理学的日常研究实践几乎完全集中在心理物理学、度量理论和决策理论方面（Gigerenzer and Murray，1987；Coombs et al.，1970）。20世纪50—70年代的数学心理学就是关于度量理论和决策理论的数学。

和数学心理学的理论研究相应的实验研究是沃德·爱德华兹的行为决策研究。在1958年加盟密歇根大学后，爱德华兹开始把数学心理学中的度量理论应用到对《统计学基础》（1954）中阐述的决策理论的实证研究中。爱德华兹深受冯·诺依曼和摩根斯坦以及史蒂文斯的度量研究的影响，而且是萨维奇的规范性-实证性决策项目的首批倡导者之一。爱德华兹就像普通人崇拜天才一样崇拜萨维奇，这一点他曾经和读过《统计学基础》的卢斯、特沃斯基和克兰茨等人分享过。[2] 爱德华兹1954年关于决策研究历史背景的论文《决策理论》（The Theory of Decision Making）和1961年的后续论文《行为决策理论》（Behavioral Decision Theory）开辟了行为决策研究的领域。[3] 直到70年代早期爱德华兹一直主导着行为决策研究。之后，他的很

---

① 这些基本参考书目包括阿罗的《社会选择与个人价值》（*Social Choice and Individual Values*，1951b）、N. R. 坎贝尔的《科学基础》（*Foundations of Science*，1957）、乔姆斯基的《协同结构》（*Syntactic Structures*，1957）、吉尔福德的《心理度量方法》（*Psychometric Methods*，1954）、卢斯和雷法的《博弈与决策》（*Games and Decisions*，1957）、西蒙的《人的模型》（*Models of Man*，1957）、史蒂文斯的《实验心理学手册》（*Handbook of Experimental Psychology*，1951b）和瑟斯顿的《多元分析》（*Multiple Factor Analysis*，1947）及《价值度量》（*The Measurement of Values*，1959），等等。

② 克兰茨2008年采访记录。

③ 爱德华兹的项目及其派生发展有很多不同的名字。行为决策研究、行为决策理论、行为决策都是指同一个心理项目。这些词是从什么时候、什么地方发展出来的并不是特别清楚，但至少行为决策理论在爱德华兹于1961年发表他的第二篇综述后便出现了。行为决策研究是最常使用的名字，大概源于20世纪70年代，但在回顾20世纪50年代晚期和60年代的研究时也会用到。为避免混淆，我将使用“行为决策研究”一词。

82 多学生开启了他们自己的研究领域。其中最成功的要数保罗·斯洛维奇和萨拉·利希滕斯坦，他们与西蒙（如 Slovic and Lichtenstein，1971，1973，1983）、丹尼尔·卡尼曼和阿莫斯·特沃斯基（如 Tversky and Kahneman，1974；Kahneman and Tversky，1979）一起，发展了一种构建偏好的方法。

4. 决策与度量

尽管密歇根大学组织松散，而且库姆斯和爱德华兹两人性格截然相反，但数学心理学家和行为决策研究人员还是围绕度量、决策理论和人类真实决策的实证度量等主题发展出了密切联系的研究议程。

正如前文描述的那样，数学心理学家发展的度量理论深受瑟斯顿和史蒂文斯的度量理论的启发。并且，库姆斯之所以尝试去建立数学心理学项目，主要也是受瑟斯顿的影响。然而，一段时间之后，数学心理学家关于度量的研究却从瑟斯顿转向了史蒂文斯。数学心理学家自认为他们的任务是进一步发展史蒂文斯的度量理论的数学结构。由克兰茨、卢斯、苏佩斯和特沃斯基合著的三卷本的《度量基础》（*Foundations of Measurement*，1971，1989，1990）甚至应该被看作是对史蒂文斯的代表性度量理论的深入、系统的理论重述（Michell，2007)。《度量基础》成了心理学中关于代表性度量理论的标准之作，也是数学心理学对整个心理学学科产生持久影响的著作。史蒂文斯的项目深受布里奇曼操作主义的启发（Bridgman，1927)，将度量定义为按照某种规则赋值的操作（Boumans，2007；Michell，1999，2007)。米歇尔对《度量基础》的理论背景和创新视角做了广泛的研究（Michell，1999，2007)。接下来，我将集中分析该书的组织与内容的历史（变化）。

1965 年夏天，在密歇根大学举行的为期三周的度量专题研讨会临近结束的时候，卢斯和苏佩斯这两位成名学者，他们也是多年好友，共同邀请“当时该领域最出色的两位年轻人”① 写一本关于度量

① 马萨诸塞州哈佛大学档案馆，未处理档案，罗伯特·邓肯·卢斯文件，卢斯 1986 年 6 月 23 日致哈马达的信。

的书，希望能够总结、综合数学心理学近期关于度量的所有研究。虽 83
然第一卷和第二卷、第三卷的出版时间有差距，但《度量基础》三卷本的大部分内容均写于 20 世纪 60 年代晚期。[①]

第一卷的主要作者是克兰茨，他也因此成为该卷的第一作者。第二卷的编辑和第一作者是苏佩斯，而第三卷是卢斯编辑的。整个项目主要的发起人和联络人是卢斯。卢斯和图基 1964 年合作发表在《数学心理学杂志》上的论文（Luce and Tukey，1964）是《数学心理学杂志》刊印的第一篇论文，这篇论文构成了数学心理学中大部分关于度量研究工作的基础，从而也成为《度量基础》的重要基础。有意思的是，这些作者们发现他们做的工作的很大一部分，数学家、经济学家杰拉德·德布鲁已经做过了（如 Debreu，1954，1958，1959a，1959b，1960）。但是，德布鲁使用的拓扑学的方法很难被经济学家和心理学家所理解。[②] 对德布鲁的引用很有趣，因为它再次表明经济学家和心理学家即便研究同一现象，也能得出不同的理解。如果把德布鲁看成是数理经济学家，那么他的研究是关于效用理论的；如果把他看成是数学心理学家，则他的研究是关于度量的。[③]

在《度量基础》第一卷第一章前两句，作者就明确表达了他们对代表性度量理论的信念和该书的目标，他们指出，“当度量某类物体或事件的某些特征时，我们把数字（或其他熟悉的数学实体，如矢量）和物体联系在一起，从而使得特征的性质由可信的数字性质表示。本书中我们将研究产生上述意义的度量的各种体系的特征的形式属性”（Krantz et al.，1971，p. 1）。因此，《度量基础》涉及的是代表性度量理论使用的数字结构的数学性质。第一章提出了人们所说的度量的三个基本程序：（1）序数度量；（2）计数单位；（3）解不等式
问题。这和史蒂文斯在 1939 年、1951 年（Stevens，1939，1951a） 84
提出的方法的不同之处仅在于数学上更加精致、复杂。该书剩余部分

---

① 本段及下一段来源于克兰茨的采访记录和哈佛大学卢斯档案中的信件。

② 克兰茨 2008 年采访记录。

③ 经济思想史学者也只是注重从经济学角度解读德布鲁的研究。比如，温特劳布和米洛斯基在 1994 年的一篇论文中指出，“最好的理解是德布鲁提供了一本关于经济学理论中新古典部分的经济理论者的手册。回想起来，很难把《价值理论》（1959b）看成其他别的东西”（p. 266）。

均建立在这三个程序的基础上。这种度量观点不仅构成了决策理论和行为决策研究的重要组成部分，而且阐明了数学心理学家在研究世界时使用的是什么方法。[①]

代表性度量理论的出发点是如果想度量，那就应该使用恰当的数学体系。它因此假定需要被度量的现象具有清晰的定义。如果科学家想度量长度、温度、财富或效用，那么他（她）需要在数学上明确说明度量程序和待度量的经验系统的特征，然后，将该代表性系统应用于观察到的事实。例如，当科学家观察到或假定温度这一自然现象具有传递性时，度量体系相应地也必须有传递性。在人类本身被用作度量工具的情形中同样如此。如果心理学家想利用具有传递性的度量框架，通过人类本身度量人对效用的感知，那么他（她）需要假设人类对效用的感知具有传递性。人们最好先讨论一下，在温度、宗教态度或效用等不同前提下，传递性是否有意义。如果这一步被忽略，就意味着所使用的数学框架可以简单地判定这些现象具有传递性。

数学心理学家使得度量理论和人类行为理论的新近发展保持一致。他们特别迫切吸收的新理论是冯·诺依曼和摩根斯坦（2004）以及萨维奇（1954）的决策理论。《度量基础》的作者在该书第一卷第9章开篇以如下方式描述了度量和决策的两面理论（two-sided theory）：

> 85 大多数度量理论都有物理和行为两种解读，期望效用理论则不同，它明确地专注于结果不确定条件下的决策问题。这大概是社会科学中最为人熟悉的度量理论的例子。（Krantz et al.，1971，p. 369）

除了埃奇沃思，可能没有哪位经济学家会把效用理论理解为一种度量理论。但是，对于数学心理学家来说，代表性度量理论和期望效用理论，或决策理论，是同一枚心理硬币的两面。

---

① 关于一般性的度量理论以及特别的代表性度量理论的方法论讨论，请参阅 Boumans（2005，2007）和 Michell（2007）。关于19世纪实验心理学中度量理论的历史的详细阐述，以及这部分心理学文献和第二次世界大战期间逻辑实证主义的联系，请参阅 Heidelberger（1993，2004）。关于第二次世界大战后《度量基础》中的度量理论以及它和逻辑实证主义、经验主义以及史蒂文斯之间的关联的讨论，请参阅 Michel（1999）。

此外，行为心理学家爱德华兹、克兰茨和特沃斯基等人认为《博弈论与经济行为》（2004）的行为公理提出了随机偏好的概念，而且有弱和强两种形式（关于二者的区别请参阅 Tversky，1969）。随机偏好体现了一种理念，即如果一个个体对 A 的偏好只是稍微强于 B，那么他（她）可能并不总能够正确地感知这种细微差别，从而可能会错误地选择 B。这种差别实在太小，导致个体不能有意识地感知到，结果认为 A 和 B 是无差异的。尽管如此，如果这种选择被重复很多次，个体选择 A 的次数将超过 B。因此可以说个体随机地偏好 A 强于 B。按照行为心理学家的理解，随机偏好排除了无差异的概念。[①] 即使个体对 A 的偏好只是以无穷小的量强于 B，只要选择被重复足够多次，这种偏好就会显现出来。个体没有意识到他（她）偏好 A 强于 B，而认为二者无差异，但实际上个体对 A 和 B 的偏好并不是无差异的，因此数学模型在设定时也要假设二者不是无差异的。

这相应地引起人们注意到一个问题，即应该如何准确理解理性行为的规范性准则和凭经验观察到的理性个体的真实行为之间的关系。萨维奇和行为心理学家认为萨维奇的理论研究的是一个理性人在面临不确定性时会做什么。对萨维奇来说，不管是形式化的还是非形式化的理性都是一种推理理论。他指出，普遍认为就某些命题来说，这种理论是符合逻辑的。也就是说，逻辑公理既是某些命题的特征，也为命题的推理提供了准则，这一点广为接受。正如本书第 2 章所述。萨维奇在书中将逻辑拓展到了不确定性，但该理论逻辑性不够清晰，仍有待发展。也就是说，萨维奇认为他提出的公理是不是对不确定性下的推理的最好描述，或是否为推理提供了最优准则，当时还不清楚。因此，接下来读者需要自己证明萨维奇提出 86
的公理。“我将要构建一个高度理想化的关于理性人做决策的行为理论，”他写道，“当然，这样做时我需要请你们认同这些行为准则是‘理性的’……所以，当需要你思考某些（一些）准则时，你必须问你自己你是否努力让你的行为和它们相一致，或者换个说法，如果你发现自己的行为违背了准则，你将如何应对”（Savage，

① 这里并没有阐明与经济学或与瑟斯顿 1931 年论文（Thurstone，1931）之间的联系。

1954，p. 7)。①

但是，当观察到实验中的对象做出违反支配推理理论的准则的决定，而又没有证据表明准则本身无效的时候，我们可以从中得出什么结论呢？首先，该理论在实验中只能应用于能够推理的对象。粗略地讲，这囊括了所有正常和健康的成年人。因此，一般情况下，儿童、智障人士及动物是被工程心理学家排除在实验研究之外的。但是，当观察到有推理能力的对象做出违反公理的决策，而且没有提出有说服力的理由去说明应该如何修正公理时，这样的决策就被认为是非理性决策或者仅仅是一个错误。萨维奇认为这些错误是推理失误或推理不足导致的，即个体在推理过程中犯了错误或思虑不周。当实验对象多做些思考或者错误的原因被说明时，他（她）就会认识到自己的错误并修正其行为。萨维奇指出：

> 当然，从某个重要的角度来说，偏好作为完全主观的（变量）不会出现错误。但是，换一个更微妙的角度，偏好也可能出错……一个人花 2 134.5 美元买一辆车，被劝说订购一台安装了收音机的车，而总价格将提高到 2 228.41 美元，他可能感觉差别微不足道。但他反思一下，如果他已经有了一辆车，他肯定不会花 93.85 美元为它买一台收音机，于是他意识到自己犯了一个错误。(Savage，1954，p. 103)

87 后来，爱德华兹和他的行为心理学家同事在把萨维奇的理论融合进他们的实验心理学方法论时，对个体偏离理性规范的方式做了更加精确的表述。首先，对象个体可以对概率值和结果有他们自己的主观认识。在这种情况下，个体可以做出不同于理性科学家的决策，但个体仍是理性的。由于这个原因，爱德华兹和他的助手强调实验中对不同选项的概率和结果的定义应该尽可能模糊。比如，可以让个体自己

---

① 萨维奇为“理性的”一词加上问号并非偶然。因为在他和弗里德曼的合作研究中（Friedman and Savage，1948，1952），他仍在努力寻找恰当的词语。1956 年 5 月 10 日，萨维奇在库姆斯的数学心理学研讨会上发表了题为“关于决策理论与社会科学的关系的几点评论”的演讲。演讲中，他在两种说法间摇摆，一时说决策理论是关于“面临不确定时明智决策”的理论化，而经济人是“一个理想化的理性人”，一时又说决策理论是描述“**仿佛**存在度量自然状态的概率，经济人仿佛在此基础上最大化期望收入”（康涅狄格州，纽黑文，耶鲁大学图书馆，萨维奇档案，萨维奇 1956 年文献，原文强调）。

掷骰子并把要赢得的钱放在桌子上。同样，个体会犯错误或出现随机偏好，如偶然购买了安装了收音机的汽车，或者由于压力、时间紧张或其他外在约束而犯错，都属此类。

第二种个体会偏离理性决策的方式是，由于个体不具备理性推理的能力而做出系统性的非理性决策。两种偏离之间的差别很大程度上是隐含在背后的，但是很重要。爱德华兹研究个体在哪种情况下会出现第一种偏离，并且他和萨维奇一样相信，总体来说个体不会出现系统性的第二种偏离。而卡尼曼和特沃斯基在 20 世纪 70 年代的核心研究目标就是要表明实际中个体会系统性地出现第二种偏离。

不同选项的值通过效用来度量。说到对效用理论的解读，萨维奇在《统计学基础》中的观点和他与弗里德曼 1948 年、1952 年合作研究（Friedman and Savage，1948，1952）中的观点一致，都站到了冯·诺依曼和摩根斯坦（2004）一边。萨维奇认为经济学家在构建复杂的效用理论时某种程度上被误导了。“经济学家一度热衷于边际效用递减原理，他们认为他们相信的东西从很多方面来说都是对日常生活的反映”（Savage，1954，p. 95）。但是，幸亏有冯·诺依曼和摩根斯坦，我们现在回到了正确轨道，将效用理解为仅仅是方便度量偏好的一种标度：

> 用算术算出对不同行为的偏好之间的关系的函数 U 称作效用……虽然“效用”一词在经济理论中有一些其他不相宜的内涵，但我选择使用它而不是别的，因为冯·诺依曼和摩根斯坦使用的就是这个词，而且，以一种非常令人振奋的方式复原了这个概念本来的含义。（Savage，1954，p. 95）①

爱德华兹和他的行为决策研究者沿袭了萨维奇（的思想），用效用评价决策，并且和萨维奇一样，认为他们借助了经济学家和他们对效用概念的使用。然而，爱德华兹和他的行为决策研究者对效用的理解却和经济学家有所不同。行为决策研究人员认为效用只不过是表述实验心理学中早就存在的效价（valence）思想的新概念。“效用概念和勒温的效价概念非常相似。勒温设想效价是一件物品或一项行动对人的吸引力。因此，心理学家可以将对效用的实验研究看作对效价的 *88*

① 当然，萨维奇的经济效用理论主要来源于弗里德曼。

实验研究，看作是将部分勒温的理论架构数量化的努力”（Edwards，1954，p. 25；参阅 Frijda，1986）。效价衡量个体内心对某事件、物体或情境的喜爱或厌烦程度。此外，情感也可以按效价分类，愤怒和恐惧是负效价的情感，喜悦的效价为正。爱德华兹和行为决策研究将效用等同于效价，认为效用是关于个体对事件、物体和情境的态度的大致衡量。

爱德华兹 1952 年 11 月 20 日在库姆斯的数学心理学研讨会上做的题为“关于博弈中的经济决策的实验”的报告提供了一个例子。报告中，爱德华兹使用**价值**指代一项博彩的真实货币收入，用**期望价值**指代期望货币收入。类似地，**效用**指的是对货币收入的主观感知，**期望效用**是对期望货币收入的主观感知。同样地，**客观概率**指的是科学家定义的概率，而**主观概率**是实验中的对象个体感知的概率。然而，爱德华兹曾使用**主观价值**一词作为**效用**的近义词，和真实货币收入的**客观价值**相对应，造成了一定的混乱，使得这一时期的行为心理学文献有时候看起来有些凌乱。还有一个近义词是**主观效用**，也是和**客观价值**相对应（相比之下，**客观效用**似乎从未被使用过）。爱德华兹在说明度量效用的问题时还讨论了如何以最佳的方式构建效用的“数值标度”，这让事情变得更加复杂。最后，在爱德华兹的方法中，个体
89 除了对客观概率的主观感知以外还对某个特定的概率（如 0.5 或 0.8）有“概率偏好”。[1]

萨维奇和其他决策研究者研究了规范决策理论。按照爱德华兹的看法，研究决策理论的描述性部分并了解人类日常的真实决策能够在多大程度上契合决策理论提出的规范性准则，那是心理学家的任务。爱德华兹认为如何改进人类决策是一个至少同样重要的问题。他自己从事、支持的研究被明确地称作“工程心理学”。[2] 爱德华兹认为，研究基于人类足以胜任不确定信息情况下的复杂决策，只不过单一的个体也只能做到这些了。因此，人类有时候会偏离规范正确的决策，

① 还有一个例子是库姆斯和科莫里塔 1953 年的论文（Coombs and Komorita，1958），论文通过实验度量“社会效用”，认为社会效用是对阿罗的《社会选择与个体价值》（1951b）的经验性贡献。

② 在一封心理学系系主任致文学、科学与艺术学院院长及执行委员会的信中（安娜堡市密歇根大学本特利历史档案馆，克莱德·库姆斯文件，1961 年 11 月 8 日信件），爱德华兹的工程心理学实验室被誉为提供了“推进心理学和工程学交叉领域研究的独一无二的机遇”。

所以当不管出于什么原因，决策过程特别困难或者特别重要时，思考一下如何帮助人类决策是有用的。由此，爱德华兹的行为决策研究和经济学思想史中经常提及的运筹学紧密相关（Klein，即将发表；Mirowski，2002）。运筹学和行为决策研究一样，旨在通过搜集所有和某个特定问题相关的信息然后利用决策理论计算出最优决策：“运筹学声称致力于研究大规模的问题，这样能够使决策者（经理、总统、将军等）把时间解放出来用到其他工作上”（Fishburn，1964，p. 4）。

行为决策研究者赋予自己的任务是通过实验衡量对象在受到客观刺激后会如何决策。他们把数学心理学家的度量理论作为在实验室中进行度量工作的基础。度量理论可以用来衡量理性决策：人类被期待只会偶然地、随机地偏离理性决策，因此，也被期待只会偶然地、随 90
机地不能够作为度量工具。因此，萨维奇的规范性决策理论和度量理论成为同一枚硬币的两面。行为决策研究者一方面使用度量理论衡量真实决策行为，另一方面又通过实验检验度量理论。

更具体地讲，在行为决策研究和数学心理学中，人类被认为是可以根据逻辑进行推理并应用贝叶斯统计学的度量工具。换句话说，个体被认为是某种意义上的逻辑学家和统计学家。行为决策研究的目的则是弄清楚该个体是不是好的逻辑学家和贝叶斯统计学家。拉帕波特和特沃斯基在一篇合作论文中简要地总结了这种关于人类行为的特别解读，他们指出：“关于选择行为研究的行为决策研究方法是建立在对‘某个决策问题的规范性解决方案’和‘观察到的对象采取的方案’的比较基础上的。”结果，“人被视作有直觉力的统计学家，以或然性的信息为基础，通过行动追求某些特定标准的最大化”（Rapoport & Tversky，1970，p. 118）。[①]

爱德华兹与正处于发展中的行为决策研究方法对真实人类决策同“规范性答案”进行了对比，通过“效用”衡量做出的决策，并寻找方法改进（设计）人类决策，使之导向更好的结果。但是，行为决策研究者有时候也承认事情比他们自己描述的要复杂一点。比如，爱德华兹和特沃斯基在《决策》（*Decision Making*，1967）导言中指出

---

① 根据数学心理学的宽泛定义，数学心理学包括所有利用数学对人类行为的研究，拉帕波特可以被归为数学心理学家。同时，他和库姆斯的数学心理学研究小组之间似乎只存在很松散的隶属关系，该研究组的成员并不直接研究博弈论。

“一个有机体应该做什么和做了什么，这中间的区别很难把握”(1967，p. 8)。规范性与描述性之间这种不明确的区分是一个反复出现的话题，尽管经常性地使用二者之间区分的实例在数量上远远超过认为二者之间区分不明确的情况。背后隐藏的问题是，在萨维奇的决策理论中，规范性与实证性是密切联系在一起的。规范性准则是那些任何健康的成年人只要经过认真思考都会认同的准则。萨维奇的规范
91 性理论也是一份关于最优行为的建议，因为它是对一个经过认真思考采取哪种决定的成年人的行为的描述。然而，在实验心理学中（规范性与描述性之间的）区分变得更强烈一些。知觉，即对刺激的主观感知，在实验心理学中被假设为偏离了客观标准。因此，当实验经济学吸纳决策理论时有一种风险，即决策理论的规范性-描述性区分有可能变得强烈很多，其绝对程度将远远超越萨维奇 1954 年著作（Savage，1954）中的原意。这并没有问题，只要实验能够表明大多数时候实验对象都是根据决策理论的标准做决策就可以了，这正是爱德华兹希望找到实际上也找到了的东西。但是，当实验结果表明决策理论的规范标准和实际观察到的行为存在系统性差别时就有问题了，上述思想在 20 世纪 60 年代逐渐发展起来。

5. 心理学中的度量与决策

概括地讲，在 20 世纪 50—60 年代，数学心理学和行为决策研究都认为自身和经济学有直接的关系，且都借用了大量的经济学文献。爱德华兹广博的经济学知识也特别容易让人认为我们看到了一个心理学和经济学被真正地整合到一个研究项目中的例子（如 Edwards，1954，1961）。但是，爱德华兹、特沃斯基、克兰茨等人理解经济学的方式和经济学家理解经济学的方式并不一致。莱昂内尔·罗宾斯、保罗·萨缪尔森和米尔顿·弗里德曼等不同领域的著名经济学家一定不会认同他们的经济学研究是在建立一套决策的规范性理论，也不会认同效用就等同于勒温的效价。

数学心理学家试图发展数学在心理学中的应用，而鉴于行为决策研究也使用了大量的数学，从而这两个学科之间存在着一种自然而直

接的联系。如何用数学表述不确定条件下人们应该如何行动以及实际中人们是如何行动的，既是数学心理学的研究课题，也是行为决策研究的课题。因此，同一个科学家可以很自然地被视为同时对不同的领域做出贡献。特沃斯基、卢斯和苏佩斯都属此列。

但是，数学心理学和行为决策研究之间的联系远不止是都使用数 92
学。数学心理学的代表性度量理论和行为决策研究通过实验对人类决策的研究切入的视角不一样，但研究的是同一个主题——规范性决策行为。数学心理学的代表性度量理论使用人体作为度量工具。例如，在研究价值与概率时，使用人来度量人对价值和概率的感知。但是，为确保该程序有效，必须假设作为度量工具的人能逻辑一致地行使职责。度量工具的有效性的确是当时的心理学实验方法论最关心的事情（Heukelom，2011）。代表性度量理论关于逻辑一致的定义遵循决策理论的规范性准则。需要做的假设是人类度量工具的行为符合规范性决策理论。

另外，行为决策研究对实验中的个体行为同决策理论的规范标准进行了对比。研究者使用代表性度量理论作为决策理论的规范标准，发现二者吻合得很好。数学心理学家假设对象的行为符合规范性准则并建立了对效用的感知、风险规避等的度量框架。行为决策研究者假设对象的行为符合规范性准则并研究在什么情况下对象会犯错误。数学心理学家为行为决策研究提供了坚实的度量理论，而行为决策研究告诉数学心理学家在什么情况下他们的人类度量工具会不那么准确。

要想说明为什么数学心理学家认为“心理学中的度量理论是行为理论”（Coombs，1983，p. 36），有必要弄清楚实验心理学家如何度量他们感兴趣的现象。他们如何度量每天去教堂两次的人们的宗教态度？如何度量对 0.01%概率值的感知？如何度量确定获得 10 美元相对于以 80%的概率获得 15 美元的效用？答案是他们通过人来度量这些心理现象。“在心理度量中，个体是度量工具，他扮演着天平、米尺，或者温度计的角色”（Coombs，1983，p. 36）。心理学家使用个体来度量个体心理现象的值。被度量的可以是人类总体，可以是某种文化的代表性或一般性成员，甚至可以是个体自己。比如，人们可以使用个体作为度量工具度量同一个个体对风险的厌恶。“心理度量理论关注个体行为的经验规律性，这些规律性使得个体受到

刺激时赋予刺激的数值以及（或）个体被赋予的数值看起来正当合
93 理”（Coombs，1983，p. 36）。

然而，要想以“行为的经验规律性”为基础“证明个体赋予刺激的数值”和“个体被赋予的数值”正当合理，心理学家需要了解行为。换句话说，他们需要一套描述人类行为的理论。心理学家需要了解人类应该如何行使职责才能使他们可以被用作度量工具，正如物理学家为了使用温度计作为一个工具需要了解温度计是如何工作的一样。但是，具体到人作为度量工具的情况，需要的不只是了解，而是用理性来理解。

数学心理学和行为决策研究表明要想让人行使度量工具的职能，需要将人的行为看作是理性的。为此，科学家需要一套通过**理性**解释个体应对不同刺激的行为的理论。以效用和概率为基础的决策来说，理性的行为理论就是决策理论。决策理论说明了个体如何理性地应对不同的刺激，从而使心理学家得知应给不同的刺激赋予什么样的数值。我们需要假设被用作度量工具的个体的行为总体来说是理性的，这样才能把度量理论与决策理论联系起来。

最后，如果我们发现个体行为系统性地偏离理性标准，将会出现什么情况呢？这个问题在 20 世纪 60 年代后期才被郑重地提出来。但是，我们可以从前文了解到将会出现什么情况。如果发现个体行为是非理性的，则说明决策理论有问题，因为这意味着决策理论没有提供关于人类行为的较好的描述。只要（个体行为）对决策理论的偏离是随机的，问题就不太大。这个问题就像是发现部分甚至所有温度计的度量都不精准了，但是平均来说度量结果是准确的。然而，当
94 发现个体系统性地偏离决策理论的标准时，问题就严重了。这不仅意味着决策理论没能较好地描述真实人类行为，也表明度量理论是建立在错误的假设之上的。换言之，它表明个体不是有效的度量工具。例如，如果心理学家想要度量两个不确定的结果的相对价值，在假设人们的决策是理性的之后，可能只会简单地询问一些人在两个结果中偏好哪一个，然后据此度量出两个结果中哪一个的期望价值更高。但是，如果这时候发现人类系统性地偏离理性行为，心理学家就不能从人们的选择（也就是度量）中推断两个结果中的哪一个期望价值更高。

6. 总 结

20 世纪 50—60 年代，心理学家和经济学都详尽阐述了《博弈论与经济行为》(von Neumann and Morgenstern，2004) 以及《统计学基础》(Savage，1954) 等文献，且心理学家明确认为他们借助了经济学家的研究。而且，在以这些权威文献为基础的心理学和经济学研究中，理性行为的概念扮演着重要角色。然而，两种研究方法之间的区别再怎么强调都不为过。心理学对冯·诺依曼和摩根斯坦公理的规范性-描述性解读和经济学的实证性-规范性解读之间的本质差别就表明了两种研究方法的悬殊。

在第二次世界大战后的心理学中，规范性领域与描述性领域在人体工程学项目中密切联系在一起。在该项目中，度量和理性决策是同一枚硬币的两面，理性个体作为度量工具度量他自己对不同决策选项的价值和概率的主观感知。海德尔伯格等人 (Heidelberger，1993，2004；Michell，1999，2007；Boumans，2007；Daston and Galison，2007) 阐明，德国的实验心理学传统一方面奠定了通过实验研究人类感知的基础，另一方面通过直接拓展指出在所有学科中人都是最终的度量工具。数学心理学家和行为决策研究者将感知推广到决策中并且给人类决策或度量过程加上了理性的要求。中心问题不再是人们如何去感知，而是人们如何从他（她）的感知中推理出决策以及该决策是否正确（更确切地说，理性）。因而，理性决策理论根本性地改变了 95
实验心理学中关于度量和感知的实验研究与理论观点。无论是在对人类感知或决策的实验研究中，还是在人类被视为最终的度量工具的解读中，理性都成了关键问题。而且，关于决策和理性的重新阐述将实验心理学和统计学联系在一起，从而为翔实的统计学史增添了新的篇章 (Daston，1988；Porter，1986；Krüger，Daston，et al.，1987；Krüger，Gigerenzer，et al.，1987)。

密歇根大学在心理学中的领先地位一直持续到 20 世纪 70 年代。其地位相对下降的一个原因是著名学者的离开，如库姆斯于 1982 年退休，爱德华兹先是在 1971 年去了公路安全研究所，然后又在 1973

年去了南加州大学。密歇根大学的地位也受到了数学心理学和行为决策研究总体衰落的影响，这是可以观察到的，尽管直到今天这两个研究课题仍然很活跃。[①] 更重要的原因是，爱德华兹的学生，斯洛维奇、利希滕斯坦和特沃斯基等人主导的行为决策研究从方向上就和"人类决策总体上是理性的"这一假设相冲突。特别是特沃斯基，他联合丹尼尔·卡尼曼强烈反对萨维奇和爱德华兹的基本假设。基本假设认为人类的决策总体来说符合决策理论的规范标准。20 世纪 70 年代，卡尼曼和特沃斯基的直觉推断、偏误以及之后的前景理论成为行为心理学中关于决策的富有吸引力的新理论。

① 克兰茨 2008 年采访记录，帕切拉 2009 年采访记录。

第4章　卡尼曼与特沃斯基：心理学与经济学中的直觉推断、偏误与前景理论

1. 引　言 96

人体工程学项目自第二次世界大战和冷战初以来发展强劲，在20世纪60—70年代经历了重大变革。事后看来，有关20世纪40年代中期至50年代中期最好的描述是这是一段总体上不定向的讨论期，讨论涉及如何最好地表述人类决策以及如何将表述同实验证据及理性概念联系起来。本书第2章已经对这场讨论的一些要素做了说明。20世纪50年代中期至60年代晚期应该被视作基于《博弈论与经济行为》和《统计学基础》的跨越发展时期（Zappia，2008；Basili and Zappia，2010）。冯·诺依曼和摩根斯坦以及萨维

奇的这些著作成了推理、思考个体理性行为的规范标准。心理学家据之发展了实验心理学中的规范性-描述性框架，而经济学家则采用了经过弗里德曼（Friedman，1953）重新充实的实证性-规范性框架。[1]

这并不是说没有批评的声音，远非如此。乔治·沙克尔（1903—1992）继续发展他的替代性的决策理论（Shackle，1949，1961）。丹尼尔·艾尔斯伯格（生于 1931 年）发表了他对萨维奇的确定性原则（或独立公理）的著名批评，论文题为《模糊与萨维奇公理》（Ambiguity，and the Savage Axioms，Ellsberg，1961）。赫伯特·西蒙（1916—2001）开始阐明他对新古典经济学及萨维奇的理性人类行为概念的坚定批评，并且一点点地完善了他的替代性的有限理性理论
97 (Simon，1955，1959，1986；Sent，2001，2005；Crowther-Heyck，2005；Augier and March，2004)。然而，主流理论却在《博弈论与经济行为》和《统计学基础》提出的公理化方法基础上继续发展。数学家们着手将理论进一步数学化（如 Fishburn，1964，1981），行为与数学心理学家研究理论的实证应用（Edwards and Tversky，1967；Goldstein and Hogarth，1997；Diamond and Rothschild，1978），主流的新古典经济学家则将理性行为的公理化方法整合进了以前的经济理论的需求理论中（Amadae，2003；Mirowski and Hands，1998）。

这些变化发生在 20 世纪 70 年代早期。许多新加入的行为心理学家联合其他一些人开始探索方法，以求既能够保留行为公理及相关的模型、规范性-描述性区分，又能同时考虑反对公理的直觉的、经验性的证据。保罗·斯洛维奇（生于 1938 年）和萨拉·利希滕斯坦（生于 1933 年）关于偏好反转的研究（如 Slovic and Lichtenstein，1971，1973；Lichtenstein and Slovic，2006），丹尼尔·卡尼曼（生于 1934 年）和阿莫斯·特沃斯基（1937—1996）的直接推断与偏误项目以及之后的前景理论（如 Tversky and Kahneman，1974；Kahneman and Tversky，1979）均是这方面的典型代表。[2]

---

① 经济学家们对博弈论的兴趣在 20 世纪 50 年代衰退了，直到 80 年代才恢复（Weintraub，1992）。

② 有关这些以及 20 世纪 60 年代及之后许多其他行为项目的详细回顾请参见 Gigerenzer and Murray（1987），Goldstein and Hogarth（1997），Hogarth and Reder（1987），Guala（2000），Fishburn（1981），Diamond and Rothschild（1978）等。

行为心理学的这些新进展发生在认知科学兴起的大背景下。认知科学的发展不是围绕某个中心或有限的一批科学家，它的目标是多元的，没有明确的界定。因此，关于认知科学的历史和哲学的讨论也倾向于突出不同的作者、不同的时期、不同的理论特征（例如 Mirowski，2002；Mindell，2002；Cordeschi，2002；Dupuy，2009）。但即便如此，不管是过去还是现在，界定认知科学的最重要的（因素）都是它的研究目标，即打开人类思维的黑箱，研究诸如记忆、认知、感知等不同部分是如何互相作用从而产生行为的。如此一来，尽管它与 20 世纪美国心理学中的行为主义者或工程方法相一致，但被引导到明确反对沃森和斯金纳的行为主义的方向上（Mills，1998；Capshew，1999）。认知科学家的第二个目标是将不同学科和背景的研究人类行为的科学家集中在一起，进而建立一个广泛的关于思维与行为的研究项目（Cohen-Cole，2007）。鉴于认知科学的定义范围宽泛而模糊，西蒙的有限理性项目、斯洛维奇和利希滕斯坦的偏好反转研究以及卡尼曼和特沃斯基的替代性的行为理论都可以归到这个学科，从而和诺姆·乔姆斯基（生于 1928 年）的语言学新方法及杰瑞·福多（生于 1935 年）的思维新哲学等相毗邻。 98

卡尼曼和特沃斯基的合作成果在战后的决策研究中脱颖而出，在心理学和经济学中都属于最具影响力的研究。无论是卡尼曼获得 2002 年的诺贝尔经济学奖，还是他们的研究被引用的次数（Laibson and Zeckhauser，1998），或者在卡尼曼和特沃斯基影响下于 20 世纪 80 年代至 21 世纪初迅速兴起的行为经济学（Sent，2004；Camerer and Loewenstein，2004；Angner and Loewenstein，2012），都说明了这样的事实。他们的研究提出了一种想法，认为尽管理性个体在决策时应当遵循逻辑学、贝叶斯更新和期望效用计算，但事实上个体会系统性地且可预测地偏离这些规范。为了了解卡尼曼和特沃斯基的合作研究，了解他们各自的学术背景至关重要，本章第 2 部分、第 3 部分将介绍这方面的内容。第 4 部分讨论他们的直觉推断与偏误项目以及 20 世纪 70 年代的前景理论。第 5 部分试图从三个方面解释卡尼曼和特沃斯基在心理学家和经济学家中间产生巨大影响力的原因。

2. 特沃斯基夹在先验公理与行为偏差中间

1961 年，特沃斯基在以色列耶路撒冷的希伯来大学获得了人类学学士学位。他在希伯来大学的老师，伊斯雷尔·古特曼（生于 1923 年），把他推荐给了数学心理学家克莱德·库姆斯（1912—1988），之后特沃斯基进入了密歇根大学研究生院学习。1965 年，特沃斯基获得了密歇根大学的博士学位，他的博士导师是爱德华兹和库姆斯，他把库姆斯的数学心理学和爱德华兹的行为决策研究结合了起来。特沃斯基本来没有打算在美国长待，因为偶尔他还需要回以色列军队服役。总体来说，他被深深地卷入了以色列的社会和政治中，他的母亲吉尼亚从 1948 年开始直至 1964 年去世一直是以色列议会的议
99 员。但是，由于他的妻子芭芭拉·特沃斯基（他在密歇根大学结识的认知心理学家、同事）当时博士还没有毕业，阿莫斯·特沃斯基便又在密歇根大学和哈佛大学做了 4 年的博士后和助理教授。1969 年，特沃斯基夫妇回到了希伯来大学，阿莫斯·特沃斯基开始了他与卡尼曼的合作。

在 20 世纪 60 年代的决策理论研究中，特沃斯基遵循着萨维奇的方法："效用理论，或者说主观期望效用（SEU）模型，是关于风险条件下决策的理论。它建立在一系列看似合理的公理（Savage，1954）之上。这些公理表明，个体在不同的风险选项之间进行选择的过程可以被看作是最大化他的主观期望效用的过程"（Tversky，1967c，p. 27）。爱德华兹曾经用心理学家的规范性-描述性区分对萨维奇的决策理论进行解读和应用，特沃斯基接受了这种做法。因此他写道，效用理论"作为一种规范性原则已经被广泛应用于经济学和运筹学，构成了博弈论和检测理论的基础，也促进了广泛的实验研究"（Tversky，1967c，p. 27）。之后，特沃斯基对个体在实验中的真实决策同萨维奇在《统计学基础》中提出的理性决策的规范性原则进行了对比。

特沃斯基将度量理论等同于决策理论，这和本书第 3 章中介绍的其他数学心理学家一致。他认为个体在心理学实验中的角色就是度量

工具，就如同物理学和化学实验中的温度计或天平。因而，代表性度量理论中描述度量工具工作的公理和决策理论中描述理性、规范性行为的公理完全一样。在特沃斯基研究个体决策的方法中，度量与决策之间的直接关联是一个非常重要的部分，这一点他在《度量基础（一）》中做了明确说明：

> 期望效用理论明确研究不确定结果下的决策问题，这和多数度量理论都有物理和行为两种解读方式不一样。它可能是社会科学中最为人熟知的度量理论的例子。(Krantz et al.，1971，p. 369)

因此，对特沃斯基来说，规范性决策理论的公理同时就是描述心理学家的度量工具如何行使职能的公理，也是描述最优决策行为的公理。从概念上讲，可能只有当假设真实人类决策行为相对于决策行为规范的偏离非常微小时才可以这样（处理）。公理假设如果真实决策 100 行为偏离了规范标准，则应该是均匀地分布在规范标准附近，而不是系统性地偏离。此外，公理假设如果人类在某些情形下偏离了规范标准，则可以相对容易地向他们指出错误，之后他们便会改正行为。

特沃斯基有关代表性度量理论的研究和决策理论的研究在他的行为决策实验中同时出现了。度量模型被应用到了实验检验中，真实决策行为被对照着规范性决策理论进行检验。需要重点强调的是，特沃斯基早期实验研究中的议题**不是**人类是否（更不用提如何）偏离决策理论的标准。特沃斯基在 20 世纪 60 年代的研究议题和爱德华兹类似，是关于如何将规范性模型应用到人类决策行为中。决策理论的公理表明了在给定不同选项的客观效用与概率的条件下个体应该如何决策，而通常又是如何决策的。但是公理忽略说明的是人是如何感知效用与概率的。例如，在萨维奇的主观期望效用（subjective expected utility，SEU）模型中，假设对象拥有对客观数值与概率的主观感知，并以这些主观概率与主观数值（如效用）为基础进行决策。在与此密切相关的描述性模型，即主观期望值（subjective expected value，SEV）模型中，假设对象对概率只有一个主观的感知，但能够客观地理解数值。特沃斯基实验的首要任务是研究如何将度量理论与决策理论的公理应用到实验描述中。

同时，特沃斯基通过实验检验作为度量工具的人能否切实地行使职能。特沃斯基实验的设计目的是度量糖果和香烟等商品的效用曲线，但实验同时也检验对象的行为是否与决策理论和度量理论的公理一致。例如，由于传递性公理是“规范性理论和描述性理论的基石”，也是“知觉和价值度量模型的基础”（Tversky，1969，p. 31），实验也同时被看作检验真实人类决策行为是否符合传递性公理的良机。因此，特沃斯基在同一个实验中应用了代表性度量理论，检验了作为度
101 量工具的人能否切实地行使职能，度量了对概率与价值的主观感知，还监测了人类行为是否真的遵循决策理论公理。

我们可以看两个例子。特沃斯基在密歇根州南部州立监狱利用11名男性囚犯做了一个赌博实验，检验了可加性公理与独立性公理，两个都是规范性决策理论和度量理论的关键公理（Tversky，1967a）。[①] 实验对象需要进行赌博，支付形式是糖果和香烟。糖果赌博和香烟赌博都要和6个规范性决策模型进行对照。两类赌博都表明萨维奇的SEU模型提供了有关实验对象表现的最好描述。如果是SEU模型，则主观概率和效用的可加性与独立性都可以得到确认。也就是说，假设人们遵循规范性理论做决策，则SEU模型是（关于人们行为的）最好的描述。尽管如此，特沃斯基却很谨慎，他总结道“经过超过15年的风险条件下决策的实验研究，有关SEU模型描述有效性的证据仍然不能使人信服”（Tversky，1967a，p. 199）。

在一篇相关论文（Tversky，1967b）中，特沃斯基构建了一个度量模型，用于检验不同的规范性决策模型的描述有效性，涉及萨维奇的SEU模型、幂次效用理论和严格加性模型。实验中，来自密歇根州南部州立监狱的11名犯人需要在事先不知晓相关概率的前提下在不同的赌博之间进行选择。萨维奇的SEU模型提供了（关于行为的）最好描述，但在另一个方面失败了，实验对象一再高估低概率值

---

① 如前文所述，工程心理学家自认为填补了牧师、教师和精神科医生之间的空白。前文同样提到特沃斯基曾与阿纳托尔·拉帕波特合作过几篇论文，而拉帕波特和密歇根大学精神健康研究所有关。并且，特沃斯基接受了拉帕波特社会/自由的政治倾向（Erickson，2010）。在提到的一些实验中，特沃斯基都是依靠犯人，这看起来似乎有着特殊意义，也激起了人们的好奇心。但是，特沃斯基使用犯人的原因似乎只是因为在监狱群体中，糖果、香烟和（少量的）货币都是相对稀缺的（物品），使得特沃斯基在做实验时可以为实验对象提供相对较高的赌注，保证他们能够使出全力。特沃斯基在选择犯人时，明确挑选那些正常、精神健康的个体，从而保证实验对象与监狱外面的正常、精神健康的个体群相似。

而低估高概率值。因而，SEU 模型借由势力效用函数得以拓展，势力效用函数允许效用是货币的非单调函数（相对于标准情形下的单调函数），不同个体的效用也可以不同。特沃斯基强调实验已经证实了主观概率与效用的独立性，并得出结论认为最好的描述性模型（SEU 102 加幂次效用）和经萨维奇（Savage，1954）公理化了的决策理论不相容。若要保留个体理性决策的理念，就得推论出萨维奇的决策理论对真实的（经验性的）个体行为的描述具有系统性的错误。因此，特沃斯基在检验度量理论和决策理论的公理时比爱德华兹向前推进了一步。特沃斯基逐渐接受了实验对象有时候会系统性地违反公理的可能性。

1969 年，特沃斯基发表了一篇论文，标题为《偏好的不可传递性》(Intransitivity of Preferences)。论文描述并讨论了一些以检验传递性公理为唯一目的的实验。特沃斯基指出，传递性“对于心理学和经济学都具有中心重要性。它是规范性决策理论和描述性决策理论的基石”。再者，它是度量理论的基本假设，因为“它（传递性）是序数（效用）等级存在的必要条件”(Tversky，1969，p. 31)。这篇论文描述了很多篡改弱随机传递性（weak stochastic transitivity，WST）的实验。[1] 特沃斯基的实验表明弱随机传递性并不成立，也就是说实验对象的真实决策毫无随机传递性。

但是由于传递性是“理性行为的基础的，也是最有说服力的原理之一”(Tversky，1969，p. 45)，特沃斯基不愿意放弃度量理论和决策理论的这一共同的基础。他提议可以保留规范性决策理论，因为看得见的非传递性总是可以归因于决策期间发生了未被观察到的偏好的改变。他有点自相矛盾地总结道，“现有结果让人感兴趣的主要原因与其说是传递性会被违反的事实，不如说是违反本身所揭示的支配（个体）对不同选项的偏好的选择机制和近似方法”(Tversky，1969，p. 46)。如果特沃斯基接受了公理是错的，那么代表性度量理论和规范性决策理论作为人类行为的描述就被证伪了。特沃斯基不愿意放弃公理的另一个原因是实验结果并不全部都是证伪结论。例如，103 上文提到的在密歇根州南部州立监狱里做的实验中，实验对象的决策

① 在弱随机传递性（WST）中，偏好的传递性是用概率定义的，因此，当且仅当 $P(x、y)\geqslant 1/2$ 时，x 若偏好于 y，就意味着在 x、y 两者中选择 x 的概率大于等于 1/2。

行为就大致符合规范。

令特沃斯基纠结的方法论矛盾涉及的问题是，原本通过直觉判断和内省认为是正确的理论，如何与具有多种指向但只是偶尔指向该理论的实验结果相结合。特沃斯基不能像试图检验理论是否正确的实验学家那样做。因为公理被认为是内省或直觉意义上的真理，所以最终只能通过内省或直觉推理来证明是错的。度量理论和规范性决策理论根本就不能被看作是可以通过实验证伪的理论。同时，特沃斯基想公正地对待得到的实验结果。坚持度量理论和决策理论的公理就暗示着，一旦在实验中观察到系统性的行为偏离，就只能推理是实验出了问题。这意味着特沃斯基的多数实验是无效的。因此，特沃斯基实际上被夹在了度量理论和决策理论的直觉性真理与他的实验所揭示的行为偏离之间。他必须做出选择，或者认真对待他的实验，或者接受度量理论与决策理论的公理。

最后，特沃斯基选择了前者并试图发展新的规范性度量和决策理论。他在1971年出版了专著《逐项排除：一个选择理论》（*Elimination by Aspects: A Theory of Choice*），相同题名的论文发表在1972年的《心理学评论》（*Psychological Review*）上。[①]《逐项排除：一个选择理论》开篇介绍了决策理论中独立公理的两方面问题。独立公理首先在实证基础上有问题，因为它和“观察到的一些偏好模式不相容，这些偏好模式系统性地依赖于不同的选项”（Tversky，1972，p. 281）。即使之前已经观察到了这个问题，特沃斯基仍然得出结论认为在现有的决策理论内不能解释行为偏离：

> 数据表明不相关选项之间的独立性原理被违反了，而且在一定程度上不能轻而易举地通过选项分类做出解释。更具体地说，当为给定选项集合增加一个选项时，和增加的选项相近的选项所
> 104 受到的“伤害”似乎大于那些不相近的选项。（Tversky，1972，p. 283）

鉴于不可能在现有理论内解释行为偏离，决策理论家和行为决策

① 另一个能够说明特沃斯基在萨维奇的规范性决策理论和证伪的实验结果之间纠结的例子是他和斯洛维奇合作的论文《谁接受萨维奇的公理?》（Who Accepts Savage's Axiom? Slovic and Tversky，1974）。

研究者要求“对选择模型的基础原理做更大幅度的修改”（Tversky，1972，p. 283）。

特沃斯基接受了独立性公理及其他公理的直觉或内省状态，但他随后表明即便是基于直觉思考，也依然可以提出质疑。特沃斯基写道，“假设你面临一项选择，需要在下列三张唱片中做出选择：一张德彪西的组曲，用 D 表示，两张不同的贝多芬交响曲，分别用 B_1 和 B_2 表示。”再假设“两张贝多芬的唱片品质一样，你不确定该为你的收藏增加一张德彪西的唱片还是一张贝多芬的唱片。因此，有 $P(B_1; B_2)=P(D; B_1)=P(D; B_2)=1/2$。”也就是说，特沃斯基认为“不确定在两个选项中选择哪一个”就意味着选择这个或那个的概率都等于 1/2，那么，“自然就有 $P(D; B_1; B_2)=1/3$。”但是，这个结论“在**直觉基础**上是不可接受的，因为，在选择德彪西还是贝多芬的唱片时面临的主要矛盾不太可能因为增加一张别的贝多芬的唱片而受到影响”（Tversky，1972，p. 283，强调后加）。实证证据使得规范性理论的实用性降低了，但自省方面的理由才是决定性的打击。

特沃斯基因此认为需要一个新的规范性决策理论，而且新的理论最好能够既对规范性领域有用，又对描述性领域有用。逐项排除法既简练、优雅，又令人信服。特沃斯基指出，理性人类决策的出现不是通过最大化期望效用、逻辑学或贝叶斯更新的过程，而是通过依次删除期望值最低的选项。大段引用的特沃斯基原文如下：

> 目前的研究将选择描述为一个隐蔽的依次删除的过程。假设每一个选项都包含一系列特性，在选择过程的每一阶段，某一特性（来自可供选择的选项包含的特性）被选择出来的概率是与它的权重成比例的。选择某个特性就要删除不包含该特性的所有选项，该过程一直持续到只剩一个选项时为止。如果选择的某个特性在所有选项中都存在，则不删除任何选项，但是需要选择一个新的特性。因而，正在考察的所有选项共有的特性不会影响选择概率。因为目前的理论将选择描述为一个由连续的选择特性支配的删除过程，所以被称作逐项删除模型（EBA）。（Tversky，1972，p. 285）

特沃斯基的逐项删除法承认他的实验结果是有效的，并为度量理论和决策理论构建了全新的基础。他是通过在直觉基础上证明萨维奇 105

的决策理论是错的来做到这一点的，换句话说，承认只有对公理的自省性“检验”才能最终证明它们是错的。但事实表明逐项排除法是一条未被选择的路。20 世纪 60 年代末 70 年代初，卡尼曼为特沃斯基提供了一个解决方案，既可以承认实验中行为偏离的有效性，同时又能够保证度量理论和决策理论的原理不受影响。

3. 卡尼曼的认知错误

为了了解卡尼曼是如何解决特沃斯基的问题的，我们需要考察他在与特沃斯基合作之前所做的研究。卡尼曼于 1956 年获得了希伯来大学的学士学位，同时，以心理学家的身份在以色列军中服役。1958 年，他前往旧金山，并于 1961 年获得了加州大学伯克利分校的博士学位，博士导师是苏珊·欧文（生于 1927 年）。卡尼曼在博士毕业后回到了希伯来大学心理学系，一直待到 1978 年。然而，在此期间，1965—1966 年他去了密歇根大学做访问学者，1966—1967 年去了哈佛大学做访问学者和心理学讲师，1968 年和 1969 年夏季学期去了英国剑桥大学应用心理学研究组做访问学者，1968—1969 年去了密歇根大学做研究生课程的讲师。卡尼曼在密歇根大学教学期间邀请他的年轻同事特沃斯基就“判断与决策的最新进展”授了一堂课（Kaheneman，2002）。20 世纪 60 年代，卡尼曼研究的是语义差异、验光、视觉研究等相关课题。卡尼曼这一时期的研究和数学心理学没有关系，和决策理论没有关系，和行为决策研究没有关系，而且，虽然卡尼曼事后曾暗示并非如此，但他这一时期的研究和经济学也完全没有关系。

根据卡尼曼自传中的回忆和基于自传的一本著作，关于他早年间在以色列军队和 20 世纪 50 年代在希伯来大学的研究应该被形容为相关心理学（Kahneman and Ghiselli，1962；Kahneman，2002；Danziger，1990，1997；Gigerenzer，1987a，1987b）。相关心理学把理论建立在统计数据的相关性上，比如智商与教育程度的关系。卡尼曼
106 早期的研究应用了英国军方在第二次世界大战期间提出的方法，目标是以性格特质为基础发展关于人们未来表现的可信预测，而不管（研

究对象）是在军队里还是在其他别的工作岗位上。例如，为了能在早期发现军队中的哪些新兵最终能够成长为未来战场上的成功领导者，他设计了一些测验用以评估新兵与领导能力相关的一些行为和个人特质的差异。

不难发现，在这类研究中，研究人员预测研究对象未来表现的能力是衡量研究是否成功的重要（而且有可能是唯一）的方法。把军队中的新兵按不同的特点分类可能是一个有趣的练习，但是，如果它的预测还不如靠运气猜得好，那就没什么用。卡尼曼在他的自传（Kahneman，2002）中回忆了当一次又一次面对他的预测一点都不可信时是何等沮丧。他安排了大量的调查问卷和测验，最后却发现对这些参加测验和采集调查问卷信息的人员的直觉猜测要比科学预测更好。

卡尼曼对这些研究结果很不满意，为了尽快提高研究技能，他转向了视觉的实验心理学，结果在 10 年的时间里写出了大概 25 篇论文，其中两篇发表在《科学》（*Science*）杂志上，还有一系列发表在实验心理学的著名期刊如《实验心理学杂志》（*Journal of Experimental Psychology*）上。卡尼曼 1961—1971 年间的研究没有突出哪一个主题或哪一篇论文。当不同的主题和论文被看作彼此邻近的时候，卡尼曼关于人类思维的全局视角便浮现出来了。

卡尼曼继续着他的职业生涯，研究在语义差异的实验研究中应用的模型。语义差异（semantic differential，SD）研究调查人们对词语的态度（Heise，1970，p. 235），或者换个说法，衡量抽象物体对于个体的含义（Kiddler，1981）。一个词语、一个概念或一个物体的含义被区分为内涵含义和外延含义。因此，假设在词语的字典含义或外延含义之外，个体还赋予了它内涵含义。比如，从好与坏的角度看，赋予屠杀和强奸这样的词语的内涵和赋予鲜花和晴天的内涵是不一样的。语义差异用两极式标度来衡量，在两极式标度中，原则上所有反义词都可以用，如好与坏、软与硬、快与慢、脏与净、贵与贱等等。

在卡尼曼早期发表的研究成果中，有关语义差异的论文是一个虽 *107*
然小但是重要的部分。除了他的学位论文，这还是一篇已发表论文的主题。这也很好地说明了卡尼曼在实验心理学中的担当。[1] 在语义差

[1] 本书作者 2009 年 4 月 16 日于新泽西州普林斯顿市普林斯顿大学采访丹尼尔·卡尼曼的记录。

异研究领域，卡尼曼关注的是用来推理关于内涵含义的结论的模型背后的理论。他在 1963 年的一篇论文（Kahneman，1963）中表明衡量语义差异的模型在数学上不够精密，有可能导致对观察（事实）的错误解读。卡尼曼考虑下述个体 i 以 k 为标度评价概念 j 的模型：

$$s_{ijk}=T_{jk}+C_{ik}+d_{ijk} \tag{4.1}$$

其中，T_{jk} 是概念 j 在标度 k 上的真实得分，由计算一些判断的得分平均值得来。C_{ik} 是个体 i 在标度 k 上的偏离常量，通过计算大量对象 i 在标度 k 上评价概念时得到的数值与真实值的偏离的平均值得来。d_{ijk} 是某一特定评价的“具体偏离”（或者叫“判断误差”）。换一种说法，卡尼曼和本书第 2 章、第 3 章提到的数学心理学家和行为决策研究者类似，他利用个体衡量个体自己的评价和对平均值的偏离。因此，C_{ik} 是准度，或者是个体作为度量工具的有效性，d_{ijk} 是精度或者可信性（请参阅 Heukelom，2011）。

卡尼曼指出当代语义差异研究实践错误地假设了评价的具体偏离之间是不相关的。举例来说，同一个实验过程中对真实值的偏离可能非常相关。若要改进就应该寻求更精确的代数模型。相对于语义差异的理论来说，卡尼曼的研究更多地关注改进理论所使用的统计模型中方差的分析。具体来讲，他关注语义差异研究中“判断误差”的概念。研究目标是了解人们是如何偏离真实值或正确值的。事实上，这就意味着将人们如何判断的真实过程看作是黑箱。

1962—1963 年，卡尼曼在希伯来大学心理学系建立了一个视觉实验室（Kahneman，2002，p. 6）。他在随后几年发表的许多论文都是从这个实验室的实验结果中衍生出来的。卡尼曼研究了不同刺激的
108 “能量”与视觉感知能力的关系。“能量”是一个用来界定某项刺激的强度的综合概念。某项刺激越鲜亮、越明亮、越悬殊、越持久，诸如此类，则该项刺激具有的能量就越多。视觉感知用实验对象的反应次数来衡量。在典型实验中，实验对象需要以最快的速度判定兰道环视标的开口是朝上、朝下、朝左还是朝右。① 此项实验中用亮度、对比度等表示的条件可以有很多变化方式。视觉任务也可以结合其他认知任务。卡尼曼关于视觉与注意力的心理学的教科书，《注意力与努力》

① 兰道环视标是在视觉心理学和验光中使用的一种标准符号，由字母 C 组成，但 C 的开口方向不同，有的被宽度等于 C 的开口的长条环绕，有的没有长条环绕。

（*Attention and Effort*，1973），在 21 世纪初被用作该主题的标准参考书。[①]

此项研究的例子包括《控制虚假相关与控制变量的可信性》（Control of Spurious Association and the Reliability of the Controlled Variable，Kahneman，1965a）、《敏度中时间强度的相互性作为亮度和图形背景对比度的函数》（Time-Intensity Reciprocity in Acuity as a Function of Luminance and Figure-Ground Contrast，Kahneman，1966b）。[②] 卡尼曼在和诺曼合作的一篇论文（Kahneman and Norman，1964）中研究了实验对象识别某项视觉刺激所需的最短时间（标记为"临界历时" t_c）和该项刺激具有的能量（用亮度和持续时间表示）之间的关系。结果表明具有相同能量的刺激不一定产生相同的临界历时，而且指定的视觉刺激引发的不是一个而是多个感觉过程。第二个结论和心理学圈内持有的一般观点尤其对立，一般认为一个刺激只能引发一个感觉过程。

在卡尼曼沿用的心理学范式中，视觉感知是诸多认知任务之一。其他认知任务包括对话（或者更一般的说话）、学习和计算。关于不同的认知任务如何相互影响的研究请参阅 Kahneman and Beatty（1966，1967），Kahneman et al.（1967，1968）以及 Kahneman and Peavler（1969）。这些论文的明确的研究重点是不同认知任务的结合是如何导致"判断误差"的。例如，卡尼曼 1967 年的一篇论文（Kahneman et al.，1967）表明当实验对象正忙于其他思维任务比如说话或计算时，他的视觉感知能力会显著下降。此类事例中的"判断误差"非常真实，因为它解释了为什么汽车司机在谈话时会错过停车标志等情况。这再次说明了卡尼曼对失误的心理学的关注。 109

可见，在卡尼曼的视觉研究中，重点之一便是人类思维在什么情况下会产生认知误差。卡尼曼表明不同的认知任务在感知能力上存在着交换，从而导致人们有时候不能感知到刺激，产生判断误差。此外，卡尼曼在 1961—1971 年从事的研究跟行为学家一致，行为学家从两次大战之间的时期就开始致力于清除心理学中所有的内省

① 本书作者于 2008 年 6 月 23 日在匹兹堡市卡内基·梅隆大学采访罗宾·道斯的记录。

② 其他例子包括 Flom et al.（1963），Kahneman（1964，1965b，1966a，1967），Kahneman and Norman（1964），以及 Kahneman et al.（1967）。

(Danziger, 1997)。在卡尼曼的实验中，自我评量并不是建立认知体系如何运作（的理论）的必要条件。认知体系的行为能够从观察到的行为和不受控制的物理反应（比如瞳孔放大与收缩）中推理出来。人类思维被认为不允许内省访问，但它的运作能够从个体对象不受控制和无意识的反应中推理出来。

两方面因素对于理解卡尼曼的心理学和他后来对特沃斯基的影响都很重要。认知误差是一个（在卡尼曼的研究中）反复出现的主题，反映出卡尼曼对心理学的看法，他认为心理学研究人们如何偏离规范行为。实验心理学的这种取向可以追溯至 19 世纪的德国这个学科刚产生的时候。但是，在 19 世纪的德国和两次世界大战期间的美国，实验心理学曾经应用此框架探索**真实值**的大小。比如，实验心理学想知道人们能感知的重量差别的最小值的真实值，（实验心理学家）为此设计了一个框架，该框架可以不管各种个体误差的存在，确定真实值（Fechner，1860；Heidelberger，2004；Boring，1929）。比如，瑟斯顿想要度量一群人对宗教的态度，他为此构建了一种方法，可以从一系列的观测数据中探出人们的态度，虽然，其中每一个单独的观测数据都偏离了真实值（Thurstone and Chave，1929）。因此，实验心理学模型的创立明显是在物理学实验的实践之后，在物理学实验中，物理学家通过一系列的度量来确定沸水温度的真实值，其中每一次单独的度量都偏离了真实值，且每次度量值之间都有偏离。

110 卡尼曼采用了实验心理学的框架，但是，换了一种方式。在卡尼曼的研究中真实值是已知的。真实值是关于新兵未来领导能力的准确预测，或者真实值是开车时不闯红灯。卡尼曼提出的问题则是认知机制什么时候会、为什么会、如何做到不遵照真实值行动。卡尼曼使用了实验心理学方法，但是，使用目的反过来了。他不是去寻找真实值是多少，而是去探索人们是如何偏离真实值的。在卡尼曼的研究中真实值始终很明确，而且是由实验者确定的。卡尼曼知晓认知机制的理想反应（模式），研究实际情况是不是如此。因而，按照卡尼曼的理解，科学家可以确定各种实验条件下什么是好的、最优的、理性的行为。这与清除所有自省的科学要求一致，因为假设了实验对象不能判断他做出的反应是不是正确的。在卡尼曼的实验中，实验者决定实验对象应该如何行动以及实际如何行动。所有判断行为的权威都集中在科学家手里。

因为卡尼曼从来没有从理论上广泛、详细地解释过关于“人类经常产生认知误差”的假设，所以人们很容易仅仅把它当作是一种不错的说明理论的方法，而它说明的理论可能也没有太大吸引力。但是，这是不对的。卡尼曼关于“人类经常产生认知误差”的信念正是理解他的心理学的关键。在本节开始的军队心理学家的例子中，卡尼曼和他的同事真的相信通过广泛研究可以准确预测某个岗位各个候选人的未来表现，或者说预测结果起码能够比仅仅靠运气猜的结果好一些。他们没能做到（准确预测）的事实对于年轻的卡尼曼来说是一个真实的认知幻觉，他需要自己纠正（这个幻觉）（Kahneman，2002）。

卡尼曼在自传中回忆起的另一个可以说明问题的例子是那个时候飞行教员不认可心理学家的理论，心理学家认为就提高技能来说表扬比惩罚更有效。飞行教员争辩说，虽然他表扬了学员的良好表现，但是，下一次他们的表现几乎总是会更差一些。同样，他常常惩罚那些表现不好的学员，这样做却几乎总是能够改进他们下一次的表现。卡尼曼认为这是明显的认知幻觉。从统计数据来看，一次良好的表现后边紧跟一次差一些的表现的可能性大于紧跟一次同样好或更好的表现的可能性，反之亦然。同样，上文提到的卡车或轿车司机确实产生了 111
认知误差，他（她）光顾着谈话而没看到交通灯，而如果他（她）没有谈话就不会错过交通灯。他（她）的认知器官被调节到关注交通灯，但是失败了。

对卡尼曼来说，“人类经常产生认知误差”是一个确定的事实，过去是，现在仍然是。但是，科学可以提供两种补救方式。第一，科学家可以说明各种情况下的正确行为方式。就卡车司机来说，什么是正确的行为是显然易见的。但就飞行教员来说，什么是正确的推理方式可能就不那么直观清楚了。因此，科学家可以帮忙建立正确的推理方式。第二，科学家，特别是心理学家可以帮忙研究人类什么时候会以及是如何产生认知误差的，从而为设计工具或者提供培训帮助人类改正误差铺垫基础。

4. 合作：直觉推断、偏误与前景理论

1969年，卡尼曼与特沃斯基开始进行合作，由此产生了21篇论文和2本合作编辑的书（其中有一本是和斯洛维奇合作出版的）。他们在不同项目上的合作一直持续到1996年特沃斯基去世时才结束，其中，最多产、最有创造性的时期却是1969—1979年，其间产生了后来被广泛引用的1974年发表在《科学》杂志上的论文和1979年发表在《计量经济学》杂志上的论文。[①] 合作由卡尼曼发起，他认为个体的器官会系统性地产生错误，当时他正在寻找新的实验方法检验他的直觉，并试图找到可以解释这种认知误差的理论。但是，接下来的（合作研究）计划同样多地源自特沃斯基对萨维奇和爱德华兹假设日益增加的怀疑。概括地讲，萨维奇和爱德华兹假设个体决策遵循逻辑学、贝叶斯统计学和期望效用理论等规范性准则（Savage，1954；Edwards，1954，1961）。

1969年，特沃斯基回到希伯来大学后逐渐开始了与卡尼曼的合作。尽管二人的合作构成了他们各自研究的重要部分，尤其在20世纪70年代更是如此，但绝不是说他们除此之外不再从事其他项目。卡尼曼继续开展他的视觉研究，而特沃斯基也从未间断过度量理论研
112 究。特沃斯基在他于1967—1977年间写给他的密友戴维·克兰茨的15封信中清楚、恰当地说明了与卡尼曼的合作研究对他的生活的影响。[②] 1969年，特沃斯基在一次漫不经心的评论中首次简单提及他和卡尼曼的合作，他说："我现在正在和丹尼尔做点儿研究，是关于统计直觉的问题，这强化了我关于统计学重要性的偏见。"[③] 一个月以后，特沃斯基和卡尼曼的合作项目似乎正式展开了，成为特沃斯基的诸多研究项目之一：

---

① 1974年的论文是《不确定条件下的判断：直觉推断与偏误》（Judgment under Uncertainty：Heuristics and Biases，Tversky and Kahneman，1974），1979年的论文是《前景理论：风险条件下的决策分析》（Prospect Theory：An Analysis of Decision under Risk，Kahneman and Tversky，1979）。

② 感谢戴维·克兰茨允许我使用这些信件。一般来说，这些信件并不属于公开资料。

③ 特沃斯基1969年10月5日写给克兰茨的信，个人收藏。

> 丹尼尔和我正在深入研究如何处理不确定性的问题，我们开了一个研讨班，并就这个主题做了一些研究……我现在正在撰写我们的著作（《度量基础（一）》）的部分章节。编辑工作花费的时间明显超过了我的预想，但肯定是值得的。我们投稿到 JMP 的那篇 MDS 论文怎么样了？①

两年后，特沃斯基写到他和卡尼曼努力推进的希伯来大学心理学系重组事宜时，简单提到了后来发表在 1974 年《科学》杂志上的那篇著名论文。"丹尼尔和我正在写一篇关于我们的研究的类似评论的文章，投往《科学》之类的杂志，我又回到了（《度量基础（二）》的）第 16 章。"②

卡尼曼和特沃斯基的合作成了他们早先各自研究的一个综合。特沃斯基的决策理论以及他对规范性领域和描述性领域的区分都与卡尼曼的误差心理学结合在了一起。在写作他们的第一篇论文时，特沃斯基曾向出席美国心理学会和数学心理学研究小组 1969 年会议的 84 位参会者提出了一系列问题。这些参会者们试图抓到卡尼曼个人经历中错误的研究计划和失败的仿制的例子。卡尼曼和特沃斯基提问道：

> 假设你做了一个有 20 个实验对象参与的实验，得到的结果显著，证实了你的理论（$z=2.23$，$p<0.05$，双尾）。现在由于某些原因，你需要再做一个 10 人的实验。你认为结果显著地通
> 过单独的单尾检验的概率有多大？（Kahneman and Tversky, 113
> 1972, p. 433）

按卡尼曼和特沃斯基的说法，答案取决于对给定信息的准确解读。但他们认为，答案应该低于并接近 0.5。84 个人中 9 个人给的答案为 0.4～0.6，卡尼曼和特沃斯基认为这是"理性"的。然而，其他 75 个人给的答案都超过了 0.6。所有参与人答案的中位数高达 0.85。因而，即便是受过训练的专业人士，在明确要求给出规范正确

① 特沃斯基 1969 年 11 月 2 日写给克兰茨的信，个人收藏。"MDS 论文"和"JMP"是指特沃斯基和克兰茨 1970 年的合作论文《维度表征与相似性数据的度量结构》（The Dimensional Representation and the Metric Structure of Similarity Data），发表在《数学心理学杂志》（*Mathematical Psychology*）上（JMP；克兰茨 2008 年 8 月 11 日写给本书作者的电子邮件）。

② 特沃斯基 1971 年 11 月 4 日写给克兰茨的信，个人收藏。

的答案的前提下，仍然会产生计算错误。卡尼曼和特沃斯基认为有理由推出如下强烈而大胆的命题：“人们对于随机抽样具有强烈的直觉；这些直觉在基本层面上是错的；这些直觉不止单纯的实验对象会有，受过训练的科学家也会有；这些直觉被应用于科学研究过程中，并产生了不好的结果”（Tversky and Kahneman，1971，p. 105）。

在一个回顾历史的局外人看来，当年提给参会者的问题过于细致，（关键是）要求他们在会议间歇填好这样一份调查问卷，即便考虑到他们是心理学教授，问题仍然显得太过细致。毫无疑问，卡尼曼和特沃斯基对问题进行了设计，以确保出现他们想要的结果。虽然如此，问题的设计也是一份证据，体现了人们所认为的科学语言的优越性。卡尼曼和特沃斯基，以及很多他们同时代的人都认为度量和判断人类行为都必须依靠科学标准。因此，科学用词不能为了迁就有缺点的人类理解而改变太多。当类似的实验表明个体没有能力遵循科学的思路去推理时，很多他们同时代的人认为这是科学具有错误的证据（如 Ellsberg，1961；Allais and Hagen，1979；Baumol，1951，1958；Simon，1955，1959；Slovic and Lichtenstein，1971），但是，卡尼曼和特沃斯基认为这是被检验个体认知失败的证据。当发现即便是受过训练的专家也不能遵循规范性理论的规定行动时，他们感受到的是震惊和深深的不安。

为什么大多数参会者（认知）失败了？在和卡尼曼合作前，特沃斯基认为答案或者是实验出了错误，或者是规范性理论错了（如 Tversky，1969，1972；Slovic and Tversky，1974）。但是这次，卡
114 尼曼和特沃斯基换了一个思路。他们接受了埃斯蒂斯学习理论的思想（Estes，1964），假设“个体倾向于假定从总体中抽样的个体必须具有总体的一般特征”。换言之，他们在解释（调查问卷）结果时，含蓄地假设人类的生物构造使得个体忽视了总体的样本可能不是总体的精准代表的可能性。可是，卡尼曼和特沃斯基把埃斯蒂斯的研究（Estes，1964）向前推进了一步，得出结论认为如果个体系统性地将样本看作是总体的代表，则可以认为这是“直觉推断”。他们提出了认为人类思维基于直觉推断进行决策的想法。

为什么无论是科学家还是外行人士，大多数人都会系统性地偏离规范答案呢？特沃斯基和卡尼曼于 1971 年合写了一篇论文《对小数

定律的信仰》（Belief in the Law of Small Numbers，Tversky and Kahneman，1971），1972 年两人将这篇论文拓展，又合写了一篇，即《主观概率：代表的判断》（Subjective Probability：A Judgment of Representativeness，Kahneman and Tversky，1972）。这两篇论文给出了上述问题的答案，认为一般来说，人类决策不是基于规范性原则（在此情况下是指概率理论和统计学），而是基于“代表性直觉推断”。卡尼曼和特沃斯基将代表性直觉推断描述为一种现象，“某一事件或样本的主观概率取决于：（1）（样本）和总体在本质特征上的相似程度；（2）（事件）在多大程度上反映了产生它的过程的显著特征”（Kahneman and Tversky，1972，p. 430）。在示例中，被询问的个体假设被抽取的样本是实验试图了解的总体的良好代表，示例专注于检验的显著特征，此即肯定了理论的重要性。由于代表性直觉推断的原因，多数职业心理学家估计的概率值远超实际值（如上所述，中位数估计达到了 0. 85）。

因为人们对于小样本的信任大大超过了应该有的情况，卡尼曼和特沃斯基半开玩笑地将这种现象称为“对小数定律的信仰”，参照了大数定律（的说法）。关于信念、信仰的类比将事情推向了主观宗教、偏见和有限知识，而不是客观、无关价值的科学；它对经验观察的刻画是通过能力不足的个体而不是理性、有知识的科学家。换句话说，它表达了卡尼曼和特沃斯基的观点，即个体的错误行为源于错误信
仰，这就不能真正去责怪个体（包括心理学教授）。“主观概率对客观 115
概率的偏离看起来是真实的、系统的，而且很难消除”（Kahneman and Tversky，1972，p. 431），“真正相信小数定律的人实心实意地做出很多违反统计推断逻辑的事情。代表性假设描述了一种不考虑动机因素的认知偏误或感知偏误”（Tversky and Kahneman，1971，p. 109）。在卡尼曼和特沃斯基的框架里，不同决策情况下规范正确的决策是什么，是由科学，尤其是数学决策理论和经济学确定的。其中，规范等同于理性和客观。个体做出的实际决策属于“描述性”或“主观”领域，可能符合规范性或理性基准，也可能不符合。如果不符合，就说明个体犯了“错误”“失误”，或者用 20 世纪 80 年代后行为经济学的语言说，是一个“非”（ir-）、“不”（non-）、“不完全的”（not fully）或者“有限理性”（boundedly rational）的决策。

卡尼曼和特沃斯基的下一个实验面向的不再是科学家，而是一般的个体，并且保留了正式的科学措辞。假设新出生婴儿是男孩和女孩的概率各是 0.5，思考下面的问题：

> 调查了一个城市里所有 6 个孩子的家庭。在 72 个家庭中，男孩和女孩出生的精确顺序是女、男、女、男、男、女。
>
> 你估计在接受调查的家庭中，出生的精确顺序是男、女、男、男、男、男的家庭有多少？（Kahneman and Tversky，1972，p. 432，原文强调）

规范正确的答案是 72，因为（出现）任何男女的顺序的可能性是一样的。但是，对第二个顺序的平均估计系统性地低于第一个。换句话说，人们不正确地相信出现第一个顺序的可能性要大于第二个，卡尼曼和特沃斯基由此总结道："人们认为概率是不可预测的，但是本质上是均等的"（Kahneman and Tversky，1972，p. 435）。他们提出的另一个与此相关的解释是人们判断第一个顺序出现的可能性大于第二个，是因为第一个更好地展现了人们对于一个有 6 个孩子的家庭的想象，或者说想象一个有 3 个男孩、3 个女孩的家庭比想象一个有 5 个男孩、1 个女孩的家庭更容易一些（Kahneman and Tversky，1972）。

1972—1974 年，卡尼曼和特沃斯基根据上述例子以及其他一些类似的例子，指出规范性模型的功效比之前想象的差得多。他们不认
116 为实验有缺陷，或者规范性理论错了，这是可以在特沃斯基 20 世纪 60 年代关于人类决策的研究中看到的选项。相反，他们现在认为实验结果完全有效，而且规范性理论也没有任何错误。作为替代的新结论是当个体（包括科学家）做出直觉性的决策时，他们系统性地偏离了理性规范。因而，卡尼曼和特沃斯基的论点与特沃斯基以前的导师兼合作者爱德华兹形成了明确、直接的对立，与领军人萨维奇也是对立的。关于贝叶斯规则，爱德华兹和萨维奇错误地假设"人们大体上遵循正确的贝叶斯规则，但没能充分理解（实验）证据的影响，因而保守了"（Kahneman and Tversky，1972，p. 449）。信号检测理论的主流代表也受到了批判。[①]"比如，彼得森和比奇 1967 年的论文的结

① 信号检测理论（signal detection theory，SDT）是心理学的一个分支，研究个体区分信号和噪音的能力。换言之，它研究噪音条件下的决策。请参阅 Green and Swets（1966）。

论是规范性模型提供了关于实验对象行为的良好的初步近似，这些实验对象‘受到了适当的变量的影响，而且是在适当的方向上’”(Kahneman and Tversky，1972，p. 449)。卡尼曼和特沃斯基从根本上不同意他们（的观点）。“人们在评估证据时，明显不是保守的贝叶斯：根本就不是贝叶斯”(Kahneman and Tversky，1972，p. 450)。

卡尼曼和特沃斯基提出的替代性理论是直觉推断与偏误理论，这个名称首次出现在他们 1974 年的论文《不确定条件下的判断：直觉推断与偏误》中。在该理论中，人们在不确定条件下决策时，使用的不是概率理论和逻辑学等规范性理论，而是依靠一些直觉推断，这些直觉推断有时候会产生系统性的偏差。根据经常被引用的定义，直觉推断和偏误理论“表明人们依靠数量有限的一些直觉推断原理，这些原理把复杂的评估概率与预测数值的任务降低为简单的判断操作。一般来说，这些直觉推断非常有用，但有时候会产生严重的系统性误差”(Tversky and Kahneman，1974，p. 1124)。卡尼曼和特沃斯基强调了一些直觉推断的重要性及其运作过程，如代表性、可得性与锚定性。但绝不是说直觉推断与偏误理论始终局限在这少数几个直觉推断上。在人类思维中可能找到的直觉推断的数量是无限的。卡尼曼和特沃斯基在直觉推断和偏误项目中总结了很多他们发现的违反规范性 *117*
模型的例子，并且列了一份可以解释这些例子的理论的名单，名单很小，也不完整。

术语直觉推断第一次出现在 1971 年，在卡尼曼和特沃斯基之前的作品里都没有任何先兆。而且从一开始，未经任何介绍，直觉推断就自然地被作为直觉反应的术语了。20 世纪 50—70 年代，赫伯特·西蒙在严厉地抨击（他所理解的）新古典经济学的行为基础时使用了**直觉推断**和类似的术语，而且他提出的替代性的理论，假借人类决策的形式，就是建立在直觉推断基础上的（例如 Simon，1955，1959，1963，1986）。因此，“卡尼曼和特沃斯基使用的这个术语在某种程度上源自西蒙”是一个有诱惑力的结论。但这是错的。卡尼曼和特沃斯基对**直觉推断**的使用说明它“就是语言中的一个词语”。[①] 西蒙使用它的方式不同，而且在卡尼曼和特沃斯基 20 世纪 70 年代早期的研究

---

① 卡尼曼 2009 年采访记录。

中没有提到过。

简单说明一下二者的区别是有益的。西蒙的观点是个体使用拇指规则或者直觉推断做决策。一个直觉推断的例子是，某人为想出售的房子设定一个渴望价格，然后在第一个超过渴望价格的出价上成交。或者，直觉推断可能是接受第一批 n 个出价中最高的那个（如 Simon，1955）。西蒙认为给定个体面临的信息、认知能力和时间约束，这样的直觉推断是最优化决策。如果直觉推断产生的是一个满意的结果，那就保持；如果不是，就做调整。重要的是，西蒙指出直觉推断的作用不是接近给定所有可能的相关信息和计算能力下的全局最优，而是在给定个人信息和能力的条件下达成一个满意的结果。

相比之下，在卡尼曼和特沃斯基的方法里，直觉推断的作用是简化、重组决策问题，使得不是特别有经验的决策者也能够处理。给定所有相关信息和统计学、逻辑学、期望效用理论的全部知识，直觉推断的目标是接近最优结果。直觉推断没有产生决策，但是重组了信息输入方式，使得决策过程成为可能。例如，在上述出生顺序问题中，
118 个体普遍相信一个家庭出现“女、男、女、男、男、女”的可能性要大于出现“男、女、男、男、男、男”的可能性。原因是前者更好地代表了个体对一个拥有 6 个孩子的家庭的想象（代表性），或者是（相对于后者），前者这样的家庭更容易得到（可得性）。换句话说，可得性直觉推断将已经存在的关于 6 个孩子家庭的信息和新出现的信息联系起来，从而简化了决策。然而，在这种情况下，对信息的组织却产生了错误的结论。而且因为直觉推断是个体生物构造的一部分，所以它不会改变。如果多思考一下这个问题，个体可能会选择认为这两个选项具备同等可能性。如果个体刚刚学过逻辑学和统计学的课程，则更会如此。也就是说，个体有可能利用推理能力推翻他自己的直觉。但是个体最初的直觉反应总是最有可能成为第一选择。

因此，在卡尼曼和特沃斯基的叙述中，个体不能够调整他（她）的直觉推断，但在西蒙的方法里可以。西蒙个体可能改变他（她）出售房子的初始渴望价格，如果所有出价都没有达到渴望水平，他（她）可能会调低渴望价格。相反，卡尼曼和特沃斯基认为直觉推断是个体给定的、不可改变的生物构造的一部分。可得性、代表性等都被看作是不可改变的人类信息处理机制的构成要素：

> 可能让人惊讶的是人们不能够从长期的生活经验中推理出基本的统计规律，如趋均数回归……统计学原理不是从日常经验中获知的……人们不会去学习样本规模和抽样变异的关系，虽然这方面的数据非常丰富。(Tversky and Kahneman，1974，p. 1130)

对于库姆斯、爱德华兹、卢斯和特沃斯基等数学心理学家和行为决策研究者来说，当一个人遵照直觉行动时，其表现得就像一个统计学家。在卡尼曼和特沃斯基的研究中以及特沃斯基的其他研究中，也都出现过“人被视作有直觉力的统计学家，行动目的是在概率信息的基础上实现某些特定标准的最大化”(Rapoport and Tversky，1970，p. 118)。此外，个体被视作有直觉力的效用优化者和逻辑学家。主要不同就在于卡尼曼和特沃斯基认为个体是不完美的统计学家、逻辑学家和效用优化者。个体遵照规范性模型行动，但是在一系列固定不变的直觉推断重组输入（的信息）之后。从很多方面来看，这和西蒙的有限理性理论都是不同的理论。

1979 年，卡尼曼和特沃斯基在《计量经济学》杂志上发表了现在声名大振的论文《前景理论：风险条件下的决策分析》(Prospect Theory：An Analysis of Decision under Risk)。这篇论文标志着研究重点的转变，从基于概率的决策问题，转变到人们遵照规范性理论（期望效用理论）行动的能力。这是试图提出一个更完整的关于人们在不确定条件下决策的描述性理论，而且是首次尝试。前景理论经常被认为不同于直觉推断和偏误（例如 Kahneman，2002），而它将不同的直觉推断并入一个总体框架中是确定的事实。但其基础仍然是如下思想：人们的决策依赖于一系列的直觉推断，而使用直觉推断有时候会导致对规范正确决策的系统性偏离。从这个意义上说，卡尼曼和特沃斯基花了大约五年的时间才把论文发表在《计量经济学》杂志上，而五年中的后四年被用来调整一个大部分业已完成的论点，使之适合经济学读者。① 119

特沃斯基在他于 1975 年 4 月 10 日写给克兰茨的一封信中有一段评论，说明了直觉推断、偏误与前景理论之间的连续性。信中，特沃

① Kahneman (2002)；卡尼曼 2009 年采访记录。这篇论文最初提交给《计量经济学》杂志时，题名是《价值理论》(Value Theory，Kahneman，2002)。

斯基第一次用超过一行的笔墨说起了他和卡尼曼的科研工作，而且他明确了已经对项目产生的热情。这封信说明前景理论的基本论点早在1975年春季就已经成形了：

> 丹尼尔和我主要研究决策理论，我们相信我们第一次理解了支配人们在不同赌注间进行选择的基本原理……我们提出理论的核心要素是：1）根据与现状的差异而不是总资产状况来定义的S形效用函数；2）附加于效用的不确定性权重（不要和主观概率混淆了）。我们正在搜集经验数据，这些数据看起来可以为模型提供强有力的支持……在不久的将来，我会寄给你一份论文草稿。①

1975年，也就是前景理论发表的4年前，卡尼曼和特沃斯基正在研究直觉推断与偏误理论。而前景理论充其量应该被看作是该理论的拓展。直觉推断与偏误理论集中讨论金融决策与期望效用理论。而且，前景理论的修辞设计不只是为了说服《计量经济学》杂志的读者
120 （主要是经济学家），还包括决策研究者、数学心理学家和其他有数学倾向的行为科学家。这一时期，卡尼曼和特沃斯基尝试拓宽他们的方法的（研究）范围的努力也体现在特沃斯基和丹尼尔·麦克法登（生于1937年）合办的专题讨论会上。麦克法登是一位计量经济学家，也是2000年诺贝尔经济学奖的得主之一。他的获奖理由是“发展了分析离散选择的理论和方法”②。专题讨论会于1977年10月举办，标题是“认知、选择与经济行为”，它受到了数学社会科学委员会和美国国家科学基金会的支持。讨论会旨在将对认知和选择理论感兴趣的心理学家和经济学家集合起来。③

卡尼曼和特沃斯基在他们1979年的论文中，通过前几行说明了这篇论文同之前研究的联系。他们陈述了一种设想，认为期望效用理论不只是规范性理论，同时也提出描述性主张：

> 期望效用理论已经主导了风险条件下的决策分析。它被普遍

① 特沃斯基1975年4月10日写给克兰茨的信，私人收藏。

② “2000年瑞典国家银行纪念阿尔弗雷德·诺贝尔经济学奖”，Nobelprize.org，2010年4月27日获取，http://www.nobelprize.org/nobel-prizes/economic-sciences/laureates/2000/。

③ 马萨诸塞州剑桥市哈佛大学档案馆，未处理档案，罗伯特·邓肯·卢斯文件，麦克法登与特沃斯基1977年6月20日致卢斯的信。

> 接受为理性选择的规范性模型，并作为经济行为的描述性模型而得到广泛应用。因此，（期望效用理论）假设所有理智的人都想遵循该理论的公理，而且大多数人在大多数时候确实是这样做的。（Kahneman and Tversky，1979，p. 263）

这几句开场白很聪明地影射了心理学和经济学两大体系。对心理学家来说，这些语句重申了著名的规范性-描述性框架，预示着对既定研究领域的贡献。另外，沿循弗里德曼 1953 年那篇论文思想的实证经济学家则可能不赞同“规范性”强制令，但他们肯定认同理智的人都希望遵循期望效用的公理，而且实际中他们也是这样做的，或者说至少多数时候是这样做的。此外，需要指出的是卡尼曼和特沃斯基谨慎地避开使用**理性**（rational）这一术语，而是使用了**理智**（reasonable）。**理性**一词可能表明这是一篇经济学的评论文章，肯定会让一些经济学家感觉这两位心理学家的研究纲领和西蒙的一样，而西蒙刚刚获得前一年的诺贝尔经济学奖。自一开始，前景理论的框架便是被精心构建的，以便能够拓宽范围，特别是要能够涵盖经济学家。

前景理论的内容已经广为人知。卡尼曼和特沃斯基将他们的论点建立在一系列提给实验对象的假设问题之上。这与直觉推断和偏误理论的情形相似，只是这次的实验对象是希伯来大学心理学专业的学生。实验对象面对的题目是决策问题，涉及不同的物质结果与不同的概率。大多数题目是阿莱决策问题的重组或变形（Allais，1953a，1979；请参阅本书第 2 章）。卡尼曼和特沃斯基使用阿莱式方法的一个例子是，实验对象被询问在下面两个彩票选项中偏好哪一个： *121*

A：（4 000，0. 80）或者 B：（3 000）

也就是说，实验对象被询问是偏好以 0. 8 的概率得到 4 000 谢克尔（以色列货币单位），还是偏好确定得到 3 000 谢克尔。[①] 在此情形中，大多数实验对象选择了 B。这说明他们没有最大化期望货币收入。但是，可以通过假设决策者是风险规避的来解释选择 B 的原因。随后，实验对象被询问在下列两个彩票选项中偏好哪一个：

C：（4 000，0. 20）或者 D：（3 000，0. 25）

---

① 在做该实验的时代，4 000 谢克尔大约是以色列家庭月收入众数的三分之一。

在这种情况下，大多数实验对象选择了C，因此，最大化了期望货币收入。结合第一项选择来看，就会发现一些问题。因为两项选择表明实验对象有时候是风险规避的，但他们在另外一些时候最大化了期望货币收入，从而不是风险规避的。注意第二项选择和第一项是一样的，只是概率降到了原来的四分之一。卡尼曼和特沃斯基通过这些例子及其他类似的例子说明，不管期望效用理论的规范性情形如何，作为描述性理论，它被证明是站不住脚的。在一些特定条件下，人们系统性地偏离了期望效用理论的规范。因而，需要一种新的描述性理论，“另一种关于个体在风险条件下决策的解释”。另一种解释被命名为“前景理论”（Kahneman and Tversky，1979，p. 274）。[①]

122 根据前景理论，决策者首先使用一些直觉推断使决策问题容易处理。这个过程被称作编辑阶段。将复杂决策分解为若干不同的简单决策，把不同的决策归并起来形成一个大的决策，设立一个衡量比较这些决策的基准，等等。编辑阶段的目的就是使决策容易处理。之后，在被人们提及的评估阶段对决策进行评估。评估阶段拥有和期望效用最大化相同的结构，但它不使用物质支付和概率的客观值，而是使用个体对物质支付和概率的主观感知。对物质支付的主观感知被称作（价）值（用v表示），对概率的主观感知被称作决策权重（用π表示）。在期望效用理论中，实验对象面临的选项是以概率p出现的结果x和以概率q出现的结果y，他（她）根据下列函数推导出效用：

$$U(x,\ p;\ y,\ q)=p\cdot u(x)+q\cdot u(y) \tag{4.2}$$

其中，效用u是结果的主观值，而这一结果是根据《博弈论与经济行为》以及《统计学基础》的公理得来的。换言之，给定个体偏好，同时如果他（她）遵照理性决策的规范性准则行动，上述函数规定了个体如何为结果赋值。此外，在期望效用理论等式（4.2）中，个体感知的结果的概率符合它们的客观值。相比之下，在前景理论中，遵循编辑阶段的对象面临完全相同的选择值，根据如下函数进

① 卡尼曼回忆他们曾特意想起一个名字，希望不会让人联想到经济学和心理学中其他的现象或理论（Kahneman，2002）。实际上，在JSTOR数据库中只找到了一个怪异的反例。1977年，芝加哥大学的艾德蒙德·W. 基奇在《法律与经济学杂志》（*Journal of Law and Economics*）上发表了一篇论文，提出了一种新的关于专利制的经济理论，“为方便论述，关于专利制的这种理论将被称作前景理论”（p. 266）。

行选择：

$$V(x,\ p;\ y,\ q)=\pi(p)v(x)+\pi(q)v(y) \tag{4.3}$$

其中，v 和 u 相似，但是以实验中的实证观察为基础，而不像 u 那样以公理定义的效用为基础；其参照点是个体，而不是客观规定的基准；并且在损失域中具有风险追求的特征。类似地，结果概率也受到个体感知偏误的影响。①

乍看起来，用个体"价值"而不是效用标记选择结果似乎没有必要，而且令人费解。心理学家和经济学家对价值和效用等概念的使用混乱不清，这只是其中的一部分。其他的例子包括在第 1 章和第 2 章说明的围绕冯·诺依曼和摩根斯坦对效用概念使用的讨论，以及在第 3 章讨论的爱德华兹和其他行为决策研究者在他们自己的勒温框架中对效用概念的重新解读。但是，这样做灵巧地脱离了其他含义或释义。术语"价值"指的是某个选项的主观吸引力。卡尼曼和特沃斯基用价值代替效用，从而设计出一个让心理学家和经济学家都能接受的框架。对心理学家来说，价值框架和勒温的效价框架相似。对经济学家来说，价值框架保留了传统的个体预期估值的框架，但同时用价值取代了效用，允许出现个体经济行为偏离冯·诺依曼-摩根斯坦期望效用的可能。此外，从历史角度看，价值是经济学中的核心概念，可以很好地用来表征经济个体从某个具体选项中得到的快乐。 123

前景理论与本质上是心理物理学的内容的联系，与和阿莱的研究的联系（Allais，1953b，1979）相似，比冯·诺依曼和摩根斯坦（2004 [1944]）以及萨维奇（1954）的研究都更直接。本书第 2 章在讨论阿莱-萨维奇争论时曾简单介绍过心理物理学。心理物理学源于 19 世纪德国的心理学传统，它将人类思维理解为这样一种感知机制，即随着刺激力量的逐渐增强，感知的边际敏感度逐渐下降（Boring，1929；Danziger，1997；Heidelberger，2004）。卡尼曼和特沃斯基遵循心理物理学的思路指出，"目前理论的本质特征是价值的载体在财富和福利之间变换，而不具有某种最终状态"，而且"该假设是和感

① 在卡尼曼和特沃斯基 1979 年的论文中，从实验中推出的主观概率曲线表明，个体感知的某个事件空间的概率加总起来可能不到 1，因此违反了柯尔莫哥洛夫公理（Kolmogoroff，1933）。特沃斯基和卡尼曼 1992 年的论文（Tversky and Kahneman，1992）提供了这一问题的解决方案。

知与判断的基本原理相容的”。基本原理是

> 我们的感知机制熟悉的是对变化或差异的估值，而不是对绝对量的估值。当我们对亮度、音量、温度等属性做出反应时，过去和现在的经验、环境决定了调整的水平，或者提供了参照点。我们对刺激的感知依据的是它与参照点的关系。因此，触摸某个固定温度的物体有可能感觉热，也有可能感觉凉，取决于当时人们已经适应了的是什么温度。(Kahneman and Tversky，1979，p. 277)

124 卡尼曼和特沃斯基将这一基本论点拓展到了其他属性上：“同样的原理适用于非感官属性，如健康、声誉和财富。比如，同样水平的财产，一个人认为是一贫如洗，另一个人可能认为是庞大的财富，这取决于他们当下的资产状况”(Kahneman and Tversky，1979，p. 277)。与阿莱相似，卡尼曼和特沃斯基指出心理物理学的这条原理是包括经济学在内的所有行为科学的基本命题。

卡尼曼和特沃斯基使用直觉推断和心理物理学的框架建立了一个理论。其中，个体努力做出最好的决策，但经常被观察到做出系统性地偏离规范正确决策的决策。个体努力做到最好，但是由于人类为了使决策问题容易处理而使用直觉推断对问题进行了重构，也由于他们特有的感知系统会歪曲刺激，因而他们经过周密思考做出的决定可能偏离规范正确的方案。为了保留规范性理论，同时允许出现人们会系统性地、持续性地偏离规范的结论，卡尼曼和特沃斯基不得不切断了规范性理论与描述性理论之间的联系。人，或者说正常健康的成年人，用萨维奇和爱德华兹的话说能够正常正确推理的人，不能够再被期待会遵照规范性准则行动了。

最终，前景理论建立在科学的权威之上，哪怕科学家的第一直觉反应也可能是错的。前景理论把决策理论的公理当作行为规范，并且发展了度量框架，以使得实验观察结果能够（与理论）相一致。对公理规范的偏离被认为是误差或者错误，没有任何涉及规范方面的意义。因为已经对规范性理论和描述性理论做了明确分离，现在有可能在描述性领域建立一个独立的决策理论，而不涉及规范性理论。前景理论认为人们对于概率和支付等输入的感知是有偏误的，就像他们对感官性的输入如温度和重量的感知有偏误一样。

5. 卡尼曼–特沃斯基视角能够成功的解释

卡尼曼和特沃斯基的研究只是一支庞大的研究文献体系的一部分，这些文献涵盖了心理学、经济学、数学，研究目的是批判或者（以及）阐述由冯·诺依曼和摩根斯坦（2004 [1944]）开创的行为的公理化（Gigerenzer and Murray，1987；Goldstein and Hogarth，1997；Hogarth and Reder，1987；Guala，2000；Fishburn，1981）。 125
这些文献中有的取得了相对更大的成功，但可以说，其中几乎没有可以与卡尼曼和特沃斯基的研究相提并论者。卡尼曼获得 2002 年诺贝尔经济学奖和他们的研究被引用的次数便是很好的说明（如 Laibson and Zeckhauser，1998）。但同时，卡尼曼和特沃斯基的研究也遭受了大量的批评，其中的部分原因可能正是来自他们取得的成功和影响力本身。

被重复次数最多的批评是卡尼曼和特沃斯基相信人们是非理性的。论点是如果人类能把人送上月球并安全地收回，那么人类就不会有多么非理性。爱德华兹是这种观点最著名的倡导者之一，他感觉如果人们真像卡尼曼和特沃斯基的理论中说的那样对不确定性的评估能力非常之差，而同时又能够娴熟地驾驶汽车，这是不可思议的。爱德华兹从来没有阐述过他对特沃斯基和卡尼曼研究的保留意见，可能是担心有损他的项目的连贯性，但是，他不认同他们的研究也不是什么秘密（如 Phillips and von Winterfeldt，2006）。[①] 20 世纪 80—90 年代出现了一股批判卡尼曼和特沃斯基关于人类决策行为方法的热潮。科恩 1981 年的那篇论文（Cohen，1981）在哲学批判中是最突出的。实验心理学内部最广泛的批判则是来自格尔德·吉仁泽（生于 1947 年，请参阅 Gigerenzer，1991，1993，1996；Gigerenzer and Murray，1987；Sedlmeier and Gigerenzer，1997，2000；Hertwig and Gigerenzer，1999）。卡尼曼和特沃斯基明确回应的只有吉仁泽的批判（Kahneman and Tversky，1996）。其他的批判者还包括洛普斯

① 克兰茨 2008 年采访记录，道斯 2008 年采访记录。

(Lopes，1991)、考斯米德与托比（Cosmides and Tooby，1996)。因此，关于卡尼曼和特沃斯基这两位心理学家的研究的最突出的问题便是为什么他们比其他人更加成功，尽管他们也受到了广泛的批评。据我看来，有三方面（原因）最为突出。[①]

(1) 善意的批评与规范性-描述性混乱。

战后，人们认为科学是理性、公正和无偏见的，是最高和最终的法官，而卡尼曼和特沃斯基的研究属于战后科学的一部分（Amadae，
126 2003；Mendelsohn，1989；Hollinger，1995；Selcer，2009)。但不止如此。在19世纪和20世纪的心理物理学和实验心理学中，科学家是刺激的客观值方面的最终专家，因为刺激值的大小是由他们决定的（Boring，1929；Danziger，1997；Heidelberger，2004)。实验心理学家想了解个体如何感知一个灯泡的亮度的不同阶段。很自然，实验心理学家知道亮度的不同阶段的客观值是什么，因为实验就是他们自己设计的。爱德华兹将该实验心理学项目应用到了决策中，但是限制了科学家的超越别人的知识（Edwards，1954，1961)。和萨维奇一样，爱德华兹强调所有正常健康的成年人都能够评估理性决策的公理，并假设任何一个人经过认真思考后都会认同他的公理。爱德华兹采用了萨维奇的框架，假设人类决策在原则上遵循理性公理，并且特沃斯基在20世纪60年代的研究中也是这样做的。

卡尼曼和特沃斯基的研究虽然改变了萨维奇和爱德华兹以及经济学家们早期的研究，但是并没有直接证明他们是错的，让他们名声扫地。在前景理论中，卡尼曼和特沃斯基采用了实验心理学、行为决策研究和数学心理学中标准的规范性-描述性区分，并且假设经济学家采用完全相同的区分。这部分反映了行为决策研究和心理学对经济学的标准理解。不应该忘记的是，爱德华兹将经济学家的个体行为理论看作是规范理论。因而，一个可能的结论是卡尼曼和特沃斯基不太熟悉经济学家对实证性与规范性（术语）的使用，而认为这些术语与行为决策研究中的描述性和规范性具有同样的含义。但是，卡尼曼和特沃斯基对描述性和规范性的使用也可以看作是他们为了让经济学家相信前景理论与经济学的相关性而采取的一种很聪明的做法。值得注意

① 更详细的解释请参阅汉兹的研究（Hands，2011)。

的是，在他们之前的直觉推断与偏误理论中，对规范性与描述性的使用同样扮演了重要角色。卡尼曼和特沃斯基的前景理论并没有说经济学家的理论完全没有意义或者是没用。相反，他们声称理解经济学是在用一种理论涵盖规范性与描述性两个领域。他们完全认同经济学的规范性部分，因为这部分和行为决策研究的实践吻合得很好。但是，卡尼曼和特沃斯基指出经济学家将同样的理论应用到描述性领域时却犯了错误。

卡尼曼和特沃斯基的方法与其他著名的对经济学的批判（如西 127
蒙）存在微妙却根本性的差别。西蒙认为经济学拥有在规范性和描述性两个领域的追求目标，这一点与卡尼曼和特沃斯基一样。但与他们不一样的是，西蒙认为经济学完全走错了路。对西蒙来说，（他所理解的）新古典经济学的规范性理论太过僵硬，不允许对最优行为进行改进。将这种静态的规范性理论用作真实人类决策行为的描述明显很荒谬（如 Simon，1959，1978，1987；有关西蒙对经济学的态度方面的概述和讨论请参阅 Crowther-Heyck，2005；Sent，2005；Mirowski，2002；Augier and March，2004）。卡尼曼和特沃斯基的敌意要小得多。事实上，他们赞成经济学当前的做法，只是建议做出部分调整。毕竟，行为决策研究和度量理论被认为至少是部分地建立在经济学之上的。因而，他们在前景理论论文的第二句话中指出“（期望效用理论）作为理性选择的规范性模型是广为接受的”（Kahneman and Tversky，1979，p. 263），并在整篇论文中将此视作是无可争辩的（事实）。卡尼曼和特沃斯基认为经济学家的期望效用最大化理论没有任何错误，和西蒙形成了鲜明对比。只不过，它是规范性理论，而不是有关真实观察到的人类行为的精准描述。经济学家不需要放弃期望效用最大化理论，而是应该探寻和这个规范性理论相对应的、合适的描述性理论。

因此，卡尼曼和特沃斯基并没有试图越过心理学和经济学的界限成为经济学家并试图对经济学做出贡献。确切地说，他们想做的是去掉经济学和心理学之间的界限，使他们的研究和经济学成为共同的行为科学的一部分。之后，他们便可以说他们的研究证明了目前的理论是错的，并且提出了切实可行的替代性理论。应该如何理解去掉界限呢？究竟是指让经济学的部分内容成为心理学和行为决策研究的一部分，还是指让行为决策研究成为经济学的一部分？就他们的论点来说，这并不很重要。（要传达的）信息是一样的，即行为决策研究者和经济学家是同一个科学项目的组成部分，而且尽管前景理论表明了许多经济学家具有部分性的错误，但问题已经解决了。卡尼曼和特沃斯基说明了前景理论（与共同的行为科学）的统一性。关于卡尼曼和特沃斯基在经济学圈里能够成功的第一个解释是他们提出的批评相对
128 友好，允许期望效用理论在规范性理论的标题下继续存在。而且，他们以前景理论的形式提出的描述性领域的替代理论和期望效用理论非常相似。

（2）新式实验的作用。

卡尼曼和特沃斯基关于人类决策的观点能够成功的第二个原因在于他们采用的实验的类型。他们之间的合作标志着对各自在 20 世纪 60 年代实验实践的背离。对于卡尼曼来说，不像特沃斯基那样令人惊讶。因为卡尼曼的视觉研究和他后来与特沃斯基的研究分属不同的领域。视觉研究需要在完全可控的实验室里进行，需要利用灯泡和屏幕上的点进行实验。对于特沃斯基来说，（前后的）差别更引人关注，因为他和卡尼曼的研究在很多方面是他早期研究和实验的延续。

特沃斯基 1965—1970 年的实验始终只需要几个实验对象。一个正常小组的规模只有七八个人。虽然并不总是明确说明，但大多数情况下实验者和实验对象之前就认识，这一点是清楚的。理由是实验对象修过实验者在大学里讲授的课程等诸如此类的情况。实验的进行遵循传统的实验心理学设计。实验对象通常被分配数字，比如从 1 到 7，每人一个。当讨论经验结果时，实验对象有时候会被逐个分析。在分析那些被认为更具一般性的行为模式时，这属于典型做法。于是便有这样的例子，在 1969 年发表的一个实验中，第 3 号实验对象的效用曲线因为形状特殊而被拿出来讨论，而在 1966 年的一个类似实验中，对比了实验对象在实验中的表现和他们在实验过后的采访中的表态（Tversky and Edwards，1966；Tversky，1969）。在这点上，特沃斯基的实验研究构成了 20 世纪中期的“推理革命”以前的研究的一个例证（Gigerenzer and Murray，1987，p. 182；或参阅 Danziger，1990）。换句话说，分析不是去计算实验对象反应的平均值，而是试图找到一个理论，能够解释观察到的实验对象的个体行为。此

外，实验中个体的测试相对较长。比如，在一个实验中（Rapoport and Tversky，1970），实验对象被要求判断两只灯泡中哪一只更亮，连续判断 1 000 次。实验由两到三组连续的测试组成，每一组持续大概一个小时。因此，实验需要花费相当长的时间。在特沃斯基的高时 *129*
间强度实验中，“实验对象每周来五次，连续七周，每次实验持续大约两个小时”（Rapoport and Tversky，1970，p. 108）。在实验方法上，特沃斯基在 20 世纪 60 年代做的实验在很多方面和瑟斯顿在 1931 年的论文（Thurstone，1931）中提到的方法相似。

卡尼曼和特沃斯基在 20 世纪 70 年代的合作研究中做的实验和他们各自在 60 年代做的实验都不相同。自 70 年代早期以来，实验便由调查问卷组成，要求调查对象（主要是学生）填写问卷中的假设性问题。调查问卷可以发放到各个地方，可以发给会场的参会人员、大学里正在上课的学生，或者某个周六下午到大型购物中心中发放。实验室实验提供了一种环境，其中所有的变量都可以被仔细监测。但卡尼曼和特沃斯基的调查问卷实验只提供调查问卷和填写问卷所需的笔，不需要单独的实验室空间。由于填写问卷最多只需要几分钟，也不需要向实验对象支付费用。卡尼曼和特沃斯基在他们 1979 年的前景理论论文中为这种新的实验方法做了辩护说明，并对它与另外两种研究方法进行了对比。首先，他们辨别了“实地研究”的方法。实地研究使用“自然主义的或统计学的观察”，在应用于某个新开展的研究领域时能够得出很重要的洞见，但最终也只能够提供“对定性预测的粗糙检验，因为不能充分度量概率与效用”（Kahneman and Tversky，1979，p. 265）。其次，他们识别了实验室实验的方法。该方法的缺点是赌注（或奖金）只能相对较小，并且由于经济原因，很难操作这样的实验，让实验对象在确定获得 300 美元和以 0.8 的概率获得 400 美元之间进行选择。卡尼曼和特沃斯基指出，可以证明第三种方法，即“假设性选择的方法”是应对他们所研究的问题的最好方法。它解决了实地研究中的不可控的问题，同时也解决了实验室实验中的外部有效性问题。但是，它建立在一些假设之上，人们“知道他们在真实的选择情境中将如何行动”，并且他们“没有隐藏自己的真实偏好的特殊原因”（Kahneman and Tversky，1979，p. 265）。

直觉推断与偏误项目、前景理论与新的、更宽松的实验方法标准

之间不存在直接的联系。换句话说，即便没有新的实验方法，直觉推
130 断与偏误以及前景理论基本上也能发展起来。但是，实验控制的新标准从根本上促进了卡尼曼和特沃斯基的研究。完全可以这样说，没有假设性问题的方法，他们就发展不出直觉推断与偏误及前景理论。比如说，几乎不可能将 48 位专业的心理学家集中到一个实验室中，然后询问他们对展示在他们面前的一张统计图的看法。因此，虽然卡尼曼和特沃斯基的直觉推断与偏误、前景理论和他们的实验方法之间不存在直接的联系，但是，如果没有新方法，很难说他们如何去检验、发展这些理论。[①] 因此，卡尼曼和特沃斯基新项目的成功可以部分归功于他们使用的新的实验方法。

（3）直观动人的例子。

卡尼曼和特沃斯基在经济学中成功的第三个原因可以归为他们有效地使用了直观动人的例子。在通常情况下，卡尼曼和特沃斯基研究中的论点不是通过理论解释给出的，即不是通过说明如此这般便是好的理论或更好地解释观察到的行为来给出的；而是通过提供实验对象被询问的问题给出的，这些问题可以让读者直观地理解他们试图证明的论点是什么。他们所使用的例子的吸引力随着时间的推移越来越强。可以论证，对于读者的直观感受来说，生育控制的例子已经比特沃斯基和卡尼曼在 1971 年论文中提出的统计检验的例子更具吸引力。随后，他们进一步发展了日常决策中能够打动实验对象和读者直观感受的例子。例如，在另一个实验中，向实验对象提出了如下问题：

> 一辆出租车涉嫌夜间交通肇事逃逸。该城市有两家出租车公司——绿公司与蓝公司。你拥有如下数据：
>
> (i) 该市中 85%的出租车是绿色的，15%是蓝色的。
>
> (ii) 有目击者认出逃逸的出租车是蓝色的。法庭检验了他在适当的可视条件下辨认出租车的能力。给出一组出租车样本
> 131 (一半是蓝色，一半是绿色)，目击者在 80%的情况下能够正确辨认，在 20%的情况下辨认失误。
>
> 问题：事故中的出租车有多大概率是蓝色而非绿色？(Kah-

① 我在这里不讨论不同的实验方法能否产生不同的数据和现象并在此基础上建立不同的理论等问题。很明显，萨维奇等人认为实验方法很重要，而卡尼曼和特沃斯基则认为实验方法远没有那么重要，这一点在前文已经有所说明。

neman，1980，p. 62）

多数人回答 80%，大概是基于目击者在多大程度上能够正确辨认颜色。但是，他们再一次忽略了基础概率的分布。运用贝叶斯定理可知，规范正确的答案是比 41%稍多一点。

卡尼曼和特沃斯基的实验问题中最著名的是所谓的琳达问题，而且没有因为他们的对手经常使用而（名气）稍减。琳达问题如下所述：

> 琳达今年 31 岁，单身，率真、聪明、阳光。她的专业是哲学。作为一名学生，她非常关注歧视与社会公正问题，并且参加了反核游行。
>
> 下列哪种情况更有可能？
>
> 1）琳达是一名银行柜员。
>
> 2）琳达是一名银行柜员，并积极参加女权主义运动。
>
> （根据 Tversky and Kahneman，1983，pp. 297，pp. 299 总结得来）

平均来看，存在很强烈的偏误认为选项（2）比（1）的可能性更大，而忽略了（2）在逻辑上包含于（1）的事实。因为这种偏误说明了人们没有看到两个或更多事件联合发生的概率不可能超过其中某一个事件发生的概率，这种偏误便被称为联合谬误。

这些例子的吸引力与直观性提供了卡尼曼和特沃斯基能够成功的第三个原因。因为他们论文的读者能够将这些例子与他们自己的日常决策联系起来。也正是因为这些例子，卡尼曼和特沃斯基在 20 世纪 80—90 年代遭到了一些强烈的反对。他们的对手通过解构他们的例子和说明或者提供反例提出了反对意见。比如说，他们表明从观察到的行为中可以得出不同的结论，或者对另一组假设性问题的回答证明卡尼曼和特沃斯基的结论是错的（如 Gigerenzer，1991，1993，1996；Hertwig and Gigerenzer，1999；Lopes，1991）。

6. 总　结 *132*

20 世纪 60 年代晚期，令特沃斯基纠结的方法论矛盾涉及的问题是如何将《博弈论与经济行为》(von Neumann and Morgenstern, 2004 [1944]) 及《统计学基础》(Savage, 1954) 的内省或直觉偏误与实验结果结合起来，这些实验结果具有多种指向，但只是偶尔指向直觉理论。鉴于公理被看作是内省或直觉性的真理，只能通过内省或直觉推理来证明它们是错的。度量理论和规范性决策理论显然不能被看作（或用作）可以被实验证明是错误的理论。但是特沃斯基想尽量利用他得到的实验结果，从而，他实际上被夹在了“度量理论和决策理论的公理的直觉性真理”和他的实验所揭示的行为偏离之间。他必须做出选择，或者认真对待他的实验，或者接受度量理论与决策理论的公理。

20 世纪 70 年代早期，卡尼曼为特沃斯基提供了一种解决方案，既能够接受实验中行为偏离的有效性，又能够保持度量理论和决策理论基本部分的完整性。卡尼曼和特沃斯基的研究提出了一种想法，认为虽然个体在决策中应该遵循逻辑学、贝叶斯更新和期望效用计算等规范性理论，但事实中个体会系统性地、可预测地偏离这些规范。

卡尼曼和特沃斯基提出的直觉推断与偏误理论让他们在行为心理学中留下了名声，也在更一般的认知科学中留下了名声。他们的理论保留了从一系列最优或规范性行为准则开始进行推理的框架。该框架是冯·诺依曼和摩根斯坦（2004 [1944]）以及萨维奇（1954）开创的。但同时，直觉推断与偏误理论严格区分了规范性与描述性领域。尽管卡尼曼与特沃斯基因此背离了爱德华兹的方法，但（他们的理论）仍然完全属于人体工程学项目，它将容易犯错的人类行为与工程解决方案的明确目的，即改进人类决策联系起来。前景理论及相关论文在《计量经济学》杂志上的发表，使得经济学家也加入了卡尼曼和特沃斯基的受众圈子。然而，尽管卡尼曼与特沃斯基措辞巧妙，而且在心理学家圈子中已经取得了成功并与一些经济学家开展了合作，但仍然不清楚整个经济学家团体将如何回应他们的理论，前提是假设经济学家们会认真听取他们的理论。下一章将表明，在经济学家圈子中针对卡尼曼和特沃斯基的回应有两种截然不同的意见。

第5章　经济学对心理学实验的整合与行为经济学的创立

1. 引　言 133

丹尼尔·卡尼曼与阿莫斯·特沃斯基的前景理论发表在《计量经济学》杂志上，这是经济学中最顶尖的期刊之一。大致说来，在经济学家中可以区分出两种反应。多年来，理查德·塞勒（生于1945年）最为积极倡导将卡尼曼和特沃斯基的方法应用于经济学，相关研究后来发展成行为经济学。相反，另外一种针对心理学家的回应遵循了弗农·史密斯（生于1927年）的实验经济学思路。大卫·格雷瑟（生于1939年）和查尔斯·普洛特（生于1938年）在构想后一种回应的过程中发挥了至关重要的作用。关于同样的心理学实验得出的两种不同解读，构成了人们看待经济世界的两种不同方法。

20 世纪 50 年代末 60 年代初，史密斯率先在经济学中使用了实验。相关论文发表在 1962 年的《政治经济学杂志》上，标题为《竞争市场行为的实验研究》（An Experimental Study of Competitive Market Behavior）。这篇论文是史密斯和他人合作的，现在已经非常著名。此外，在随后的几十年中，史密斯在背后推动着实验经济学逐渐成长（Lee，2004；Lee and Mirowski，2008；Leonard and Fontaine，2005）。20 世纪 70 年代，格雷瑟和普洛特已经加入了史密斯的实验项目。鉴于当时行为决策研究产生的大量实验结果，两位经济学家感觉到迫切需要从经济学学科的角度发表对这些心理学实验的意见。令他们非常惊讶的是，他们自己的实验支持了心理学家的（实验）结果。这促使格雷瑟和普洛特，随后还有史密斯，完全抛弃了“偏好理论是初始人类行为的有效描述”的认识。若非如此，他们一定会给偏好理论贴上“有效描述”的标签。然而，在他们的理解中，
134 实验结果仅仅证实了时间在推动市场走向更高程度理性中的作用。

一个由金融经济学家和其他经济学家组成的团体从同样的实验结果中得到了截然不同的结论。这个团体最初时呈现出多样化且缺乏组织，领导者应该是塞勒。他们把实验结果看作是在金融市场上观察到的异象的证据，而且把卡尼曼和特沃斯基的前景理论视作能够取代传统的有关人类行为的微观经济模型的最重要的竞争者。阿尔弗雷德·P. 斯隆基金会的行为经济学项目（该项目后来被转到了拉塞尔·塞奇基金会）在这项跨越经济学和心理学的新研究课题中起到了重要的推动作用。①

---

① 很多人不认同这种看法，如瓜拉（Guala，2005）、弗里德曼与森德（Friedman and Sunder，1994）、戴维斯与霍尔特（Davis and Holt，1993）都认为卡尼曼和特沃斯基 1979 年关于前景理论的论文对实验经济学做出了重要贡献。类似地，鲍尔斯把所有现有的文献整合在同一个框架里，并命名为“微观经济学”，副标题是“行为、制度与演化”。粗略地看，该文献基于史实得出的观点是：行为方式（方面）的研究能够产生的原因是实验经济学铺垫下的基础性、准备性的工作。行为研究被认为给聚焦于个体的实验项目增加了新的内容。另外，史密斯（如 Smith，1989，2008）和普洛特（如 Grether and Plott，1979，1982）等作者则认为，历史上，行为项目和实验经济学没什么联系。他们认为行为项目是一种心理学理论，因而并不属于经济学。同样，卡尼曼（2003）、勒文施泰因（1999b）、卡默勒与勒文施泰因（2004）从行为的视角指出，在实验经济学家以令人困惑的方式混合在一起的时候，行为经济学已然成长为一个杰出的项目。类似地，关于 2002 年诺贝尔经济学奖被颁发给弗农·史密斯和丹尼尔·卡尼曼，（我们）可以得出不同的解读。我们可以认为经济学中最具声望的奖项的分裂意味着不在两个根本不同的阵营之间保持立场，也可以认为奖项只是被颁发给了广泛的实验经济学领域最重要的两位研究者。当然，历史分析总是会强调一种解读，而忽略另一种。即便如此，我认为将行为经济学与实验经济学看作完全不同的项目是最好的分类方法，有助于理解 20 世纪 80—90 年代的相关进展。

我将在第 2 部分介绍史密斯在 20 世纪 60—70 年代创建的实验项目。格雷瑟和普洛特以此项目为基础检验了心理学家的实验结果，得出了与经济学相关的结论。第 3 部分将表明金融经济学家，尤其是塞勒，是如何回应心理学家这些经过证实的发现的。第 4 部分将讨论行为经济学的后续进展，包括来自斯隆-塞奇行为经济学项目的关键性的支持。

2. 史密斯实验经济学对心理学行为偏离的证实与吸收 135

要想了解 1980 年左右围绕实验在经济学中的使用所发生的事情，我们首先需要了解史密斯的实验经济学。在 20 世纪 50—70 年代，史密斯逐渐得出结论，认为经济学需要改变（如 Lee，2004，2008；Smith，1959，1962，1965，1967，1974）。他的实验构成了这一结论的重要基础。史密斯强调时间是市场达到均衡的必要条件，并且指出应该使用实验来研究随着时间的推移，是哪些因素决定着市场把经济推向哪种均衡。据他所说，经济学过于理论化了，没能严肃认真地观察现实世界中的真实行为。举例来说，他抱怨保罗·萨缪尔森的《经济分析的基础》（*Foundations of Economic Analysis*，Samuelson，1947）和罗伊·艾伦的《经济学家的数学分析》（*Mathematical Analysis for Economists*，Allen，1938）等标准参考书仅仅讨论了“理论的纯形式属性”（Smith，1959，p. 65），在应用于真实世界的问题时几乎没什么直接用处。他抱怨这些作者谈到了生产函数的“投入”，却没有（对投入）做任何解读。史密斯指出，当人们这样做时，便立刻被迫区分不同种类的投入，这会导致得到非常不同的数学结果。史密斯不止一次地强调，他的观点不同于标准理论，具有“非常真实的经济意义”层面的含义（Smith，1959，p. 67）。

史密斯的实验结果和他对现代经济学日益增长的不满，导致他在 20 世纪 70 年代中期发表了强烈谴责。“我相信 1960 年以前的微观经济理论走入了死胡同，”史密斯写道，并马上提出了备选方案，“新的微观理论将会而且应该研究组织与制度的经济基础，这要求我们建立信息经济学，以及进行对交易技术的更精致的处理”（Smith，1974，

p. 321)。尽管如此，史密斯并没有认为 1960 年以前的微观经济学应该被抛弃，而是应该对其理论框架进行严肃的修改与拓展。更广泛地说，经济学中的实验研究兴起于战后 20 世纪 40 年代中期至 50 年代中期，运筹学学者、计算机科学家、数学家、经济学家和心理学家之间曾有过一段短暂的合作。其间还出现了关于冯·诺依曼和摩根斯
136 坦公理的争论，如本书第 2 章所述（Dimand，2005；Weintraub，1992；Lee，2004）。史密斯参与了有关萨维奇等人的决策理论的讨论，原因在于相互之间的联系被认为足够紧密。在《测度不确定选择中的非货币效用：艾尔斯伯格盒子》（Measuring Nonmonetary Utilities in Uncertain Choices：The Ellsberg Urn）这篇论文中，史密斯就随后产生的阿莱、艾尔斯伯格等人关于违反萨维奇规范性理论的争论提出了自己的观点。艾尔斯伯格采用了一个“假设性的实验”，首先用来否定萨维奇的“确定性原则”（也称独立性公理）。确定性原则说的是如果在两种状况之上发生了相同的事件，则与之前相比，个体在两种状况之间的偏好不会发生改变；换句话说，偏好独立于任何可能再发生的事件（Ellsberg，1961；Savage，1954，pp. 21－26）。艾尔斯伯格得出了挑衅性的结论，“萨维奇方法给出的预测是错的，而且……建议是糟糕的”（Ellsberg，1961，p. 669）。

史密斯针对艾尔斯伯格观点的回应具有重要意义，因为回应表明史密斯努力在萨维奇的理论和反对者（的观点）之间找到一种平衡，他试图在截然相反的理论及实验之间建立（沟通的）桥梁。史密斯在论述开始时提道：“我的立场和萨维奇、雷法、施莱弗一样，他们声称不会有意识地想去违反公理”。然而，他并不愿意与萨维奇保持完全一致，“虽然这样说，但我并不打算断言那些按照我的判断‘知道自己在做什么’的人，即真的有意识违反公理的人，就是错了，并且应该受到一些训练或‘教育’”（Smith，1969，pp. 324－325）。

因此，史密斯的立场和萨维奇等决策理论家，以及爱德华兹、卡尼曼和特沃斯基等行为决策研究者的立场具有关键性的不同。史密斯指出人们有足够的理由违反公理。例如，他们可能会考虑朋友、同事等其他人如何看待他们的决策。对史密斯来说，至关重要的是，违反甚至是系统性地偏离萨维奇公理也没有问题，因为随着时间的推移，市场能够修正这些错误。在萨维奇、爱德华兹和特沃斯基看来，某个

决策要么是规范正确的（理性的），要么是规范错误的（非理性的）（Savage，1954；Edwards，1954，1961；Tversky，1969）。史密斯则认为理性是一个内容和程度的问题。人们可能在开始的时候偏离理性，但是在市场环境中，市场制度能够保证他们会在适当的时间将行为调整到符合理性规范。史密斯的看法是“即使萨维奇公理基本上说只能算作是规范性理论，它仍然能帮助我们理解真实行为”（Smith，1969，pp. 324-325）。规范性理论表明人们在何时何地偏离了规范，在这个意义上，它指导着人们描述观察到的行为。但它还可作为对市场均衡时人类行为的描述，从而帮助我们理解市场中的决策行为如何随着时间调整。 *137*

史密斯的实验和行为决策研究者做的工作的另外一个不同之处是他的决策者不是个体对象而是经济单位。例如，在一篇关于投资和生产计划的理论文章中，史密斯开篇即提道：“我们设想的个体决策单位，我们称之为‘厂商’”（Smith，1960，p. 168）。决策理论和心理学家的实验中的决策个体是人类个体，史密斯的理论和实验与之不同，其中的决策单位是厂商、消费者和生产者一类的经济单位。史密斯对个体本身不感兴趣，他感兴趣的是个体扮演的特定经济决策单位的角色。

实际上，我们甚至可以说史密斯对个体作为经济决策单位也不感兴趣，他感兴趣的是随着时间的推移，市场制度如何影响决策单位的行为。史密斯在《关于歧视与完全竞争两种市场中密封投标拍卖对比的实验研究》（Experimental Studies of Discrimination Versus Competition in Sealed-Bid Auction Markets）中说明，实验的“主要目的”是“研究两种不同的市场组织形式中的个体投标行为和价格决定：（1）价格歧视……和（2）完全竞争”（1967，p. 56）。应该研究的不是个体单位的行为，而是影响个体行为的市场组织。个体在数学心理学和行为决策研究中是度量（普通）个体心理特征的工具（见第 3 章）。在史密斯的实验中，个体是度量市场机制的特征的工具。

概括起来，由于史密斯的实验联系了行为决策研究中心理学家的实验，而且由于史密斯在不同的时点积极参与了决策理论的讨论，看起来实验经济学、决策理论和行为决策研究在 20 世纪 60—70 年代是在协同发展的。但是史密斯的实验经济学和心理学家的实验至少在两个方面存在关键性的不同。第一，史密斯没有研究人类个体，而是研究经济决策单位。他只对人类个体作为经济决策单位的角色感兴趣。
138 第二，史密斯没有采用静态观点，静态观点认为个体偏离了规范性理论就是犯了错误。相对而言，史密斯对决策行为随着时间的变化感兴趣，对导致这种变化的环境感兴趣。他的观点是系统在没有外生改变的条件下会趋向“稳定均衡”。史密斯曾经至少一次将这种观点称为“粗糙的宏观生物学方法”（Smith，1968，p. 410）。

但是，史密斯也没有完全摒弃行为决策研究的实验结果。20 世纪 70 年代，行为决策研究得到的一连串结果表明个体违反了理性选择理论，这要求实验经济学家明确观点。格雷瑟和普洛特参与了史密斯在 20 世纪 70 年代的实验经济学研究。他们决定检验行为决策研究者的实验结果。开始时，他们只提到了保罗·斯洛维奇和萨拉·利希滕斯坦的实验，但把它们看作一般的心理学家的实验的代表，因而把它们称作产生“心理学结果”的“心理学实验”。他们之所以能够容易地检验心理学家的实验结果，是因为可以获得所有的素材和专业知识。实验经济学的兴起营造出来一种环境，即经济学家不需要学习新的方法和技巧就可以检验心理学家的结果。格雷瑟和普洛特检验了他们能想到的关于结果的各种解释，试图证伪心理学家的发现（Grether and Plott，1979，1982）。而且，他们认为（实验）经济学的标准比心理学的标准更加严谨，因此，打算基于前者检验后者的实验结果。经济学中的实验方法的兴起使得实验经济学家自信他们可以以其人之道还治其人之身，从而打败心理学家，或者至少使用他们自己的实验方法批判性地评估心理学家的研究。

格雷瑟和普洛特（Grether and Plott，1979，1982）关注所谓的“偏好逆转”和“不可传递性”。偏好逆转是指当同样的选择的表述方式发生变化时，个体的偏好随之改变。不可传递性则表明真实的个体偏好并不总是可以传递。① 格雷瑟和普洛特非常怀疑心理学家提出的

① 他们对行为决策研究者实验的引用只包括几篇文献，即斯洛维奇和利希滕斯坦的研究（Slovic and Lichtenstein，1971，1973）。然而，斯洛维奇和利希滕斯坦迅速在《美国经济评论》（*American Economic Review*）上评论指出，“在心理学文献中存在大量关于偏好逆转的研究，这里都忽略了。而且，逆转不应被视作一个孤立的现象，它只是一大类违反偏好模型的发现中的一个”（Slovic and Lichtenstein，1983，p. 597）。

实证证据，并且注意到经济学家和心理学家使用理性选择理论的目的并不完全一致（Grether and Plott，1979）。他们强调“毫无疑问，心 139
理学家解释了人类选择行为的一个成体系的、有趣的方面”（Grether and Plott，1979，p. 624），但他们怀疑：（1）这些现象在更典型的经济环境中是否成立，以及（2）这些现象能否通过经济理论得到解释。

格雷瑟和普洛特的主要担心是心理学家的实验结果是由实验设计产生的人造产品。他们提出了多达 13 种方法论和经济理论的解释来说明证伪结果的出现：（1）没有使用真实货币，导致不能正确规定激励；（2）实验对象不同的收入可能影响了部分实验；（3）在大多数心理学实验中，两个选项之间不可能无差异；（4）实验对象可能没有给出真实的卖价或应价，而是采取了策略行为；（5）从使用的博彩中主观感知的概率可能不等于客观真实的概率；（6）实验对象可能按照字典顺序选择，如同特沃斯基的逐项排除理论那样，这可以解释温和形式的偏好逆转；（7）选项之间的星级（重要性级别）可能过于密集，导致表面上的不可传递性，比如特沃斯基的研究（Tversky，1969）；（8）决策成本相对于预期支付来说可能太高，使得实验对象不愿去尝试；（9）实验对象面临的选项可能包含了太多的信息，他们在规定的时间里没办法去处理；（10）实验对象可能混淆或者误解了实验；（11）报告的现象可能只发生在少数几个实验对象身上；（12）实验对象是相对来说不谙世故的心理学本科生，但是那些见多识广的对象有可能做出更理性的选择；（13）实验者是心理学家，这会使得实验对象怀疑实验的真实目的，从而改变他们的行为。①

其中最后一条解释尤其能够说明格雷瑟和普洛特竭尽全力去证明心理学家的发现都只是人造产品。用他们自己的话说，“本文报告的一系列实验结果，旨在证明心理学家致力于经济学的研究是不可信的”（Grether and Plott，1979，p. 623）。格雷瑟和普洛特的主题思 140
想是针对心理学家发现的每一条可能的解释都需要被控制住，理由是即使原因仅仅是实验者是心理学家，实验结果也不应该被当真。格雷瑟和普洛特设计了两个实验，控制了所有 13 条可能的解释。他们明

① 格雷瑟和普洛特的反对与论据让人联想起沃利斯和弗里德曼（1942）针对瑟斯顿（1931）的反对，本书第 1 章讨论了相关内容。尽管二者阐述的时间不同，针对的心理学的文章也不同。

确了激励，而且实验设计得特别简单，可以确保所有实验对象都能够理解他们做出的选择。此外，除了使用本科生，他们还使用了研究生，而且向实验对象讲清楚他们是经济学家，而不是心理学家，并且他们考虑到了特沃斯基的两条可能的解释。但是让他们大为惊讶的是，得到的结果居然和心理学家的一致。因此，他们仍然和“刚刚了解到这个问题的读者一样困惑”（Grether and Plott，1979，p. 624）。

格雷瑟和普洛特的第一篇论文与卡尼曼和特沃斯基的前景理论论文发表在同一年。但在 1982 年，格雷瑟和普洛特承认前景理论是偏好理论的突出例子，它修改了理性选择理论的许多假设，从而可以解释经验发现（Grether and Plott，1982）。但是，格雷瑟和普洛特指出前景理论也不能解释他们的实验结果：“我们需要强调，实验现象带来的问题不只是针对期望效用理论，而是针对整个偏好理论。前景理论作为特殊形式的偏好理论，也不能解释实验结果”（Grether and Plott，1982，p. 575）。

格雷瑟和普洛特从实验结果中得出的结论很重要，因为它为在接下来的二三十年里实验经济学家如何回应此类发现设立了标准。他们认为实验结果显示的真实行为和理性选择理论之间的不一致性“比只是缺乏传递性或随机传递性要更加深刻”。实证结果表明“即使最简单的人类选择背后也**不存在任何形式的最优化原则**”（Grether and Plott，1979，p. 623，强调后加）。格雷瑟和普洛特相信不能通过对理性选择理论相对微小的调整就使它囊括经验结果。他们得出的激进结论是效用最大化和理性选择不能描述、解释个体决策行为，因此应该把它们彻底抛弃。

尽管如此，同样重要的是，格雷瑟和普洛特并没有表明效用最大
141 化和理性选择对市场行为的描述是无效的。实验结果仅表明，在最终市场均衡时，经济对象的行为遵循理性选择和效用最大化，但在开始时则遵循某个完全不同的、尚待发展的理论。市场组织运行在个体行为和市场行为之间，不断地对个体行为进行约束和合理化，进而形成市场行为，因此，对个体理性最优化的证伪，并不意味着理性选择不再能够描述均衡市场行为。恰恰相反，实验结果强调随着时间的推移市场机制合理化个体行为的作用。格雷瑟和普洛特的实验是受史

密斯的启发，而史密斯反过来接受了格雷瑟和普洛特的结论（如 Smith，1982，1989，1994，2008）。

因此，关于实验经济学家在 20 世纪 80 年代早期对行为决策研究的接受和使用情况，有两个重要方面需要强调。第一，实验经济学家（首先是格雷瑟和普洛特）证实了心理学家提供给经济学家的实验发现。在格雷瑟和普洛特之后，已经不再可能仅仅由于实验发现是心理学家提供的，就对它们不予理会。第二，格雷瑟和普洛特提出了他们自己的关于主体经济行为和市场的作用的独特观点。实验结果表明，偏好理论作为经济主体面临选择时的初始决策的描述是完全无效的，但同时也强调了市场在推动经济主体行为走向更理性中的作用。

3. 塞勒的经济异象与行为金融的创建

实验经济学家格雷瑟和普洛特证实了心理学实验的结果后，经济学家便可以根据自己的喜好自由运用心理学的发现了。继实验经济学家之后，新一代的经济学家开始将实验结果运用到金融市场上，其中包括沃纳·德邦特、劳伦斯·萨默斯、罗伯特·席勒和安德烈·施莱弗（De Bondt and Thaler，1985，1990；Summers，1986；Shleifer，2000；Shiller，1979，1981，1989，2000）。更著名的早期贡献者还包括肯尼思·阿罗和理查德·罗尔（Arrow，1982；Roll，1981，1983）。但是，罗彻斯特大学的商业经济学家理查德·塞勒是这个团体自 20 世纪 80 年代初之后最活跃、最具影响力的经济学家。这些经济学家在理论上对心理学家的实验结果的使用方式大致相似。他们和 142
实验经济学家一样，明确引用了斯洛维奇、利希滕斯坦、卡尼曼和特沃斯基的实验结果，而把其他结果看作是“心理学的”，把这些结果的提出者明确等同为“心理学家”。但是他们从“心理学”实验结果中得出的经济学结论与实验经济学家截然不同。

若要理解其中的原因和发生过程，我们需要退后几步，从金融经济学的兴起开始。在战后的新古典经济学中，市场在很大程度上成了一个空泛的概念。一般均衡理论把个体行为和市场行为直接联系起来，市场只不过是所有个体行为的加总。20 世纪 60—70 年代，经济学中出现了一个新的领域，即在新古典理论基础上对股票市场行为进行实证研究。新领域沿袭了 20 世纪 50—60 年代莫迪利安尼、默顿·米勒、哈里·马科维茨的研究，在 20 世纪 60 年代后期和 70 年代逐渐成为新古典经济学的正式分支，并被称为“金融经济学”（Jovanovic，2008；Poitras and Jovanovic，2007；MacKenzie，2006；Mehrling，2005，2011）。连接股票市场的实证研究和新古典经济学的是渐渐被人所熟知的有效市场假说。有效市场假说表明了新古典经济学在股票市场（以及与此有关的所有市场）方面的理论见解（Jovanovic，2008）。“价格一直能够‘完全反映’可得信息的市场称为‘有效’市场”（Fama，1970，p. 383）。

金融经济学家面对的核心问题是：究竟股票市场是如理论预测的那样有效还是无效？如果是无效的，则需要一个解释。两种相反的意见在 20 世纪 60 年代后期至 70 年代都得到了发展。麻省理工学院的保罗·库特纳、亨德里克·霍萨克等人，受本华·曼德博等的启发，提出并论证的命题是股票市场是无效的（Jovanovic，2008；Mirowski，1989，1990；Sent，1998）。霍萨克指出，“价格变化不是完全随机的，而是遵循着更长期的趋势”（转引自 Jovanovic，2008，p. 228）。讲到库特纳，他不情愿地支持曼德博的研究，评论说：“如果我们允许自己被愚弄，从而相信高斯分布是可行的，有没有可能说（曼德博）革命也成了不切实际的?”（Cootner，1964，p. 418），但他
143 确信“股票市场不是随机游走过程”（库特纳，转引自 Jovanovic，2008，p. 225）。

芝加哥大学商学院持有完全相反的观点，并进行了狂热的辩护。他们认为股票市场是有效的，随着时间的推移，股票价格将表现为随机游走（Jovanovic，2008）。米勒和曼德博的学生，尤金·法马成为芝加哥最重要的有效市场假说倡导者，辩称有效市场是经验和理论上的事实（例如，Fama，1970）。法马间接地受到了前芝加哥数学家萨维奇的启发，区分出了“富有经验的交易者”和“其他参与者”。前者经验丰富，可以判断出证券的内在价值，并据之采取行动；后者不具备相关技能，将导致围绕内在价值的随机噪音。富有经验的交易者可以确保股票的市场价格维持在内在价值水平，或迅速回归内在价值水平（Jovanovic，2008；Fama，1970）。

20 世纪 60—70 年代，紧随着金融经济学的兴起和相关辩论，出现了另一个更全面的发展，即重新解读关于经济学建立基础的行为原理或公理。本书第 2 章广泛探讨了关于冯·诺依曼和摩根斯坦《博弈论与经济行为》(2004 [1944]) 中的公理的性质的争论。争论一方是萨缪尔森、鲍莫尔和阿莱，另一方是弗里德曼和萨维奇。在争论中，萨缪尔森、鲍莫尔和阿莱把公理看作是描述性命题，可以借由经验性证据直接拒绝；弗里德曼和萨维奇把公理看作是高于描述性水平的界定和刻画，是对行为的总结。在这一点上，弗里德曼关于经济学建立基础的假设或原理的理解属于经济学的一种传统，这种传统至少可以追溯到 19 世纪中期 (Mill，1844)。此外，弗里德曼提出将关于经济原理的这种理解作为实证经济学的基础，而实证经济学要和规范经济学中的道德要求严格隔离 (Friedman，1953)。

但是几个前途无量的经济学家之间的争论显然不能代表整个经济学科的观点。实际上，可以从当时流行的教科书中窥到更大范围的经济学共同体所持有的观点。20 世纪 40 年代末至 70 年代末，美国使用范围最广的本科生教材是萨缪尔森的《经济学》(*Economics*)。《经济学》(第一版出版于 1948 年) 后来只遇到少数竞争者，包括坎贝尔·麦克南的《经济学》(第一版出版于 1960 年)、理查德·利普西和彼得·斯坦纳的《经济学》(第一版出版于 1972 年) (Giraud，即将发表；Elzinga，1992)。在 20 世纪 40—50 年代的最初几个版本中，萨缪尔森的《经济学》虽然没有使用实证和规范的名称，却是从 144
区分事实和价值开始，这种区分最早是由大卫·休谟提出来的。教科书强调，"特定经济环境中的客观现实只有一个，无论把它分离出来加以确认有多么困难。而共和党的经济理论不止一个，民主党的经济理论也不止一个，工人的经济理论不止一个，雇主的经济理论也不止一个"，并且指出，"经济学家不能解决追求的目标是对还是错这样的基本问题，所有公民都必须自己去判断" (例如，Samuelson，1952，p. 5；1952，p. 5)。

但是，这些早期版本的《经济学》教科书没有具体说明"只有一个客观事实"的提出依据是什么。相比较而言，麦克南的《经济学》做了说明。麦克南在第一版中说明：

> 经济学家首先必须做的是查明并搜集与某个具体经济问题相

> 关的事实资料。经济学家的这部分工作有时被称作“描述经济学”。然后，经济学家把搜集来的资料整理好并总结得出一条原理，即归纳出个体和组织的真实行为方式。从事实中提取原理被称作“经济分析”或“经济理论”。最后，经济原理提供的关于经济行为的一般知识可以用来规划政策，即修正或避免问题清单中的问题。最后一个方面有时被称作“应用经济学”或“政策经济学”。(McConnell，1960，pp. 3-4)。
>
> …………
>
> 描述经济学和经济理论论述的都是事实：前者是当下发生的，后者是上一代的。根据特定事件的需要，政策经济学必须涉及价值判断。当在这个层面操作时，经济学家充当的不是科学家，而是政策制定者。他们处理的不只是事实，还有价值。(McConnell，1960，p. 10)

因此，在 20 世纪 50—60 年代的经济学学科中，区分事实与价值是一种标准做法，虽然并没有被解释成弗里德曼（Friedman，1953）的实证和规范领域。与此类似，看起来，不只是弗里德曼认为经济理论是从关于经济中人类行为的一系列刻画中推导出来的，这是很多经济学家的标准认识。

接下来，在 1970—1990 年间，经济学科中两项重要的改变体现在了初级教科书中。首先，之前经济学明确区分了对经济事实的描述和按照不同步骤从事实中推导出原理和理论，上文中的引文充分说明
145 了这一点（McConnell，1960），但是，现在二者归化成了实证经济学中的经验范畴。至少同样重要的是，人们逐渐认为实证领域中的经验命题可以直接被经验证实或证伪。此外，以价值为基础的政治范畴的推理被广泛地归为规范经济学。利普西和斯坦纳的《经济学》教科书（第一版及后续版本）简明地概括了关于经济学学科的新理解：

> 实证关注**过去、现在和将来是什么**，而规范关注**应该是什么**。实证性的命题、主张或理论可能很简单，也可能很复杂，但它们基本上都关注是什么……
>
> “原子不可再分”是一个实证性命题，可以非常确定地被经验观察所拒绝（当然已经拒绝了），而“科学家应该拆分原子”是一个规范性命题，涉及了道德判断。(Lipsey and Steiner,

1972，p. 15；1981，pp. 17－18）

麦克南也逐渐调整了关于经济理论的阐述。之前他区分了描述经济学和经济原理及理论的推理，后来他虽然保留了一个浓缩版本的区分，但是，在 1975 年版本的《经济学》中，他第一次强调描述范畴中的“事实”是指“可以观测并证实的行为”（McConnell，1975，p. 3）。在 1990 年的版本中，麦克南（现在和斯坦利·布鲁一起）继续区分了事实和原理，但同时强调二者都可以直接被经验观察拒绝，从而都属于实证经济学。与此类似，萨缪尔森在他 1985 年版的《经济学》（这是他第一次与诺德豪斯合作）中评论道，“**实证经济学**描述经济中的事实和行为”，而“规范经济学关注道德和价值判断”（Samuelson and Nordhaus，1985，p. 7，原文强调）。

20 世纪 70—80 年代，体现在美国本科生教科书中的经济学科的第二个变化是博弈论和期望效用理论的引入（参见 Backhouse，2008，2010）。很清楚的是，尽管有些经验不足的决策者可能会犯错误，进而产生一些围绕理性均值的噪声，如法马的有效市场假说所述，新理论仍然试图成为关于经济主体真实行为的经验主张。因此，从 1975 年版的《经济学》开始，麦克南强调“普通消费者是完全理性的人。他试图从货币收入的花费中获得最大程度的满足或效用……典型消费者想把钱的收益最大化”（McConnell，1975，p. 488）。平 *146*
狄克和鲁宾费尔德的《微观经济学》（1995 年版本）中的例子更加常见：“消费者行为理论的开始是 3 条关于人们在两个市场篮子之间偏好的基本假设。我们相信这些假设在大多数情况下对大多数人适用”（p. 63），紧随其后的是完备性、传递性和单调性假设。简单来讲，在 70—80 年代，经济学家开始认为经济学分为实证经济学和规范经济学。更重要的是，他们认为实证经济学建立在关于经济个体行为的经验主张之上，这些主张可以直接经由经验证实或证伪。其中，最核心的主张是经济中的普通个体是完全理性的人。

基于经济学的相关发展，那些表明经济中的个体不是完全理性的实证证据就意味着对经济理论的直接拒绝。突然之间，威廉·鲍莫尔、莫里斯·阿莱和丹尼尔·艾尔斯伯格等人提出的反例成了经济理论的异象。就麻省理工学院的金融经济学派来说，得出的结论是有效市场和随机游走的思想都不能成立，也就是说，将新古典理论应用于金融得出的命题都是错的。但一时也难有解决方案。曼德博强有力地指出价格变化不遵循贝尔曲线，而是有“厚尾”，并且价格不是独立的。库特纳、罗尔、托马斯·萨金特等经济学家虽然没有完全被曼德博说服，却也因此走上了另一条道路，其实质已经偏离了一般理解的新古典理论（Mandelbrot and Hudson，2004；Cootner，1964；Blattberg and Sargent，1971；Roll，1970）。然而，当人们发现曼德博的理论过于艰难而且不切实际的时候，最初高涨的热情逐渐平息了下来（Mirowski，1989，1990；Sent，1998）。大约十年后，格雷瑟和普洛特证实了心理学家的实验发现，开辟了解决新古典理论异象的新方向。

卡尼曼、塞勒等经济学家基于对经济学的新认识诠释随机游走学派，认为它提供了可直接被证伪的、关于人类行为的经验主张，属于实证经济学。他们指出，心理学家的实验结果证伪了（金融）经济学家提出的关于人类行为的经验主张。阿罗 1982 年的论文《心理学与经济学中的风险感知》（Risk Perception in Psychology and Economom-
147 ics）是一个早期的范例，说明了新古典经济学家如何将斯洛维奇、利希滕斯坦、卡尼曼和特沃斯基的心理学吸收融合进金融经济学。阿罗自己曾经说过，很多人不知道，他也是一个研究“证券和期货市场”的学者（1982，p. 2）。他对“将一般均衡理论拓展至不确定条件下的非即时交易”感兴趣（1982，p. 2），并长期追踪相关领域。因此，他很有信心分享对相关问题的思考。阿罗在这篇论文中讨论了很多（股票）市场上与“理性假说”相矛盾的现象，比如个体不愿意接受政府资助的保险费，而它的价值已经低于保险精算值，以及其他金融市场上可观察到的非理性行为。阿罗引用了格雷瑟和普洛特对斯洛维奇和利希滕斯坦偏好逆转的回应，表明“实际上，（金融市场上）理性假说的失灵和认知心理学的一些观察是一致的”（1982，p. 5）。从而，阿罗把心理学家实验室里的观察和市场上的矛盾联系起来了，这一步很重要。心理学实验室里的结果本身和经济或市场没有任何关系，却和经济学一对一地联系起来了，被用来解释未解决的金融经济难题。一句话概括，阿罗将两种非常不同的研究实践连接起来：“一组重要的跨期市场展现了对个体理性行为的系统性偏离，而且……偏离和心理学家从其他截然不同的渠道搜集的证据非常吻合”（Arrow，

1982，p. 8)。只有当人们将个体行为和市场行为直接联系起来的时候（正如现在的经济学所言），实验室中个体对理性行为的系统性偏离才可以作为对市场上观察到的偏离的解释。

此外，阿罗回忆起“所有试图表明存在非理性经济行为的论点都会碰到一个标准范例：如果大多数主体都是非理性的，那么一个理性的个体就可以赚到很多钱，从而，理性的个体最终将获得所有财富”（Arrow，1982，p. 7）。但是，他认为可以轻易地反驳套利等相关观点：“(1) 不是所有的套利机会都存在…… (2) 更重要的是，如果所有其他人都是‘非理性的’，并不意味着个体可以凭借理性赚钱，至少在短期内做不到”（Arrow，1982，p. 7）。

自 1980 年以来，文献中不断出现类似阿罗 1982 年论文的研究，尝试将经过证实的心理学家的发现融合进金融经济学。但是塞勒是第 *148* 一位系统性地从行为决策研究结果中推导出经济含义的经济学家。塞勒的第一篇行为金融方向的论文《关于消费者选择的实证理论》（Toward a Positive Theory of Consumer Choice）发表在 1980 年的《经济行为与组织杂志》（*Economic Behavior and Organization*）上。在论文中，塞勒念咒语似地不断重复“前景理论中的很多要素都可以用来发展经济学中的描述性选择模型”（Thaler，1980，p. 41）。他在这篇论文之后的几乎所有研究中都大量引用卡尼曼和特沃斯基的文献。整个 20 世纪 80 年代，塞勒加入并主导了金融经济学的研究，主张利用卡尼曼和特沃斯基的实验结果和理论方法解释与有效市场假说矛盾的现象，从而不赞成有效市场的观点。至 1991 年，塞勒的积累已经足够出版一本书，他收集整理了 16 篇自己的论文，出版了《准理性经济学》（*Quasi Rational Economics*），对传统新古典经济模型进行了批判性的评估，并提出了替代性的理论。1993 年，塞勒为拉塞尔·塞奇基金会编辑了另一本题为《行为金融学新进展》（*Advances in Behavioral Finance*）的书，该书收录的主要是他在 20 世纪 80 年代后期的论文。2005 年，他出版了《行为金融学新进展》第二卷，沿用了原来的书名。卡尼曼和特沃斯基是行为经济学最重要的灵感源泉，而塞勒是最早、最强有力的提倡者。

具体来说，塞勒沿着卡尼曼和特沃斯基的两条研究路线前进。他系统性地将卡尼曼和特沃斯基实验中对理性选择的偏离和金融经济学中的理性选择理论异象连接起来，并将此作为新研究项目的基石。塞勒有时候根据前景理论或其他理论提供一些解释，但通常对违反经济理论的现象并不做解释，而只是强调它们的出现意味着经济理论被违反了。举例来说，塞勒在 1985 年的论文《心理核算与消费者选择》(Mental Accounting and Consumer Choice) 中给读者展现了四个典故，“说明一种个体违背简单的经济原理的行为”。他指出，“当然，标准经济理论建立在规范性原理之上”，并提出将前景理论作为“标准消费者经济理论的替代”(Thaler，1985，p. 200)。这使得塞勒成为卡尼曼和特沃斯基经济学研究的重要提倡者，而且很快成为阿尔弗雷德·P. 斯隆-拉塞尔·塞奇行为经济学项目的主要接受者和其中颇具影响力的人。20 世纪 80 年代至 90 年代初，行为经济学成为经济学中备受关注的新分支，阿尔弗雷德·P. 斯隆-拉塞尔·塞奇行为经济学项目在这一过程中发挥了至关重要的作用。

149 4. 塞勒、卡尼曼与斯隆-塞奇行为经济学项目①

心理学家卡尼曼和特沃斯基与经济学家塞勒在 20 世纪 80 年代初的第一次合作尝试得到了阿尔弗雷德·P. 斯隆基金会（后来是拉塞尔·塞奇基金会）的行为经济学项目的强力支持，该项目的运作时间是 1984—1992 年。若要了解行为经济学的兴起，就必须评估斯隆-塞奇行为经济学项目的作用。该行为经济学项目的主要贡献并不是它所提供的资源，这方面的贡献其实是次要的，更重要的是它强化了受资助者的一种感觉，认为自己是在为经济学学科的新方向做贡献。这部分反映了美国基金会的普遍策略，即挑选一个或一组科学家进行支持，一直到他们获得科学上的成功（Jones and Rahman，2009；Hauptmann，2006）。另外，这也反映了在正确的时间处于正确的地点的人所具有的好运气。而且，这也是项目负责人埃里克·万纳（生

① 本节第一个重要的信息来源是于 2009 年 4 月 14 日和 2010 年 4 月 7 日在拉塞尔·塞奇基金会对埃里克·万纳进行的两次采访。第二个重要的信息来源是在纽约斯里皮霍洛洛克菲勒档案中心洛克菲勒基金档案中的拉塞尔·塞奇档案。第三个重要来源是斯隆基金会提供的 20 世纪 70—80 年代的斯隆基金会年度报告。

于 1942 年）精心管理的结果。行为经济学项目的各类参与者包括卡尼曼、塞勒、咨询委员会和万纳，其中万纳的角色尤其重要。他们利用并积极塑造了经济学家和心理学家的使命感，借此为经济学建立了新的行为分支。[①]

1960 年，心理学家杰罗姆·布鲁纳（生于 1915 年）和乔治·米勒（1920—2012）在哈佛大学成立了认知研究中心。成立的初衷是构建一种非行动主义的、认知的心理学方法，打开思维的黑箱，把它分解成相互作用的不同区域。科恩-科尔（Cohen-Cole，2007）详细阐明中心在成立之时便被设想为一个跨学科机构，且由于它的组织和远离哈佛大学校园其他部分的位置，更加积极地寻求与认知相关的不同科学领域的“异花受精”，包括心理学、语言学、哲学、生物学、数学、人类学、儿科学、历史、精神病学和精神分析学。参与的心理学家包括 B. 英海尔德（1913—1997）、丹尼尔·卡尼曼，语言学家包括诺姆·乔姆斯基（生于 1928 年）和杰瑞·福多（生于 1935 年），而决策理论和工业经营学则由赫伯特·西蒙代表。 150

中心创建者对跨学科的关注也影响了他们的学生。万纳在 1967 年开始心理学方面的学位论文研究，他当时的导师是米勒，但在 1969 年，在万纳的论文写作完成前，米勒去了洛克菲勒大学，心理语言学家罗杰·布朗（1925—1997）接手了万纳的论文指导工作。1969 年完成论文后，万纳受聘为哈佛大学心理学系的助理教授，负责讲授米勒留下的课程。万纳初始的职业发展遵循着普通的学术路线，他在 1972 年修改完善了学位论文的部分内容，并推进了心理语言学的实验研究，陆续发表了多篇论文（例如 Wanner，1973；Wanner et al.，1975；Wanner and Shiner，1976）。

但是到了 20 世纪 70 年代后期，万纳逐渐脱离了积极的研究实践工作。1976 年，万纳加入了哈佛大学出版社，并策划发起了认知科学系列丛书，该丛书旨在提供认知科学不同专题领域的最新概览。这样一来，它和认知研究中心在大约十年前试图涵盖的领域非常相近。认知科学系列丛书从 1979 年开始至 1989 年结束，共出版了九卷，其

① 虽然行为经济学项目和赫伯特·西蒙（1916—2001）有点关系，但和福特基金会只存在很短时间的行为科学项目（1951—1957）并无直接关系，和乔治·卡托纳于 20 世纪 40 年代晚期在密歇根大学成立的社会研究院也没有直接关系。

中的很多文章都是由约翰·安德森（生于1947年）和史蒂芬·平克（生于1954年）等顶尖认知科学家写的。认知科学系列丛书和其他丛书一样，也有一个咨询委员会，其中的很多成员本身也是丛书的作者。委员会负责邀请作者、筛选书籍并对不同发展阶段的书籍进行评论。万纳设法组成了46人的咨询委员会，包括很多著名的认知科学家，如福多、安德森、乔姆斯基、罗伯特·阿贝尔森、唐纳德·戴维森、希拉里·普特南、约翰·希尔勒、他以前的导师米勒和布朗以及他曾经的合作者格雷特曼和卡普兰。

卡尼曼和特沃斯基也是咨询委员会成员。万纳从学位论文开始，就一直关注卡尼曼的研究，因为卡尼曼做的注意力与认知错误的研究和他自己做的心理语言学的实验研究多少有些关系。例如，万纳1975年的研究（Wanner et al.，1975）就引用了怀特和卡尼曼1971
151 年的论文（Wright and Kahneman，1971）。此外，万纳回忆起，在20世纪70年代初就有哈佛的同事促使他注意到卡尼曼和特沃斯基的合作研究，所以到70年代末，他已经熟悉了他们的研究。而且相对来说，万纳是比较早地关注发表在《计量经济学》杂志上的前景理论论文的人，大概在1980年或1981年，论文在后来才变得很出名。但是一直到卡尼曼和特沃斯基同意加入认知科学系列丛书的咨询委员会之前，万纳和他们本人并不认识。万纳和他们结识是从他们作为顾问委员开始的。1982年，万纳去了斯隆基金会，对他们有了更好的了解。

20世纪，美国的私人基金会在资金规模和吸引的注意力方面都成了一种现象（Weaver，1967，p. xv；Goodwin，1998；Leonard，1991；Grossman，1982）。基金会对经济学的资助具有强烈的自我意识，要求必须有助于重大社会目标的实现，如消除贫困、保持充分就业或环境保护。换句话说，经济学必须有用（Pooley and Solovey，2010；Crowther-Heyck，2006）。斯隆基金会和拉塞尔·塞奇基金会的一项重要区别是每年可以用于援助的资金规模不同。表5-1显示，在持续6年的存在期间，行为经济学项目在斯隆基金会中只是一个相对较小的项目。相比之下，1986—1992年间，拉塞尔·塞奇基金会的年度总基金比斯隆基金会小得多，所以花费在行为经济学项目上的比例要远远大于前者。

表 5－1　斯隆基金会与拉塞尔·塞奇基金会的年度总基金与行为经济学项目的年度基金　单位：美元

年份	斯隆基金会总额	斯隆基金会行为经济学项目	塞奇基金会总额	塞奇基金会行为经济学项目
1984	17 083 690	36.000（0.2%）		
1985	19 234 455	97 000（0.5%）		
1986	18 721 037	430 500（2.3%）	878 874	200 000（22.8%）
1987	20 758 106	310 000（1.5%）	816 808	398 200（48.8%）
1988	25 526 826	217 000（0.9%）	916 112	358 016（39.1%）
1989	17 227 448	458 561（2.7%）	1 267 776	342 190（27.0%）
1990			1 801 063	96 827（5.4%）
1991			1 594 293	180 680（11.3%）
1992			1 522 220	293 500（19.3%）
合计	**118 551 562**	**1 549 061（1.3%）**	**8 797 146**	**1 869 413（21.3%）**

斯隆基金会的行为经济学项目成立于 1984 年，时任负责人的是
阿尔伯特·里斯（1921—1992）。里斯是一位颇有建树的劳动经济学 152
家，他于 1950 年在芝加哥大学获得博士学位，其导师是 H. 格雷格·刘易斯。里斯曾经在 1954—1959 年间担任《政治经济学评论》的编辑，1962—1966 年担任经济学系的系主任，1966 年离开芝加哥。1979 年，里斯成为斯隆基金会的理事和负责人，当时基金会拥有 2.5 亿美元资产，每年对外资助 1 500 万美元。三年后，里斯说服万纳加入斯隆基金会，担任基金会的认知科学项目官员，可能是由于万纳在哈佛大学出版社策划的认知科学系列丛书给他留下了深刻印象。斯隆基金会的认知科学项目运行了大约十年，而万纳在哈佛大学期间也曾经从事其中一项课题的研究。但是，对于万纳这位新加入的项目官员来说，管理认知科学项目并不是一件很有意思的工作，“因为所有大规模的资助都已经制定了，剩下的只是把所有东西穿起来，写出结项报告等事宜”①。

因此，万纳提出了一项新的计划，旨在将认知科学应用到经济学中。新计划在 1982—1983 年间逐渐推进。1983 年初，万纳提到新计划时称它是斯隆基金会“一个可能的投资领域”，主题“可以称为经

① 引自本书作者于 2009 年 4 月 14 日在纽约拉塞尔·塞奇基金会采访埃里克·万纳的记录。

济行为的心理学基础”。[①] 几个月后，万纳、卡尼曼和特沃斯基进行了一场对话，探讨这一主题。两位明星心理学家不是特别乐观，认为心理学家如果要获得经济学家的关注的话，需要拥有比实际情况更多的经济经验。他们建议万纳如果投资的话，也不要在该项目上花太多钱（参见 Kahneman，2002）。但是，在 1983 年，万纳筹划了几次会议，与卡尼曼和特沃斯基进行相关探讨，并通过他们邀请到了塞勒，而“行为经济学”则成了新项目的名称。结果，学术圈里开始传言，斯隆基金会正在考虑设置一项关于行为经济学的新项目。到了 1983 年下半年，就开始有了一些自主提出的资助申请。万纳和里斯在 1983 年真正考虑并资助的项目只有塞勒提出的学术休假申请，他提出到英属哥伦比亚大学与卡尼曼待在一起。虽然如此，在项目正式开
153 始后，其他早期的申请也都得到了评估以决定是否资助。在新项目的运行过程中，万纳与里斯进行了密切合作。里斯是一位具有实证倾向的马歇尔芝加哥经济学家，他对于“拥有实证基础的心理学可以被有效地应用到经济学中”这一想法持怀疑但宽容对待的态度。

里斯和万纳首先筹备组建了项目的咨询委员会，负责评估递交的申请并给予资助。项目是一项跨学科的计划，旨在把心理学家和经济学家两个群体联合起来。为了避免某一个群体主导项目，万纳和里斯决定咨询委员会包括两名心理学家和两名经济学家。此外，“行为经济学”的名称也是经过深思熟虑的，一半是心理学，一半是经济学。他们挑选的第一个人是里昂·费斯廷格（1919—1989），这是一位社会心理学家，曾在 20 世纪 50 年代与卡托纳在密歇根大学社会研究院共事，参加过 1952 年的圣塔莫尼卡会议（本书第 2 章介绍过这次会议）。并且，费斯廷格参与了斯隆基金会的认知科学项目，对经济学感兴趣。万纳找到的第二个人是经济学家托马斯·谢林（生于 1921 年），万纳在哈佛大学时与他相识。他关于悖论与冲突策略的研究看起来和新项目有些关联（如 Schelling，1960，1969）。里斯推荐了经济学家威廉·鲍莫尔（生于 1922 年）。鲍莫尔是一位组织理论家，也是早期对冯·诺依曼和摩根斯坦提出的决策研究的公理化方法进行批评的学者，相关论述见本书第 2 章（Baumol，1951，1958）。第四个

① 纽约斯里皮霍洛洛克菲勒档案中心，洛克菲勒基金会档案，第 1427 号文件，194 箱，万纳 1983 年 1 月 26 日致菲施霍夫的信。

万纳和里斯认可而且对方接受的人是认知心理学家阿贝尔森，他也是万纳在哈佛大学出版社策划的认知科学系列丛书委员会的委员。

1984 年 6 月中旬，斯隆基金会的理事会正式任命了新项目的咨询委员会，并捐助了 25 万美元，用以在随后的几年里资助一些“种子项目”，看看项目能否运行。[1] 表 5－1 已清楚表明，斯隆基金会在行为经济学项目上的开支相对较小，理事会基本上听信了里斯的意见。早在 1984 年 7 月，阿贝尔森就表达过一种意见，委员会的其他成员包括万纳也都给予了认同。阿贝尔森指出卡尼曼和塞勒应该成为新项目 154 的核心，“把塞勒和卡尼曼联合在一起一定能获得进步。他们的合作将和特沃斯基、卡尼曼组合一样影响深远，但将更加面向市场”[2]。第一场行为经济学会议被安排在 1984 年 12 月 7 日，在纽约华尔道夫酒店召开。除了咨询委员会的成员和卡尼曼、塞勒之外，会议还邀请了以下经济学家或心理学家：希勒尔·艾因霍恩、巴鲁·菲施霍夫、唐纳德·霍德、托马斯·丘斯特、查尔斯·普洛特、霍华德·坤路德、霍华德·雷法、奥利弗·威廉姆森、理查德·泽克豪斯和赫伯特·西蒙。[3]

赫伯特·西蒙被认为是行为经济学领域的创建者之一，而且是杰出的 1978 年诺贝尔经济学奖得主。因此，他无疑是新斯隆-塞奇项目的灵感来源，所以，从一开始便被邀请参加。同时，没有人期待他会过多地参与进来，因为他非常忙，而且已经不再坚持早期对新古典经济学行为假设的批判。[4] 但是，西蒙认为“你（万纳）开启的探索项目非常非常重要”，希望“在下一步的发展中给你（万纳）提供一些帮助”。[5] 此外，西蒙强调“现在行为经济学需要做的，也是所有项目的一个重要组成部分，是让博士研究生和青年经济学者获得实地调

---

[1] 纽约斯里皮霍洛洛克菲勒档案中心洛克菲勒基金档案，第 1428 号文件，194 箱，万纳咨询委员会 1984 年 12 月 7 日会议记录。

[2] 纽约斯里皮霍洛洛克菲勒档案中心洛克菲勒基金档案，第 1494 号文件，202 箱，阿贝尔森 1984 年 7 月 26 日致万纳的信。

[3] 不清楚为什么特沃斯基没有被邀请。因为从一开始便征求了他的意见，他没有参会的唯一可能的解释是，由于一些不可知的原因，他不想参加这类探索性质的会议。

[4] 阿罗的情况有些类似，但背景更进一步。阿罗被视作同盟者，而且该项目曾积极向他寻求支持。但阿罗选择不直接参与进来。后来到了 1986 年，阿罗成功申请了一项 3 万美元的关于“行为经济学研讨会”的资助。

[5] 纽约斯里皮霍洛洛克菲勒档案中心洛克菲勒基金档案，第 1494 号文件，202 箱，西蒙 1984 年 12 月 5 日致万纳的信。

查的技术，直接从企业管理者那里获取信息，还可能包括做实验”(Simon，1955，1959，1962)。在20世纪50—60年代，西蒙也多次对新古典经济学进行类似的批评。

因此，早期的行为经济学项目被明确认为是对西蒙的行为经济学的进一步探索和推进。除了万纳，卡尼曼、塞勒等其他参与者也都无155 异议地采用了西蒙的“行为经济学”的名称。在项目早期的文字陈述和目标中，都可以清晰地看到西蒙的语言和思想。例如，咨询委员会在1985年年中给斯隆理事会的一封信中评论道：

> 这个新领域的进展将依赖于超越在实验中对经济学行为假设误差的展示，付诸努力去发展、检验行为假设更精密的经济理论。因此，委员会在1986年提议了一项资金计划，用来支持关于行为经济模型的研究、对真实环境中经济决策的观察研究，以及设计市场模拟实验来检验个体心理过程的市场后果的研究。[①]

但是，新的行为经济学项目也被认为超越了西蒙早期对新古典经济学的批判，因为新项目关注卡尼曼和特沃斯基提出的系统性偏离，而不是西蒙提出的随机性质的理性决策的局限。因此，虽然早期的主要灵感源泉是西蒙，但是，到了1985年，万纳、卡尼曼、塞勒和咨询委员会迅速提出了自己的关注点和语言。首先，新项目更加特别地关注“心理学和其他行为科学在研究金融市场上的潜在贡献”[②]，这主要是因为“金融市场通常被认为是最有效率的市场，因而被认为是最能够免受非理性因素影响的市场”[③]。所以，理性行为的异象对金融市场理论的影响将是最强有力的，在金融市场上也能够最容易观察到吸收融合了“非理性”行为的替代性理论。为了突出这一观点，“行为金融”的名称被不恰当地用作行为经济研究的一个领域。[④] 除

① 纽约斯里皮霍洛洛克菲勒档案中心洛克菲勒基金档案，第1429号文件，194箱，咨询委员会致斯隆理事的信，未注明日期，大约在1985年。

② 纽约斯里皮霍洛洛克菲勒档案中心洛克菲勒基金档案，第1429号文件，194箱，万纳致“每个人”的信，未注明日期，大约1985年10月上旬。

③ 同②.

④ 塞勒回忆，“我不确定（行为金融）这个名字是如何产生的，但是，那时候我写了第一篇金融论文，是1985年和德邦特合写的（De Bondt and Thaler，1985）。我在和其他人的合作中使用过行为经济学的名称，所以，‘行为金融’就很自然地被用到金融经济学中的相关内容上”（理查德·塞勒2009年1月14日致本书作者的电子邮件）。

此之外，项目的组织者还强调：

> （1985 年 10 月 11 日）会议很有成效，我们不能太过沉溺于讨论某个具体的实证发现是不是异象，或者说已有的理性、最大化经济范式中能否给出一些解释。相反，我们应该去评估其他竞争的解释，评估那些可以区别行为假设的证据。[①] 156

换言之，万纳、卡尼曼、塞勒和咨询委员会作为项目的组织者，积极努力地去阻止关于新古典经济理论的讨论。他们为了推进项目，把讨论引导到行为方面。

协力合作中的另一个重要部分是塞勒在《经济展望杂志》（*Journal of Economic Perspectives*）上发表的关于异象的专栏文章。1986 年，筹建杂志的编辑约瑟夫·斯蒂格利茨（生于 1943 年）、卡尔·沙皮罗（生于 1955 年）和蒂莫西·泰勒（生于 1960 年）决定把新杂志的一个部分做成“特辑”，围绕某一个专题组编一系列短文，每期杂志上都会有一篇。泰勒回忆：

> 我们先做了三个特辑：伯纳德·萨夫兰撰写的“拓展阅读的推荐书目”特辑、巴里·纳莱巴夫撰写的“经济难题”特辑和理查德·塞勒撰写的“异象”特辑。在我记忆中约瑟夫和卡尔从开始的第一天就想着塞勒。他们和迪克（塞勒的昵称）交谈过，他提出了一个可能的选题列表，准备得很充分，马上就可以着手做了……
>
> 我们最初对“异象”专栏的计划是，它应该包括一系列异象：微观的、宏观的，甚至是理论或计量经济学的。但是，让作者按照《经济展望杂志》的风格撰写这些专栏有些难办，而迪克和他的合作者们为我们提供了一组非常有吸引力的行为主题的文章。[②]

塞勒在《经济展望杂志》上发表了两组“异象”文章，目的都是宣布经济学在经济行为方面的理论有严重的问题。每篇文章大约有 4 000 字。第一组包括 14 篇文章，从杂志 1987 年的第 1 期一直刊登到 1991 年。[③] 第二组包括 4 篇文章，发表于 1995—2001 年。塞勒的

---

① 组约斯里皮霍洛洛克菲勒档案中心洛克菲勒基金档案，第 1429 号文件，194 箱，万纳致“每个人”的信，未注明日期，大约 1985 年 10 月上旬。

② 蒂莫西·泰勒 2010 年 4 月 6 日致本书作者的电子邮件。

③ 第一组“异象”专栏文章被收录在《赢者诅咒》（*The Winners Curse*，1992）中。

“异象”专栏文章为新行为经济学（受启发于卡尼曼和特沃斯基）的核心思想提供了一个高知名度的平台。事实证明，这极大地促进了行为经济学的发展。

157 1987 年的第一篇“异象”专栏文章记载了“一月效应”。在新古典世界里，当股票市场处于有效率的均衡状态时，每个月的平均收益率应该是一样的。没有理由期待股票在某个月份里会表现得更好，而且仅仅是因为到了那个月份。然而，人们观察到股票在一月份的表现恰恰如此。特别是对于一些小公司而言，一月份的股票收益明显高于其他月份。如果有效市场理论成立，怎么可能发生这种一月效应？答案是不可能，而如何解决异象的问题却仍待回答。

勒文施泰因和塞勒（1989）表明很多类似的经济内或经济外的异象都和跨期选择有关系。例如，人们在交税时倾向于在年初提前多交些，到年底返回一些，而不是反过来，即便这样做会承受损失利息的成本。学校教师在选择领取 9 个月薪水（当年 9 月—次年 6 月）还是 12 个月薪水（当年 9 月—次年 8 月）时，会选择后者，而从经济角度看，前者更符合理性。但是，勒文施泰因和塞勒还引用了一位皮肤科医生的话。这位医生哀叹道，当她告诉患者要避免阳光照射以降低患皮肤癌风险的时候，他们都不情愿听从她的话，而当她告诉他们阳光直射可能导致“毛孔粗大和黑头”的时候，他们会迅速躲开太阳。勒文施泰因和塞勒认为这个例子也违反经济理论，因为它表明了患者的短视，而如果他们是理性的，则不应如此。言外之意是经济理论可以被应用到我们生活的各个方面，因此，可以从生活的各个角落发现违反经济理论的例子：“只要存在可检验的预测，就会有异象”（Loewenstein and Thaler，1989，p. 183）。“异象”专栏文章中反复出现的信息是经济理论存在严重的问题，不能简单地置之不理，需要认真对待。

塞勒在“异象”专栏文章中还引用了金融中明显属于经济学的例子。异象的结构往往与卡尼曼和特沃斯基提出的偏离类似（如 Kahneman and Tversky，1972，1979；Tversky and Kahneman，1974）。塞勒多次研究的“禀赋效应”异象成了行为金融学中的主要异象之一（如 Thaler，1980；Kahneman et al.，1990，1991）。禀赋效应是卡尼曼和特沃斯基提出的框架效应的一个应用，是说个体偏好取决于初始的构造过程。换句话说，个体偏好取决于他们最初被赋予的财富的多少。实验如下：把一组实验对象随机分为两个小组，给其中一组一个标准的咖啡杯，然后询问这组成员他们最低愿意接受多少钱来出售咖啡杯。再问没有咖啡杯的另一组实验对象，他们最多愿意出多少钱购买咖啡杯。通常，愿意接受的价格是愿意支付的价格的两倍。显然，人们在得到咖啡杯后重新构造了偏好。在经济学中，禀赋效应可以用来作为经常可以观察到的“考虑沉没成本”谬误的一个解释（参见 Thaler，1980，1987；Tversky and Kahneman，1981）。进一步，人们认为禀赋效应证伪了科斯定理。因为科斯定理表明初始的商品禀赋与有效率的市场配置的达成无关。科斯定理依赖的假设是对每个人来说愿意支付的价格等于愿意接受的价格，所以，在商品落到愿意支付最高价格的人手中之前，交易会一直进行下去。但是，在表明愿意支付的价格和愿意接受的价格的系统性差别之后，科斯定理将不再成立：“这里提出的证据表明人们的偏好依赖于他们的起始位置，而不是像标准经济理论的假设说的那样与权益无关”（Kahneman et al.，1990，p. 1344）。 *158*

1986 年 1 月 10 日至 15 日，由罗宾·贺加斯和梅尔文·雷德组织，在芝加哥大学召开的“经济理论的行为基础”会议是对斯隆-塞奇行为经济学项目的第一次真正的检验。[①] 对于斯隆行为经济学项目的成员来说，会议开得并不是太好：

> 【埃里克·万纳：】过去人们曾经试图扼杀（行为经济学）。你谈到行为金融学……我想起我们大约在 1985 年，在芝加哥大学参加了一次会议。
>
> 【本书作者：】那是 1986 年。是……
>
> 【埃里克·万纳：】好，你都知道。那些金融经济学家真的想扼杀行为经济学。默顿·米勒等人……我在想……有些文章很不讲理。他们做的基本上就是奚落行为金融学，嘲笑它已经不复存在。所以，当初做这样的工作真的不容易。[②]

与此同时，截至 1985 年 12 月，已经有超过 40 名研究人员被邀

---

① 1984 年底，贺加斯和雷德曾经向斯隆基金会的行为经济学项目申请资金支持，但遭到了咨询委员会的否决，因为他们已经决定资助 1984 年底在普林斯顿大学召开的另一个类似的会议。

② 2009 年 4 月 14 日采访万纳的记录。

请参加行为经济学项目，包括乔治·阿克洛夫、肯尼思·阿罗、罗
159 伯特·弗兰克、大卫·格雷瑟、罗宾·贺加斯、乔治·勒文施泰因、马克·马基纳、詹姆斯·马奇、理查德·尼尔森、查尔斯·普洛特、霍华德·雷法、罗伯特·席勒、弗农·史密斯、劳伦斯·萨默斯和悉尼·温特。所有40位研究人员都被告知“斯隆基金会于1986年决定提出一项行为经济学的有限资助计划。此封信意在对项目进行简要描述并邀请您考虑提交申请”①。

当然，西蒙也在受邀的40位经济学家和心理学家的名单中。虽然一年前，西蒙在回应万纳时对新项目非常支持，但是，现在他对项目所使用的方法有了一些质疑。他认为，万纳的新项目“过于看重现代经济方法，即先有理论（‘模型’），然后是实证工作”②。另外，西蒙指出，继20世纪50年代末他自己的研究之后已经出现了“大量的实证研究”③。问题不在于没有实证工作，而是经济学家没有注意到，“主流经济学家继续忽视大量的相关证据，而偏好于追求扶手椅模型（armchair model）的构建”④。因此，西蒙认为行为经济学项目的第一目标“非常失礼”⑤。第一目标是“将经济模型建立在行为原理上，并标明这些模型代表对传统模型的明确改进，无论是在准确性方面还是在经验覆盖方面”⑥。虽然如此，受邀的其他人让西蒙“平静了很多”，西蒙认为这些“正是合适人选”，不会“因为我在给你的信中反
160 对的事情而被疏远”⑦。出于礼貌，万纳和咨询委员会决定邀请西蒙

① 纽约斯里皮霍洛洛克菲勒档案中心洛克菲勒基金档案，第1430号文件，194箱，万纳1985年12月18日致40位受邀研究人员的信。以下情况可以让读者对1986年这轮资助有一个大致的印象，阿克洛夫的“近理性行为及其市场后果”项目获得3万美元资助，艾因霍恩和贺加斯的“一个不确定条件下的新决策模型”研究获得了6.3万美元资助，史密斯和艾萨克的“市场异象、计算机化的匹配市场与公共品提供”实验获得了5万美元资助，塞勒的“公平信念的市场后果再研究”项目获得了2.7万美元资助。

② 纽约斯里皮霍洛洛克菲勒档案中心洛克菲勒基金档案，第1430号文件，194箱，西蒙1986年1月6日致万纳的信。

③ 同②.

④ 同②.

⑤ 同②.

⑥ 纽约斯里皮霍洛洛克菲勒档案中心洛克菲勒基金档案，第1430号文件，194箱，万纳1985年12月18日致40位受邀研究人员的信。

⑦ 同②.

参加讨论，并在委员会的一次会议后一起吃饭。这次会议后，西蒙继续担任项目的背景顾问。

同一时期，万纳加大力度鼓励研究人员提交申请，或者是互相之间开展合作。举例来说，斯坦福大学心理学家詹姆斯·马奇曾给万纳写过一封简短但热情的信，万纳在回信中建议马奇和斯坦福大学的同事阿罗以及特沃斯基联合提出申请，他们好像对“申请资助研究生和博士后学生感兴趣”[①]。马奇是西蒙曾经的合作者，也是拉塞尔·塞奇基金会理事会成员，是受邀研究人员名单上的新人。此后不久，马奇以另一种方式参与了行为经济学项目。1985 年夏，万纳被提升为斯隆基金会副总裁。1986 年，他被任命为拉塞尔·塞奇基金会总裁和理事会委员。万纳 1986 年 10 月 1 日正式履新。他意识到，这可能意味着“项目将在我离开斯隆后终止”[②]，于是组织了一次与马奇的会议，讨论“把它（行为经济学项目）的某种版本移植到拉塞尔·塞奇基金会中”的可能性。[③] 马奇迅速回复，称“很高兴看到你（万纳）开启了它（行为经济学项目），如果我们能够在拉塞尔·塞奇基金会继续它，我也会同样高兴”[④]。

因此，万纳在经过一些协商后，向咨询委员会报告“（拉塞尔·塞奇基金会）委员会赞同与斯隆基金会开展合作项目的想法”[⑤]。但同时，拉塞尔·塞奇理事会强烈要求马奇（理事会成员之一）加入咨询委员会。万纳和咨询委员会虽然赞成，但也担心这会打破委员会的平衡，倒向心理学。[⑥] 在 1987 年 2 月 17 日的一封信中，万纳和里斯（时任斯隆基金会总裁）邀请马奇加入咨询委员会，马奇接受了邀请。 161

---

① 纽约斯里皮霍洛洛克菲勒档案中心洛克菲勒基金档案，第 1554 号文件，208 箱，万纳 1986 年 1 月 10 日致马奇的信。

② 纽约斯里皮霍洛洛克菲勒档案中心洛克菲勒基金档案，第 1554 号文件，208 箱，万纳 1986 年 7 月 22 日致马奇的信。

③ 同②.

④ 纽约斯里皮霍洛洛克菲勒档案中心洛克菲勒基金档案，第 1554 号文件，208 箱，马奇 1986 年 7 月 29 日致万纳的信。万纳在拉塞尔·塞奇基金会早期运行的另一项目是“贫困的持续”项目。

⑤ 纽约斯里皮霍洛洛克菲勒档案中心洛克菲勒基金档案，第 1432 号文件，194 箱，万纳 1987 年 2 月 18 日致咨询委员会的信。

⑥ 另外，万纳、马奇和咨询委员会看到这项安排可能存在一些司法问题，但他们确信可以解决，后来确实解决了。

同时，咨询委员会也邀请里斯（一位劳动经济学家）加入。所以，咨询委员会现在由 6 名成员组成，3 位心理学家，3 位经济学家。拉塞尔·塞奇基金会的总裁担任负责人，成员还包括斯隆基金会的总裁和拉塞尔·塞奇基金会的一位理事。

里斯加入咨询委员会似乎对随后几年项目获得斯隆基金会的资助有帮助，因而明确回击了万纳早先的忧虑，他曾经在给马奇的信中表达对斯隆基金会的行为经济学项目可能终止的担心。咨询委员会加入两位新成员后，行为经济学项目继续运行。[①] 但是，从一开始，行为经济学项目在拉塞尔·塞奇基金会的地位便不同于在斯隆基金会，这不仅仅因为万纳是拉塞尔·塞奇基金会的总裁。斯隆理事会简单遵循了总裁里斯的话，认定行为经济学是一个小项目。表 5－1 表明斯隆基金会对行为经济学的资助额度从来没有超过总额度的 2.7%。而在拉塞尔·塞奇基金会，行为经济学项目支出在年度支出中所占的比重要大得多，1987 年时接近 50%。

然而，虽然万纳是拉塞尔·塞奇基金会的总裁，咨询委员会也很有分量，但这并不意味着行为经济学项目的前途无须操心。万纳为了让项目获得更多注意力，也为了鼓励参与研究人员能够供给更具体的成果，建议咨询委员会在拉塞尔·塞奇基金会设立几个工作组，“每一个专注一个主题”[②]。最后，1987—1988 年一共成立了 3 个非常驻的工作组。这些工作组明确了行为经济学研究的核心，促进了 1990—2010 年行为经济学在经济学学科中的崛起。关于“跨期选择”的工作组由勒文施泰因和乔恩·艾尔斯特领导，产生了《时间中的选择》（*Choice over Time*，Loewenstein and Elster，1992）等成
162 果。关于“金融市场的行为方法”工作组由塞勒和罗伯特·席勒领导，为席勒的《市场波动》（*Market Volatility*，1989）和《非理性繁荣》（*Irrational Exuberance*，2000）提供了材料。但是，后来证

① 在斯隆基金会 1986 年提供的 12 项资助之上（如上文所述），拉塞尔·塞奇基金会也在 1986 年开始了对行为经济学项目的资助。第一笔资助 20 万美元，给予了卡尼曼和特沃斯基，资助他们写作新书《决策：判断与选择中的理性与错觉》（*Decisions：Rationality and Illusion in Judgment and Choice*）。但新书写作确实很难。最终，卡尼曼和特沃斯基的新论文集于 2000 年出版，名为《选择、价值与框架》（*Choices，Values，and Frames*）。

② 纽约斯里皮霍洛洛克菲勒档案中心洛克菲勒基金档案，第 1431 号文件，194 箱，万纳 1986 年 10 月 16 日致咨询委员会的信。

明，提议成立的实验经济学工作组很难组织起来。一开始的想法是让史密斯或普洛特领导，或者联合一位行为心理学家如卡尼曼或他的某位同事共同领导。但这没能行得通，因为大家的理论兴趣不同。史密斯和普洛特想要关注的问题是市场如何随着时间的推移将个人行为引导向市场均衡，以及市场均衡究竟是什么样的。另外，卡尼曼、塞勒和咨询委员会更感兴趣的则是初始的个体行为是如何偏离理论定义的均衡的，而不考虑是否存在这样的均衡。此外，万纳、卡尼曼和塞勒质疑有多少情况经济市场被允许让时间慢慢发酵直至实现均衡。

与此密切相关的另一个双方的不同之处，所有人都知道，但所有人都避免公开谈论，就是各自政治观点的差异。史密斯是一个毫无保留的自由市场拥护者，他从弗里德里希·冯·哈耶克等人那里获取灵感。卡尼曼、塞勒和万纳则应被视作温和的自由主义者，他们质疑对市场的优越性的假设。双方都试图找到共同点，史密斯为了从斯隆-塞奇项目获得研究基金，而卡尼曼、塞勒和万纳则是为了维持宽容的、与政治无关的科学项目形象。尽管如此，双方都失败了，部分可归因于意识形态差异。结果，项目被放弃了，而科林·卡默勒被请来负责实验经济学工作组。这一插曲也表明咨询委员会和其他人，尤其是卡尼曼、塞勒、万纳一直在密切关注行为经济学项目的内容和发展情况。资助的“投资组合”关注的重点以及包括的学科都是被精心管理的，而且万纳一直在寻找适合项目的新研究员来提交申请。

1988—1989 年间，行为经济学项目继续沿着 1983—1987 年的发展路径前行，并且得到了两大基金的支持。1989 年，费斯廷格、里斯、马奇卸任咨询委员会委员，卡尼曼接任。此时，咨询委员会由经济学家鲍莫尔、谢林和心理学家阿贝尔森和卡尼曼组成。也是在1989 年，在拉塞尔·塞奇基金会行为经济学项目的领导下，访问学 163
者项目成立。研究人员通过项目可以被邀请到拉塞尔·塞奇基金会在纽约的办公处待最多一年的时间，可以和其他访问学者开展项目合作或者写一本书。1989—1991 年，万纳和咨询委员会越来越重视访问学者项目。此外，拉塞尔·塞奇基金会行为经济学系列丛书在 1991 年启动了。丛书出版的第一本书是《准理性经济学》（Thaler，1991），最终一共出版了 11 本书，包括《时间中的选择》（Loewenstein and Elster，1992）和《行为金融学新进展》（Thaler，1993）。

里斯由于年龄和健康恶化的原因不再担任斯隆基金会总裁和咨询委员会委员。相比较费斯廷格和马奇的卸任，他的退休具有大得多的影响。不出所料，这意味着斯隆基金会终止支持行为经济学项目。因而，1990年之后，行为经济学项目成了只是拉塞尔·塞奇基金会一家的项目。1992年初，拉塞尔·塞奇基金会理事会告知万纳，他们计划在当年底终止行为经济学项目，并为该项目每年花费的大约30%年度预算寻找其他目标。虽然万纳认为这是公平的，但他仍然探索能不能以某种形式保留这个项目的一部分。他做的第一步工作是请所有在1984—1992年间接受过行为经济学项目资助或其他形式支持的研究人员简要地向理事会表述“项目对你自己的研究产生了哪些影响”[1]，并且“提供对经济学中行为经济学现状的评估”[2]。第二步，万纳请接受资助者表述“未来从事行为经济学研究的大致前景”[3]。这封信被发给了大约90位经济学家和心理学家，三分之一左右的人回信了，其中当然包括那些最紧密地参与进来的研究人员，如塞勒、卡尼曼、勒文施泰因和卡默勒。不出意外，他们的回复都是积极的。但是，其他人则没有那么积极了。比如，弗农·史密斯在给万纳的一封长信中严厉批评了行为经济学项目的组织和他们所关注的研究。[4]

164 1992年夏，行为经济学项目正式结束，咨询委员会被解散。虽然如此，接受资助者的信加在一起也说服理事会同意保留最后一种资助形式。这种形式可说是一种组织创新，被称作“行为经济学圆桌会议”。圆桌会议由接受过行为经济学项目资助的研究员组成，每年可获得10万美元资助。对于拉塞尔·塞奇基金会来说，这种组织创新的最大好处是不再需要拉塞尔·塞奇基金会的员工参与进来，也不需要成立咨询委员会。行为经济学圆桌会议任命的第一批10名成员是阿克洛夫、布林德、卡默勒、艾尔斯特、卡尼曼、勒文施泰因、谢林、席勒、塞勒和特沃斯基。自1992年成立以来，圆桌会议每两年举行一次暑期学院，还针对年轻学者提供一些小型资助项目，这都有

---

① 纽约斯里皮霍洛洛克菲勒档案中心洛克菲勒基金档案，第1442号文件，196箱，万纳1992年4月30日致接受资助者的信。

② 同①.

③ 同①.

④ 纽约斯里皮霍洛洛克菲勒档案中心洛克菲勒基金档案，第1442号文件，196箱，史密斯1992年5月15日致万纳的信。

效促进了行为经济学的发展。截至本书写作时，行为经济学圆桌会议仍在运行。

5. 区分实验经济学与行为经济学，1980—2010 年

卡尼曼和塞勒的行为经济学与史密斯的实验经济学的区别是前者研究个体行为，而后者研究市场。此外，他们代表着相反的政治派别。20 世纪 80 年代，行为经济学出版物的数量不断增加，更一般地说，卡尼曼和特沃斯基作品的影响力不断增加，这促使史密斯更明确地把他的实验经济学同心理学家及其经济学衍生作品区分开来。1989 年，格雷瑟和普洛特的第一篇论文发表 10 年后，史密斯问道：

> 我们如何弥合……选择心理学和外汇市场实验中主体经济行为之间的分歧？……我认为我们经济学家需要接受（行为决策研究中）可重复的经验结果，这些结果可以有效度量**人们是如何思考经济问题的**。至于心理学家，他们需要接受有关市场表现的实验研究所传达的主题信息：市场经常这样运行，随着时间的推移，逐渐收敛到经济学家的范式预测（的状态）上。这些实验涉及各种市场表现，包括投标、拍卖和客户（报价）市场。(Smith，1989，p. 165，原文强调)

格雷瑟和普洛特的实验结果推出的结论（Grether and Plott，1979，1982）自 20 世纪 70 年代末以来，已经被史密斯等实验经济学家所接受并应用至今。多年来，实验经济学家一直在纠结如何形成自己的方法，如何把他们的思想同塞勒的行为经济学区分开来。其中的部分困难是（现在仍是）实验经济学家（的思想）和卡尼曼及特沃斯基的前景理论看起来非常接近。心理学家的实验发现反驳了个体决策行为中的理性选择，实验经济学家对此予以认可，认为的确如此。这很容易推理出他们也认可行为决策研究者和行为经济学家从实验发现中得出的理论意涵。 *165*

另一个困难是实验经济学家和行为决策研究者及行为经济学家做同样类型的实验，但实验目的大相径庭。行为主义者使用人类个体对象做实验，研究个体的决策行为特征。实验经济学家使用人类个体做

实验，研究市场。两方面做的是同样的实验，但是头脑中的问题不一样。实验经济学家对实验使用的特定个体没有兴趣，对某个个体，或者他（她）的一般特征也没有兴趣。他们需要使用个体去试验一种现象，这截然不同于实验中的个体对象。就像生物学家通过细菌对实验小鼠的影响研究细菌，实验经济学家也是通过市场对个体行为的影响研究市场。但是，实验经济学家很容易被理解成是研究人类行为的。经常可以在实验经济学中找到类似“在实验室的市场实验中，我们检验理论的主体行为假设”的说法（Smith，1989，p. 154），这被人误解成关于人类心理学的说明也就不难理解了。鉴于二者的区分如此不明显，实验经济学家感受到了压力，觉得有必要把他们自己和卡尼曼与塞勒的行为经济学更明确地区分开来。

实验经济学和行为经济学的一个重要区别是对时间的使用。在实验经济学中，市场推动经济走向均衡需要时间。因此，实验经济学家一方面坚称个体行为在开始的时候偏离了偏好理论的规范，另一方面坚称这和正在形成中的市场均衡是一致的。这是“史密斯很难解释实验经济学对行为经济学家的态度”的主要原因。“人们对于市场如何运行，或者说应该如何运行有他们自己个性化的信念”，史密斯谨慎地解释，并且“调查问卷反映了这些信念，常常通过‘公平’标准表
166 述出来”。因而，“市场中（人们的）初始行为可能反映了这些信念”。但是，当个体处在市场中的时候，随着时间的推移，他们的行为“调整以适应市场的激励性质”（Smith，1989，p. 166，原文强调）。

史密斯（Smith，1989）继续总结指出，经济学中存在“两种实验研究纲领”，但是他补充说，两种都需要进行重大发展。第一种是“经济学家的最大化范式”，“在预测随着时间的推移，实验中的市场将要达到的均衡方面表现良好”。但是，经济学家的最大化范式“不能广泛地被用来解释短期动态行为，比如合同价格从最初价格到最终稳态价格的变化路径”（p. 166）。第二种是“心理学家的‘参照系’描述性范式”（p. 166），即卡尼曼和特沃斯基的前景理论和衍生出的行为经济学。“心理学”范式在“解释对象的内省式反应，以及短期或初始决策行为方面”表现不错，“但是它没能提供参照系随着时间调整的预测性理论”（p. 166）。史密斯很快指出心理学纲领中的一篇著名文章符合这一分析。“实际上，‘人们调整他们对于公平的看法以

适应真实行为的规范’（Kahneman，Knetsch and Thaler，1986，p. 731），这一说法可以理解为对实验中观察到的市场的一个描述”（p. 166）。

史密斯为了更明确地区分开实验经济学和行为决策研究及行为经济学，还尝试了另外一种方法：放弃用“实验博弈”的名称描述他的实验。20世纪50年代至70年代初，将理性选择理论应用到人类互动情况中的博弈论成为史密斯实验的重要灵感源泉（Lee，2004；Weintraub，1992；Dimand，2005）。但是，经典博弈论描述、解释遵循理性行动的自利性个体之间的互动，它首先把个体描述为效用优化者。[①] 实验结果表明这是一个错误假设。因而，实验经济学家认为博弈论不再适合作为对个体行为的描述。20世纪70年代时，史密斯明确放弃使用**实验博弈**描述他的实验，这表明了未解决的难题（Lee，2004）。但是，按照格雷瑟和普洛特（Grether and Plott，1979，1982）提出的证明，可以说明史密斯的理由。博弈论仍是在描述、解释最终市场均衡中的个体行为，它不能解释个体面对一个经济决策时的初始行为。它也不能解释向均衡的调整过程。所以，**实验博弈**这一术语不适合描述“研究市场环境中个体的调整行为”的实验。从实验模拟了市场的关键方面这一角度说，它仍被看作是博弈，但是，从实验描述了完全理性互动的个体这一角度说，它已经不是博弈了。 *167*

迫于更明确地区分开实验经济学和行为经济学的压力，史密斯在2000年以后开始和心理学家格尔德·吉仁泽合作。长期以来，吉仁泽坚持批判卡尼曼和特沃斯基，并且推崇赫伯特·西蒙的研究（例如Gigerenzer，1996；Gigerenzer et al.，1999）。2008年，史密斯出版了一部专著，题为《经济学中的理性、建构主义与生态形式》（*Rationality in Economics，Constructivist and Ecological Forms*），其中明确地把他自己的研究和吉仁泽的研究联系起来了。吉仁泽参与了普洛特和史密斯主编的《实验经济学结果手册》第一卷（*Handbook of Experimental Economic Results*，Volume 1，2008），提供了至少6份稿件。他的适应性行为与认知研究组（撰写的）关于有限理性研究

① 此处只关注20世纪50—70年代初对博弈论的解读，后来的使用者常常改变对博弈论的解读（Bowles，2004；Gintis，2000；Camerer，2003）。

的第三卷，题名为《生态理性：真实世界中的智慧》(*Ecological Rationality*：*Intelligence in the Real World*，2011)，体现了和史密斯的关联。

6. 总 结

20世纪80年代初，行为决策研究和经济学产生了关系，并被吸收进经济学中。但是，有两种截然不同的吸收方式。实验经济学家格雷瑟、普洛特和史密斯等人首先意识到了行为决策研究的实验结果。格雷瑟和普洛特（Grether and Plott，1979，1982）证实了心理学的实验发现，得出结论认为，偏好理论作为对人类个体行为的描述应该被完全放弃。但是，实验经济学家的结论认为，偏好理论作为描述均衡状态下的有效市场的理论可以被保留，而实验结果只是突出了市场的理性化力量。而且，实验经济学没有接受行为决策研究提出的替代性解释，并且明确公开指责卡尼曼和特沃斯基的前景理论，而前景理论是替代性理论中最引人注目的内容。

实验经济学家证实行为决策研究的结果后，意外地为行为决策研
168 究者进入经济学扫清了道路。塞勒等学者认为心理学的发现阐明了个体选择的非理性，然后把个体选择的非理性和（金融）市场行为的非理性特征直接联系起来了。他们很快接受了卡尼曼和特沃斯基的研究（特别是他们1979年发表在《计量经济学》杂志上的论文），认为他们提出了一种关于个体决策行为的重要的、改良的新理论。针对实验结果和替代性的前景理论，史密斯的实验经济学和塞勒的金融经济学给出了不同的回应，可以解释为二者对市场的理解不一样。在史密斯看来，市场是一个合理化机制，需要时间推动经济走向均衡。而对于金融经济学家如塞勒来说，时间并不是市场的一个要素。他们对于经济的不同观点和他们对立的政治观点有关。塞勒是民主党，属于“左”派，而史密斯是亲共和党的，是右派。

换言之，实验经济学和行为经济学虽然有密切的关联，但也有根本的不同。说他们密切关联，是因为他们使用同一组心理学实验来说明一个论点：改变主导经济学的新古典理论。而且，尽管他们提出的

问题不一样，他们做的实验基本一样。但是，他们从心理学家的实验结果中推出来的结论具有根本性的不同，一方想拓展新古典理论，另一方则认为新古典理论仍有价值。

斯隆-塞奇行为经济学项目的主要贡献是，在两种针对卡尼曼、特沃斯基等人的心理学的经济学反应中，选择了支持和鼓励其中的一种。从“事后诸葛亮”的观点看来，卡尼曼、塞勒和行为经济学的科研成果丰硕、成就辉煌，所以，很容易得出结论说，无论有或者没有斯隆基金会和拉塞尔·塞奇基金会的支持，行为经济学都会发展。但那样的话，就抹杀了里斯、万纳和咨询委员会的努力，他们把经济学家和心理学家联合在一起，并支持了其他更常规的研究资金机构不愿意支持的研究。万纳努力在咨询委员会、受邀研究人员和资助的申请中维持心理学家和经济学家之间的平衡，保证不让任何一方感觉被主导。万纳 20 世纪 60 年代在哈佛大学从事跨学科认知研究的背景和他在哈佛大学出版社经营认知科学系列丛书的经验，帮助他创造了一种 *169*
环境，使得经济学家和心理学家的跨学科项目可以蓬勃发展。

20 世纪 80 年代，行为经济学已经成功地发展为一个引人注目的跨学科项目。90 年代，行为经济学家开始更明确地界定自己，不仅要区别于新古典主流，而且要和实验经济学及心理学区分开来。这将是本书最后一章的主题。

第6章 行为经济学的发展与界定

170 1. 引 言

塞勒行为经济学的一个明确特征是采用了卡尼曼和特沃斯基对规范性和描述性的理解。在卡尼曼和特沃斯基的体系中，规范等同于一系列理性决策的规则，如期望效用理论、逻辑学和贝叶斯更新。因此，最终将由专家（科学家）来裁决某项具体决策是规范正确的，还是规范错误的。卡尼曼和特沃斯基体系中的描述性部分记述的是人类的真实决策。但他们发现这些决策经常系统性地、可预测地偏离规范基准。另外，塞勒接受了卡尼曼和特沃斯基对经济学实证领域的理解，认为它应该包含规范性范畴和描述性范畴两个方面。

塞勒引入这一解读后，本不应该但又确实引起了混乱。他把卡尼曼和特沃斯基的描述性范畴等同于经济学家的实证性范畴，而对于规范性，他有时使用卡尼曼和特沃斯基的含义，有时又使用经济学家的含义（如 Friedman，1953）。塞勒（Thaler，1980，p. 39）的表述如下：

> 经济学家很少区分消费者选择的规范性模型和描述性或实证性模型。虽然消费者理论建立在规范性的基础上（它描述了理性消费者**应该**怎么做），但经济学家仍然认为它是不错的描述性理论（它预言了消费者实际是怎么做的）。本文认为经济学家过度看重规范性理论，导致他们在记述和预测消费者选择时犯了系统性的、可预见的错误。（原文强调）

塞勒指出，进一步提升规范性理论完全没有问题，但是因为经济学家忽略了一个事实，即真实世界中的个体行为和理论不一致，所以 171 应该多花精力建立经济行为的描述性理论。这与卡尼曼和特沃斯基的观点是一致的。因而，塞勒不只是接受了卡尼曼和特沃斯基提出的经验证据，也接受了相应方法论上的区分。本质上说，他接受的是卡尼曼和特沃斯基试图把经济学重建为一门行为科学的努力。前景理论主张行为决策研究和经济学同属一个项目，而且行为决策研究的方法要优于经济学的方法。从而，经济学家应该采纳前景理论及其方法论区分。塞勒完全接受了这一逻辑，而且在卡尼曼和特沃斯基的方法下提出了更多经济内容。

塞勒从卡尼曼和特沃斯基那里继承来的对经济学概念的重新定义，决定了行为经济学在 20 世纪 90 年代至 21 世纪初的发展边界。本章第 2 部分将描述行为经济学在此期间的重要进展。具体来说，我们将讨论跨期选择研究、二元系统方法、偏好内生化研究以及自由家长制的新福利经济学。第 3 部分将表明行为经济学的迅速发展促使行为经济学家寻求与主流经济学的更紧密的联系，同时试图更明确地与实验经济学和心理学区别开来。

2. 界定、辨识行为经济学，1990—2010 年

1990—2010 年，塞勒、卡尼曼等以前参与过斯隆-塞奇行为经济

学项目的学者把行为经济学从一个小型研究项目扩展为一个新的主导性的研究纲领，并开始通过和相邻领域的实验经济学和心理学进行对照，给出行为经济学更明确的界定。以前，行为经济学专注于金融经济学中违反新古典理论的情况，现在则超越行为决策研究，从更广泛的学科和方法领域中汲取灵感。这些发展有助于将行为经济学扩展成一个宽阔而稳定的经济研究纲领，但卡尼曼和特沃斯基在其中的影响相对下降了。两位心理学家依然是符号性的创立人，但他们在 20 世纪 80 年代对塞勒行为金融学那种无所不在的影响已经不复存在。卡
172 尼曼和特沃斯基的规范性-描述性区分依然是行为经济学的方法论基础，但这个名称也变成了完全理性与“不完全理性、准理性，最后是有限理性”之间的对立。

但是，行为经济学家仍然是卡尼曼和特沃斯基的“信徒”，经常重复最初由他们提出的规范性-描述性框架。这一核心概念决定了行为经济学家对真实世界的理解，决定了他们推理出的福利含义，并最终决定了当他们的探索研究远离这一核心概念时应如何将其拉回来。20 世纪初，行为经济学家提出了关于经济政策建议的新家长式观点，而有关理性的新术语为讨论这种观点奠定了基础。

跨期选择与二元系统方法

关于跨期选择的行为决策研究开始于 20 世纪 90 年代初，二元系统方法使相关研究达到了极点。借用跨期选择和二元系统方法的文献来说明问题是有原因的。从时间顺序上看，这是行为经济学家关注的第一批主题中的一个，直到今天仍然是行为经济学的重要话题。例如，卡尼曼的畅销书《思考，快与慢》（*Thinking Fast and Slow*，Kahneman，2011）便是明证。其次，它说明了行为经济学家如何吸收、整合卡尼曼和特沃斯基的研究。最后，它表明了行为经济学家如何发展出一个可以应用于所有经济问题的理论体系，而且这个体系可以和神经系统科学以及认知科学中的重要进展兼容。

乔治·勒文施泰因和大卫·莱布森是两位杰出的研究跨期选择的行为经济学家。勒文施泰因于 1985 年获得耶鲁大学博士学位，并在 1987 年发表了他的第一篇论文。从那时开始，他便一直坚定倡导将更多的心理学引入经济学。但是最初，他几乎没有受到卡尼曼和特沃

斯基的影响，反而是乔恩·艾尔斯特的研究对他的理论产生了重要影响。勒文施泰因曾与艾尔斯特写过几篇论文，并为拉塞尔·塞奇基金会编辑过一本题为《时间中的选择》的书。[①] 勒文施泰因发表过多篇论文，讨论利用心理学和经济学解释跨期选择及效用的历史，展示了深厚的经济思想史素养（如 Loewenstein，1992；Elster and Loewenstein，1992；Frederick et al.，2002；Angner and Loewenstein， 173
2012）。莱布森于1994年在麻省理工学院获得博士学位，同一年开始了在哈佛大学的学术生涯。在麻省理工学院与哈佛大学，他一直专注于违反传统经济理念中指数贴现的情况。他的论文包括几种研究，有的是通过实验证实这一现象，有的是建立解释观察到的系统性偏离的经济数学模型，有的是研究观察到的行为背后的心理学和神经生物学因素。

勒文施泰因认为，著名的指数贴现效用模型的问题不只是个体双曲线贴现，还有更进一步的问题。例如，有时候个体表现出使用负的贴现率（Loewenstein and Prelec，1991）。如果相对于真实工资保持不变，个体更偏好真实工资递增，即便正常情况下不变工资的贴现值比递增工资的贴现值高，实际中他们也可能会对递增工资使用负值贴现率。然而，对于标准经济理论来说，可能更具挑战性的是个体的跨期选择行为表现出的根本不一致性（如 Prelec and Loewenstein，1997）。[②] 有的人偏好**现在的 A** 超过**现在的 B**，偏好**一个月以后的 A** 超过**两个月以后的 B**。但同时，他们偏好**一个月以后的 B 和两个月以后的 A**，超过**一个月以后的 A 和两个月以后的 B**。换句话说，个体在面对跨期选择问题时，喜欢把最好的留到最后，这和经济理论是根本不一致的。另一个著名的证伪指数贴现效用模型的描述是关于纽约出租车司机的研究，司机们对收入的判断是“每天一次”（Camerer et al.，1997）。

勒文施泰因指出，指数贴现效用模型不仅在描述性方面不及格，在规范性方面也不及格。例如，某人认为今天的橘子和今天的苹果无差异，但是似乎没有理由推断他认为“(1) 今天苹果、明天橘子、后

---

① 有关艾尔斯特的决策研究方面的讨论，请参见 Davis（2003）。

② 这里，勒文施泰因引用了弗里德曼和萨维奇的研究（Friedman and Savage，1948，1952），他们在解释博彩和保险行为时遇到了类似的问题。

天苹果”和“(2) 三天都是苹果”之间也是无差异的。勒文施泰因表明，虽然指数贴现效用模型具有简洁、一致等数学上的美学价值，但若从规范性与描述性等方面考虑，则几乎没有坚持的必要。这一结论导致了勒文施泰因自己研究中的矛盾。一方面，他是早期塞勒和卡尼曼的行为经济学的学生，也是一位重要的接受斯隆-塞奇项目资金资助的人。另一方面，他得出结论认为经济理论作为规范基准可能存在问题。

174 所以勒文施泰因感到矛盾、不知如何推进也就毫不奇怪了。他在多篇论文中表明指数贴现效用模型在记述和规范方面都存在根本性的问题（如 Loewenstein，1992，1999a；Loewenstein and Prelec，1991；Prelec and Loewenstein，1997）。但在其他地方，勒文施泰因试图保留指数贴现效用模型作为规范基准，而只是拓展其作为描述性理论的方面。例如，他曾经构建了一个数学模型容纳观察到的行为，而把规范基准作为一个极端情况（如 Loewenstein and Prelec，1992）。在这一模型中，贴现因子被归纳为 $1/(1+at)$，其中 a 是外生或由其他函数决定的变量。勒文施泰因也曾经转向神经科学寻求可能的解决方案。

20 世纪 90 年代，相关探索使得勒文施泰因对行为经济学的规范性-描述性区分提出了质疑。但一段时间以后，他退却了，不再对规范基准提出异议，并尝试着让他的研究和卡尼曼与特沃斯基的方法相容。2000 年以后，勒文施泰因承认，他的研究受到了经济学中的行为理论和心理学提出的“期望效用理论，这一有影响的规范基准的存在”的激励（Loewenstein et al.，2001，p. 367）。而且，他补充说这一领域中“心理学家和经济学家理论观点的相似程度比这两个学科其他共同话题（的相似程度）要大一些”（Loewenstein et al.，2001，p. 367）。

在莱布森的研究中可以看到类似的矛盾。他 1997 年的论文《金蛋与双曲线贴现》（Golden Eggs and Hyperbolic Discounting）构建了一个具有双曲线贴现函数的参与人的数学模型，可以用来解释实验中观察到的各式各样的个体偏好的动态不一致性。“金蛋”指的是传统理性经济个体决策模型。在莱布森的模型中，个体面对“不完备的承诺技术”，比如一项退休计划，它需要在开始运作前一期就启动。

该模型结合双曲线贴现函数，“预测出”个体消费水平会密切跟随他们的收入增长，但结合“不完备的承诺技术”，个体将提前致力于符合他们意愿储蓄的行为，从而可以修正他们的双曲线贴现函数。由于不完备承诺技术要求个体提前承担义务，那些具有远见的理性计划者将有效地压制“一旦真拿到钱就立刻去尽兴”的冲动。

因此，该模型预测随着“金融创新”的发展，储蓄率将会下降，*175*
因为承诺技术不再需要提前一期启动。莱布森指出，这解释了当前美国储蓄率下降的事实。对这里的“金融创新”应该做广义的解读，它不仅包括新的银行存款计划，还包括“社会承诺策略”的改变，如婚姻、工作和友谊的变化。金融创新使得个体的短期双曲线贴现函数能够推翻长期理性贴现函数。从理性、长期的视角看，这种结果在某些条件下可能意味着福利下降。

莱布森的“金蛋”论文代表了 20 世纪 90 年代行为经济学的新进展。它有效利用了卡尼曼和特沃斯基对规范性和描述性的区分，并把它重新解释为“具有远见的”和“短视的”计划者。莱布森还为该框架补充了一些思想，指出在经济中承诺技术将为个体提供控制他们的偏差行为的可能性。承诺技术的思想拓展了卡尼曼和特沃斯基的框架。它表明个体偏离了规范基准，同时有助于解释个体是如何偏离规范的。进一步，它表明不仅需要科学家帮助个体，个体自己更要寻求办法修正自身的偏差行为。

此外，虽然早在 20 世纪 80 年代时，塞勒就已经使用通俗易懂的语言并参考心理学来解释、解决问题，但是莱布森仍然使用形式主义的经济学术语表述问题，而且没有参考心理学。另一个例子是哈里斯和莱布森合作的论文《双曲线消费者的动态选择》(Dynamic Choices of Hyperbolic Consumers，Harris and Laibson，2001)，它详尽阐述了双曲线贴现的思想。该论文尝试把短期双曲线贴现与长期（指数）贴现联系起来，并表明“试图阻止自己未来过度消费”的个体将如何行动。论文从传统的个体贴现函数开始，把不变的贴现因子 δ 替换为“实际贴现因子”。实际贴现因子由两部分的和组成——“长期贴现因子 δ”和“短期贴现因子 $\beta\delta$”，其中双曲线贴现意味着 $\beta<1$。因此，传统贴现因子被明确分解为长期指数部分和短期双曲线部分。假设面对“随机收入”与“借款约束”的个体预测自己未来倾向于双曲线贴

176 现（从而倾向于过度消费），进而试图采取行动防止这种情况出现，因而，双曲线贴现被解释为源于与未来自己的策略博弈：

> 因为 $\beta<1$，所以实际贴现因子和未来消费倾向（MPC）负相关。为了直观理解这一效应，考虑一个消费者，他正在思考为将来多储蓄 1 美元。我们假设这个消费者基于**自我**博弈采取策略行动，博弈者是不同时期的“自己”。零时期的消费者，“自己 0”，预期未来的自己会过度消费，即超过自己 0 偏好的未来的自己的消费率。所以，在均衡路径上，自己 0 认为未来任何时刻的边际储蓄的价值都要大于边际消费的价值。从而，从自己 0 的视角看，自己 1 如何把时期 1 的 1 单位边际财富划分为储蓄和消费具有重要影响。自己 1 的边际消费倾向将决定如何划分。由于自己 0 认为时期 1 的边际储蓄比边际消费的价值大，所以自己 0 预期时期 1 的边际消费倾向越大，则预期未来的价值越小。（Harris and Laibson，2001，p. 936，原文强调）

换句话说，由于个体知道他们未来会采取双曲线贴现，所以他们现在就使用双曲线贴现。但是，哈里斯和莱布森 2001 年的合作论文（Harris and Laibson，2001）表明莱布森从“个体可以通过承诺影响自己的行为”这一想法上后退了，回到了卡尼曼、特沃斯基和塞勒提出的行为经济学的核心思想。表现出来的行为只是不同的自己冲突的结果，没有任何一个自己可以控制其他的自己。

因此，行为经济学家处理跨期选择问题的方法，首先是把人类行为描述为两个体系或两种流程争夺支配地位的结果。关于这两个体系，行为经济学文献中有不同的名称：推理与直觉（如 Kahneman，2003，2011）、理智与感情（如 Shefrin and Thaler，1988；van Winden，2007；Ben-Shakar et al.，2007）、认知与情感（如 Camerer et al.，2005）是其中的突出代表。诚然，把人类行为解读为不同动机冲突的结果拥有悠久而丰富的历史，可以追溯到柏拉图和亚里士多德的哲学，追溯到荷马的尤里西斯为了能够听到塞壬唱歌而把自己绑在桅杆上（Davis，2003，pp. 63-80）。可见，行为经济学家用“一个身体内居住着两个灵魂”重新塑造了新古典经济学对个体行为的理解，这是对悠久历史的最新发展。

177 部分行为经济学家把二元系统方法和神经系统科学及神经生物学

的研究联系起来，进而促成了一个被称作神经经济学的分支的产生。[①] 相关文献保留了对规范性和描述性的区分，但做了略有不同的重新解释，认为区分的两个方面代表了人类行为的两个方面。换言之，规范性从外在于个体的某物变成了人性与生俱来的两种能力之一，而且要和另一种能力争夺支配权。一个说明性的例子是麦克卢尔、莱布森、勒文施泰因和科恩的合作论文《分离的神经体系对即时和延时货币酬金的评价》(Separate Neural Systems Value Immediate and Delayed Monetary Rewards，McClure，Laibson，Loewenstein，and Cohen，2004)。论文中描述的研究，试图为前文提到的实际贴现因子的两个部分寻找神经生物学基础，并确实有所发现。让实验对象躺在核磁共振扫描成像仪中，当面对延时货币酬金时，对象大脑中与理性行为相关的部分达到了活动高峰（侧前额叶与后顶叶皮层）；当面对即时货币酬金时，与中脑多巴胺中枢相连的大脑边缘系统特别活跃。

麦克卢尔等论文作者把研究发现看作是“假设短期双曲线贴现和长期理性指数贴现之间存在不同”的证据。长期规范性的理智系统与短期情感系统争夺支配权。当短期体系影响结果时，产生的行为可以被观察并归类为对规范的系统性偏离。有鉴于此，行为经济学家进行的神经经济学研究立即建立起和神经科学的联系，并同时保持卡尼曼和特沃斯基的规范性-描述性核心思想。

21 世纪初，行为经济学家以这篇论文以及相关研究为依据，越来越认为个体（经济）行为研究应该建立在神经科学体系的基础上。神经经济学研究不断重复的观点是，在经济决策过程中，个体的理智系统试图做出理性决策，但遗憾的是，它经常被强大的、占支配性地位的情感系统所推翻。跨期选择就是一个好例子。

当人们计划把未来某个时点上的收入在消费和储蓄之间进行划分时，并没有太多地涉及情感系统，理智系统会在二者之间做出理性划分。但是，当未来来临变成当下时，情感系统开始起作用，追求即时满足进而试图推翻理智系统。换言之，可以这样理解，个体理智系统 *178*
没能够控制住情感系统，导致了对理性决策的系统性偏离。行为经济

① 1990—2010 年，至少两个群体的科学家使用过神经经济学的名称（参见，如 Vromen，2007；Ross，2008）。

学家在神经经济学总体方法论基础上，针对两个系统提出了很多不同的框架。下面我们介绍两个比较突出的例子。

卡尼曼在以获得诺贝尔奖时的演讲为基础写作的论文（Kahneman，2003；同见 Kahneman，2011）中，认同并使用了图 6－1 描述的框架。卡尼曼的框架很有趣，混合了心理物理学和神经系统科学，希望为两种决策过程提供一种区分。下面一行区分了决策的两种输入：当前外在的刺激与头脑中已经存在的信息。两种信息来源为中间行描述的认知系统提供了输入：直觉系统（或者更中性地称之为系统 1）和推理系统（更中性地称之为系统 2）。区分两种系统的主要标准是运行它们所需耗费的气力。推理系统需要耗费比较多的气力，运行相对较慢。直觉系统运行得快得多，耗费气力较少。两个系统之间的另一个区别是系统 1 中非自发的印象和系统 2 中自发的判断。最上面一行进一步区分了系统 1 的感知和直觉信息处理。两种信息处理系统
179 和感知的区分是依据自动性与可访问性做出的。左列的决策是完全自动、不可访问的。一个例子是关于两间屋子中哪一个的温度更高的感知（决策），这种感知（决策）是自动做出的，而且个体不能访问处理过程。这个谱系另一端的决策不是自动做出的，而且很大程度上来说是可以访问的。一个例子是关于更喜欢并购买两个房子中的哪一个

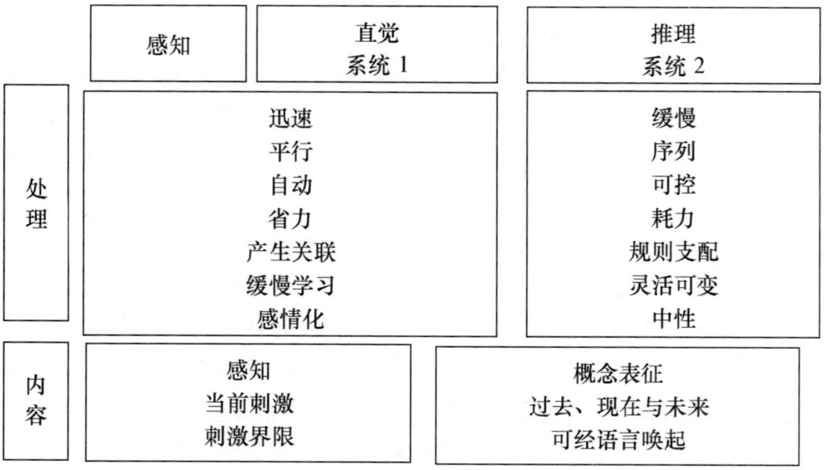

图 6－1　三个认知系统

资料来源：Kahneman（2003，p. 1451）.

的决策。直觉系统是这两种系统的中间地带，反映了那些常常是自动做出的，但是又可以访问、修改的决策，比如在确定获得 3 000 英镑和以 80%的概率获得 4 000 英镑之间进行选择的决策。因而，卡尼曼使用这种框架把心理物理学家研究的自动感知系统和行为经济学使用的神经系统科学地结合起来了，而同时又允许偏离理性经济决策的可能存在。

图 6－2 提供了另一个突出的框架。20 世纪初神经经济学中的另一篇当之无愧的权威论文——《神经经济学：神经系统科学如何能够融入贯穿经济学》（Neuroeconomics：How Neuroscience Can Inform Economics，Camerer，Loewenstein and Prelec，2005）对此作了广泛的探讨。在该框架中，两种系统或者是自动的，或者是受控的。第三象限中自动性认知处理的例子是对相对温度和物体形状的判断。第四象限中自动的情感系统描述了快乐和痛苦系统，它基于过去经验和第三象限提供的信息为对象赋值。第一象限和第二象限是可控决策过程的认知和情感部分。某个决策者可能非常想买一辆车，但是在第一象限，理智判定他（她）买不起。某个体可能根本不饿，但在第二象 180
限，他可能不想辜负朋友的烹饪作品，所以仍会咬一口。因此，在行为经济学及其神经经济学研究中，记述的真实世界的决策可以被理解为认知系统和情感系统之间的斗争，前者寻求理性解决方案，而后者

	认知	情感
可控过程 ■ 序列 ■ 耗力 ■ 有意唤起 ■ 经内省方便访问	Ⅰ	Ⅱ
自动过程 ■ 平行 ■ 省力 ■ 本能反应 ■ 不可经内省访问	Ⅲ	Ⅳ

图 6－2　神经运行的两种维度

资料来源：Camerer et al.（2005，p. 16）.

不在乎理性决策，追求的是即时满足。[1]

偏好是人性中与生俱来的呢，还是在与环境的互动中产生的?

行为经济学吸收了“关于理性规范以及经济主体对它的不完全实现之间的区分”后，极大地拓宽了研究范围。但是，似乎也存在拓宽范围的极限。行为经济学家和人类学家关于偏好产生的合作可以说明这一点。简短的合作表明行为经济学家在经历了最初的热情后却往后退了。因为合作产生的研究和行为经济学的基本假设相矛盾，基本假设是指把完全理性看作不变的、广泛适用的基准。具体到跨期选择的例子，行为经济学家不愿意放弃完全理性基准。前述合作研究是在15个小型社会进行的关于最后通牒博弈的大规模跨学科研究。研究成果发表在很多杂志上。约瑟夫·海因里希、罗伯特·博伊德、塞缪尔·鲍尔斯、科林·卡默勒、恩斯特·费尔和赫伯特·金迪思合作的致力于这方面研究的著作《人类社会性基础》(*Foundations of Human Sociality*，2004）对此做了最广泛的探讨。海因里希总结了关于这方面研究的反思，请参考吉仁泽和泽尔腾 2001 年的合作研究(Gigerenzer and Selten，2001)[2]。

这项大规模跨学科研究的动机是在世界各地进行最后通牒博弈实
181 验后，结果往往是参与者不采取理性最优策略，而是把钱对半分。[3]
但是，实验只使用了发达资本主义国家的大学生。所以，其中的问题是，如果换到其他环境中，结果还能否成立。

结果的令人惊异之处与其说是小型社会中提议和接受的平均值有别于那些大学生，不如说是造成这种不同的原因。大致来讲，提议和

---

① 在这方面，行为经济学在 1990—2010 年间提出的二元系统方法不同于许多其他的神经系统科学家和社会科学家提出的方法，那些科学家并不认为认知系统胜于直觉、感情或情感系统。关于后者的例子包括达马西奥的研究（如 Damasio，2001），由西蒙传留下来的研究（如 Gigerenzer et al.，1999，Gigerenzer and Selten，2001），以及受演化理论启发的科学（如 Barkow et al.，1992）。

② 研究受到了麦克阿瑟基金会的研究网络“偏好的性质与起源”的资助。“由罗伯特·博伊德和赫伯特·金迪思领导的”网络“获得了两笔资助：1997 年获得 255 万美元，2002 年获得 180 万美元”（史蒂芬·理查兹 2008 年 12 月 4 日致本书作者的电子邮件）。

③ 最后通牒博弈如下：参与者 1 提议划分一笔固定数额的钱，参与者 2 可以接受这种划分（钱将按照提议的方式划分），或者拒绝这种划分（两位参与者均什么都得不到）。如果两位参与者都是理性的，参与者 1 将提议划分给参与者 2 最小可能的数额，而参与者 2 则接受划分。

接受的划分平均在 80%/20%和 40%/60%之间。因此，不同社会的个体在他们提议和接受的划分上表现出相当大的差异。海因里希和他的研究员同事把这些差异联系到小型社会的两个经济特征上。首先，他们记录下在小型社会里，一个群体（通常指家庭）的经济福利在多大程度上取决于与其他群体的合作。不同的社会在这方面差距很大，从根本不依赖到完全依赖。其次，研究员研究群体的经济福利在多大程度上取决于市场交换。市场一体化水平也存在差距。研究人员得出结论认为，博弈实验中观察到的不同社会中个体行为的差异应该归因于他们生活的环境不同。因此，偏好不是外生的，而是由环境决定的。海因里希和他的合作者在《美国经济评论》上关于他们的研究的简要总结中明确声明：

> 经济选择的偏好并非如标准模型所说的那样是外生的，而是由日常生活中的经济和社会互动塑造的。这一结果意味着福利经济学基于外生偏好得出的判断是有问题的，因为关于经济政策与制度改变的效应预测中没有考虑到行为变化。（Henrich et al.，2001，p. 77）

放弃偏好的外生性具有深远的影响。它意味着行为经济学家需要放弃经济学的一项基本信条（即偏好是给定的）。相应地，那将对决策理论本身产生深远影响。它会拉近行为经济学家和博伊德、海因里
希等文化人类学家的距离，后者利用进化理论或生态学术语理解文 182
化。认真对待这种方法及实验结果，不仅意味着个体偏好在很大程度上是由环境和学习决定的，而且将从根本上动摇行为决策研究中不变的规范和经济学明确定义的理性概念。可能正是由于这些广泛的影响，参与项目的行为经济学家，如科林·卡默勒和恩斯特·费尔，大大减少了在研究网络中的工作。

借用理性理解行为经济学

在行为经济学的发展过程中，行为经济学家一方面继承了卡尼曼和特沃斯基的理论，另一方面也试图扩大其研究范围。在此方面，产生问题的是规范性和描述性这对标签。由于经济学中已经创造了对这些概念的理解（如 Friedman，1953），所以，这对概念被认为造成了混淆。因而在 20 世纪 90 年代至 21 世纪初，行为经济学家借用理性

重新解读了规范性–描述性区分。塞勒充分意识到借用规范性–描述性概念重新解读经济学将带来的问题是：如果规范性理论是关于理性行为的话，那什么是描述性理论呢？但塞勒并不是特别具体，至少他没有提供一个具有结论性的答案。塞勒在很多场合提到了偏离规范性方案的行为，称之为“非理性”或“不理性”。而且他指出，他“不想称这些选择是理性的”（Thaler，2000，p. 138）。在其他地方，他也曾把规范性–描述性区分看作是理智和情感的对立（参见 Shefrin and Thaler，1988，p. 611）。

但是塞勒在 20 世纪 80—90 年代使用的主要解释是“准理性”术语，最显著的体现是他的论文集的题目——《准理性经济学》（1991）。准理性是一个介于符合规范性决策的完全理性行为和非理性行为之间的行为范畴。这个范畴在 80—90 年代经常出现，可能最好的理解是“人们达成理性的失败尝试”，例证是塞勒提出的关于这个术语的建议性定义：“准理性的意思是很努力但受系统性偏差限制”（Thaler，2000，p. 136），在别的地方也曾被界定为“不完全理性”（Thaler，1991，p. xviii）。

21 世纪初以来，越来越多的行为经济学家赞成使用的术语是
183 “有限理性”。如此一来就区分了完全理性决策和真实的、被看作是偏离了理性决策的有限理性决策。行为经济学对完全理性的定义如下：

> 经济学中的标准方法假设“完全理性”。完全理性具体包含哪些东西可能存在争议，但大多数经济学家认同应该包括以下基本要素。首先，人们具有清楚定义的偏好（或目标），并做出决策最大化这些偏好。其次，这些偏好（最大限度体现人们的知识）能够准确反映可得选项的真实成本和收益。最后，在不确定性的环境中，人们形成了“关于不确定性如何自我消释”的良好信念。当出现新信息时，他们使用贝叶斯法则更新信念，即假设人们根据新信息更新概率估计。（Camerer et al.，2003，pp. 1214–1215）。

使用完全理性和有限理性之间的区分有必要参考赫伯特·西蒙的研究。卡尼曼和特沃斯基对规范性和描述性概念的区分很快就被其他更适合经济语境的概念代替了，而同时，西蒙被认为是使用这些概念的权威人士。如同 20 世纪 80 年代至 90 年代早期的斯隆–塞奇项目一

样，西蒙的研究为行为经济学提供了合适的语言和必要的权威。卡尼曼发表在《美国经济评论》上的题为《有限理性导图：行为经济学的心理学》(Maps of Bounded Rationality：Psychology for Behavioral Economics，2003）的论文是这方面的典型，这篇论文是从他获得诺贝尔奖的演讲中衍生出来的。卡尼曼在开篇使用了**有限理性**术语并参考了西蒙，但同时，不易察觉却又明确地把他和特沃斯基的研究同西蒙的研究区别开来：

> 诺贝尔奖委员会引用的研究是和阿莫斯·特沃斯基（1937—1996）在长期极其密切的合作中完成的。我们一起探索直觉信念和选择的心理学，研究其中的有限理性。赫伯特·亚历山大·西蒙（Simon，1955，1979）很早就提出决策者应该被看作是有限理性的，并利用满意解决模型代替效用最大化模型。我们试图通过研究人们拥有的信念及做出的选择与理性人模型假设的最优信念及选择之间的系统性偏差，提供有限理性导图。(Kahneman，2003，p. 1449)

卡尼曼引用西蒙的巧妙方式建立了行为经济学项目的权威，而与此同时，他对有限理性的解读又使这一概念和他自己与特沃斯基的方法，以及行为经济学的方法完全相容。

作为一种家长式制度形式的福利经济学 184

利用经济决策者的内在冲突重新解读卡尼曼和特沃斯基的规范性-描述性区分对福利经济学具有重要影响。在弗里德曼（Friedman，1953）和许多其他经济学家之后，20 世纪 90 年代至 21 世纪初，大多数主流经济学家都用某种方式把福利经济学与**规范性**术语联系起来（参见本书第 2 章、第 5 章）。这也是把卡尼曼和特沃斯基的规范性与描述性的名称插入经济学话语中时会引发混淆的一个原因。而使用完全理性与有限理性的语言重新解读规范性与描述性厘清了这一混淆，相应地允许行为经济学家提出他们自己对福利经济学的见解。

例如，行为经济学发现人们为了积累养老金进行的储蓄往往大幅低于应该有的水平，而且当人们进行相应储蓄的时候，他们并没有按照最优原则多样化投资组合。继这些发现之后，研究人员建立起了研究如何引导人们更多地为退休后的生活储蓄以及更好地多样化存量投资组合的项目（如 Cronqvist and Thaler，2004；Thaler and Benartzi，2004）。另一个例子关系到药物的使用。现实中经常可以发现需要按时吃药的人真正去执行的时候很不严格。即便风险很大而且用健康衡量的成本很高，比如服用药物降低再次中风概率的情况，人们在按时吃药方面做得也非常不严格。研究人员为了解决这个问题，建立起了如何利用行为经济学的见解设计激励机制来引导人们吃药的项目（如 Badger et al.，2007）。最后，行为经济学家把注意力转向了发展经济学，其目的是利用行为经济学的见解改善发展项目的运行（参见 Mullainathan，2007；Betrand et al.，即将出版）。

众所周知的是塞勒和桑斯坦 2003 年提出的“自由家长制”（Thaler and Sunstein，2003），后来经他们 2008 年合著的《助推》（*Nudge*）推广开来。自由家长制可以被理解为一种不限制个体选择自由的家长制。塞勒和桑斯坦明确区分了他们和保罗·萨缪尔森的显示性偏好在福利问题上的观点：

> 很清楚，我们并不总是把显示性偏好等同于福利。更确切地说，我们强调个体在某些情况下会做出较差的选择，如果他们有完备的信息、不受限制的认知能力以及足够的意志力，他们会改变选择。（Thaler and Sunstein，2003，p. 175）

185 换句话说，对家长式政策的辩护依据这样的事实，人们的真实决策，即他们“显示的偏好”，并不总能契合他们“真实”的偏好。因此，行为经济学家建立了“显示”偏好和“真实”偏好之间的区别。这并不意味着他们认为偏好是由环境决定的，而是说，真实偏好能否被适当地显示出来取决于环境。这方面的引用有时候依赖的一个出处是约翰·海萨尼，他曾经说过“某个体在决定什么是好、什么是坏时，最终标准只能是他自己的想法和他自己的偏好”，其中个体“自己的偏好”是他的“真实”偏好——“如果他拥有所有相关事实的信息，总是能够尽最大可能谨慎地去推理，而且思维处在最有助于理性选择的状态，这种条件下的他所拥有的偏好”（引自 Angner and Loewenstein，2012，p. 679）。

关于行为经济学的这一新分支更详尽的说明与论证，可以参考卡默勒等人 2003 年的论文《保守党的规则：行为经济学与“非对称家长式制度"》（Regulation for Conservatives：Behavioral Economics and the Case for 'Asymmetric Paternalism'，Camerer et al.，2003）。在这篇论文中，五位作者（卡默勒、伊萨卡罗夫、勒文施泰因、奥多霍诺和拉宾）解释了他们所说的"非对称家长式制度"，"如果某项规则能够（通过纠偏、补偿）给产生行为偏差的人带来巨大利益，而又不会给完全理性的人带来危害，或只带来很少的成本，那么这项规则是非对称家长式制度"（Camerer et al.，2003，p. 1212）。行为经济学则"描述有时候人们不能够按照自己的最大利益采取行动的情况"（Camerer et al.，2003，p. 1217）。这些"明显违反理性的情况……可以证明家长式政策的合理性，它能够帮助人们做出更好的决策，按照更接近自身最大利益的方式行动"（Camerer et al.，2003，p. 1218）。

部分经济学家及其他学者由家长式制度联系到亲共和党的政策，进而表示出对家长式制度的厌恶，塞勒和桑斯坦（Thaler and Sunstein，2003）对此给予了反击。另外，卡默勒等人（Camerer et al.，2003）按他们自己的方式论证了家长式政策，认为家长式政策需要非对称。非对称家长式制度的定义和帕累托改进的观点相似："如果某项政策能够给有限理性的人们带来巨大利益……而又不给完全理性的人带来危害，或只带来很小的成本，那么这项政策就是**非对称家长式制度**"（Camerer et al.，2003，p. 1219，原文强调）。或者，换句话说，"非对称家长式制度使得有限理性的人犯错误的成本很高，从而帮助了他们，而几乎不会对更理性的人造成危害"（Camerer et al.，2003，p. 1254）。卡默勒等人（Camerer et al.，2003）指出，另一种理解方式是，有限理性的个体就是把负外部性加到自己的需求曲线上的个体。"如果消费者犯了错误，就好像他们给自己施加了外部性， *186*
因为由他们的需求反映的决策不能准确地反映推导出需求曲线的消费者的利益"（Camerer et al.，2003，p. 1221）。因而，需要这样一位政策制定者，他可以去除外部性，重新引导消费者的消费，使得外部性消失。卡默勒等人（Camerer et al.，2003）进一步指出，厂商可以有意识或无意识地利用个体的非理性获得更多利益。

基于上述分析，行为经济学家认为经济学家在道义上有义务采取行动阻止违反完全理性的情况：

> 作为经济学家，我们应该如何对人类行为中看起来具有自毁性质的一面做出反应？我们可以否认这种情况的存在，假设可以信赖人们，他们会采取对自己最有利的行动，并把这种假设看作信仰式的公理。我们可以假设平均每年支付 1 500 美元信用卡债务的家庭正在当前效用和未来效用之间进行理性交易，假设流动性约束阻止雇主投资 401k 计划，假设雇员偏好投资自己公司的股票而不是多样化投资组合……假设人们肥胖是因为他们经计算认为从额外食物中获得的快乐，或者不用锻炼而免遭的痛苦足够补偿肥胖的负面后果。（Loewenstein and Haisley，2008，p. 213）

行为经济学家认为经济学最适合用来解决违反完全理性的情况，因为它具备相关知识，"引导人类行为走向更符合利益的方向，同时，尽最大可能最大化个体的自主性，最小化对他的强迫"（Loewenstein and Haisley，2008，p. 215）。在这方面，可以认为经济学家的角色类似于精神分析治疗师。"正如治疗师努力矫正患者减损健康状态的认知或情感困扰，如焦虑、沮丧或高度紧张，经济学家治疗师努力消除阻止个体追求真正自身利益的认知和情感障碍"（Loewenstein and Haisley，2008，p. 216）。因此，换句话说，为（行为）经济学家设定的角色和第二次世界大战期间为（行为）心理学家新构想的角色非常相似，相关讨论见本书第 3 章。

行为经济学家试图使用类似于"构成行为经济学开展基础"的那些现象解决人类理性受限制的问题。其中最重要的现象是行为经济学中最广为人知的框架（效应）。卡尼曼和特沃斯基的行为决策研究以及行为经济学的一条核心发现是，人们容易受到选择呈现给他们的方
187 式的影响。人们会根据"参考点"（卡尼曼和特沃斯基的术语）或"框架"（塞勒支持行为经济学使用的术语）改变他们的偏好。塞勒和桑斯坦（Thaler and Sunstein，2003）举了自助餐厅经理的例子，他可以把甜点放在水果前面，或者反过来。如果他形成的决定是把水果放在甜点前面，水果将被拿走更多。因而，框架被用来影响人们的行为而不会在任何一个层面上干扰他们的选择自由。把默认不参与养老金储蓄计划的选项换成默认参与，是另一个经常被引用的例子。

行为经济学家通过探索如何设计政策解决个体的有限理性，把完全理性与有限理性的框架以及心理学家与经济学家的实验发现发挥到

了极致。行为经济学家长式制度在很大程度上是经济学解决有限理性的一个方案，强调激励机制与货币酬金。尽管它和共和党的政策有联系，但实际上它在很大程度上是一个亲民主党的项目，旨在帮助那些存在认知障碍的人。因而，不同于弗农·史密斯关于自由市场的自由主义宣传，家长式制度处在政治谱系的另一端。

3. 将行为经济学与实验经济学区别开

20 世纪 90 年代至 21 世纪初，行为经济学家又把自己界定为跨学科（的学者）。特别要提到的是，他们逐渐开始把行为经济学与心理学学科和实验经济学分支学科区别开来。之所以要和心理学区别开，是因为行为经济学家希望被主流经济学所接受。为了实现这个目标，他们需要遵从主流经济学家的观点。他们认为心理学和经济学是分开的学科，而且经济学在研究和形式化建模方面胜于心理学。在早期关于莱布森吸收融合心理学见解的方式的讨论中，可以看到行为经济学家试图把他们自己与心理学区别开的努力。更具体地说，行为经济学家采取了如下观点进行这一区别工作。

第一，行为经济学被定义为使用数学模型的经济学。这个观点基本上是不直接言明的，比如莱布森，但是行为经济学家明确认为他们对数学的使用胜于心理学家，而且这是经济学的定义性特征。这方面 *188*
另一个说明性的例子是马修·拉宾的研究（如 Rabin，1993，1994，1998）。拉宾把心理学的实验结果吸收进经济学，但是（把实验结果）和高级的经济数学模型结合起来了。他指出“强调不需要关注心理学研究的观点不能让人信服”，但他同时提醒“不是所有的心理学研究都能够被……证明在经济上很重要”。理由是它们来自心理学，这些心理学结果还没有遵从“我们的学科，在最优的状态下，应用于其他地方的同样严格的标准”（Rabin，1998，p. 41）。换句话说，最终需要经由经济数学来判断来自心理学的见解有用与否。对数学的使用界定了行为经济学是经济学，从而不同于心理学。

第二，行为经济学家根据他们对实验方法的使用把自己和心理学区别开来。例如，卡默勒在一篇谈及与其他研究者分享数据和实验指令的方法论评论中指出，“如果你向一位心理学家索要数据和说明书，他（她）可能会感到被冒犯了，因为这个领域的惯例是对研究者适用疑罪从无的”（Camerer，2003，pp. 34-35）。① 另一个例子涉及使用欺诈。心理学实验的通用程序是（过去是，现在仍然是）告诉实验对象实验是关于某件事的，而事实上，它是关于别的事的。自经济学使用实验以来，行为经济学家和实验经济学家一直抵制这种欺诈的方法。举例来说，格雷瑟和普洛特（Grether and Plott，1979）在复制斯洛维奇和利希滕斯坦（Slovic and Lichtenstein，1971）报告的实验时，之所以控制实验者是心理学家的事实，就是因为他们怀疑，由于实验对象知道在心理学实验中会被误导，所以会采取不同的行为。21世纪以来，经济学家对欺诈方法的公开谴责引发了经济学家和心理学家之间的广泛讨论（如 Hertwig and Ortmann，2008；Ortmann and Hertwig，2002；Jamisona et al.，2008）。

189 明确地在行为经济学和实验经济学之间画一条边界的动机不同。两个研究项目属于同一经济科学，如果只是为了把行为经济学界定为经济学，则没有必要区分行为经济学与实验经济学。但是，举例来说，继卡尼曼、塞勒、万纳和史密斯在斯隆-塞奇项目中围绕创建实验经济学工作进行的讨论（本书第 5 章）之后，行为经济学家似乎已经真正意识到他们的项目和史密斯及其同事的项目在理论和意识形态上都存在差别。因此，二者需要被区别开，但是最好不要在印刷物上表明经济理论受到了政治意识形态的影响，也不要强调可能的理论观点冲突。所以，根据方法论划出了二者之间的界线。

勒文施泰因的论文《行为经济学视角下的实验经济学》（Experimental Economics from the Vantage-Point of Behavioural Economics，Loewenstein，1999b），收录整理了行为经济学家关于实验经济学的不同观点。勒文施泰因（Loewenstein，1999b）明确地把行为经济学放到了实验经济学的对立面，并根据心理学关于外部和内部有效性的区分形成了他自己的批判。在外部有效性的题名下，勒文施泰因发现了实验经济学的四个问题。第一，实验经济学特别强调在实验中使用拍卖。由于现实中很少参与拍卖，这些实验能告诉我们多少真实世界

① 在这点上，有意思的是卡默勒持有行为决策研究的博士学位（1981 年答辩），而不是经济学的（博士学位）。他在芝加哥大学的导师是罗宾·贺加斯。

中的经济行为是值得怀疑的。第二，勒文施泰因不认同实验经济学家在所谓“原样不变观点”中对重复的使用。他认为，现实中人们从来不会做出连续 40 个完全相同的决定。真实世界中的行为更像实验的前几轮，而不太像实验的最后两三轮。第三，勒文施泰因批评实验经济学家，认为他们倾向于（在实验中）把真实世界的内容减少到绝对最低可能的水平。事实上，背景无关实验只能是一种错觉，除此之外，勒文施泰因认为这也严重降低了实验的外部有效性。[①] 相反，经济学家应该，正如勒文施泰因自己所做的那样，尽可能使实验环境和现实世界相一致，从而使得实验“富有背景”。第四，勒文施泰因认为实验经济学家错误地假设使用货币酬金可以严格控制激励。他指出，无数实验表明，事实并非如此。即便使用货币酬金，实验对象也会受到除了利润最大化之外的动机驱动。最后，勒文施泰因观察到涉及内部有效性的一个问题是，实验经济学家太过粗心，他们没有使用 *190*
随机取样，而且比较的是不同条件下得到的实验结果。

4. 总　结

20 世纪 90 年代至 21 世纪初，塞勒、卡尼曼和其他斯隆-塞奇项目（曾经）的参与者把行为经济学从一个小型研究项目扩展成一个新的支配性的研究纲领。之前，行为经济学只关注金融经济学中违反新古典理论的情况。如今，行为经济学超越了行为决策研究，转向从多个科学学科和方法论中寻求灵感。并且，他们开始明确地把行为经济学界定为实验经济学和心理学等相邻领域的对立面。但同时，行为经济学的快速发展受到了概念上对经济学的重新界定的限制。20 世纪 80 年代早期，塞勒在第一次与卡尼曼合作时，从卡尼曼那里接受了卡尼曼和特沃斯基的重新界定。然而，事实证明，规范性与描述性的名称在经济学的语境中带来了混淆，因为经济学已经创造了自己对规范性和实证性的理解。但这个问题相对容易解决。西蒙的有限理性概念和完全理性概念被用来重新表述卡尼曼和特沃斯基的规范性-描述

---

① 勒文施泰因同时使用了“背景”（context）和“内容”（content）。

性区分。

跨期选择与二元系统方法说明了行为经济学家是如何把卡尼曼与特沃斯基的研究吸收融合进经济学的。在这一过程中，行为经济学家有时候甘冒风险，甚至会质疑规范基准，但最终，他们总会拉回到这个概念基础。此外，尽管如此，跨期选择和二元系统方法的文献表明在建立行为经济学的过程中，行为经济学家不再把规范性看作是外在于个体的东西，而是和情感系统并列的理智系统，并且和情感系统争夺支配权。吸收了“理性规范和经济主体对它的不完全实现之间的区分”后，行为经济学大大扩展了研究范围。但是似乎也存在范围扩展的极限。行为经济学家与人类学家之间短暂的合作表明，行为经济学家在经历最初的热情后退却了，因为合作研究的发现和行为经济学的基本假设（完全理性是不变、广泛适用的基准）相冲突。

191 利用经济决策者的内在冲突，重新解读卡尼曼和特沃斯基对规范性/完全理性和描述性/有限理性的区分，对福利经济学具有重要影响。行为经济学家通过研究如何设计政策解决个体的有限理性问题，把完全理性与有限理性的框架发挥到了极致。这样看来，行为经济学家长式制度在很大程度上是经济学解决有限理性的一个方案，强调激励机制和货币酬金。进一步，它是一个旨在帮助存在（认知）困难的人的项目。可以这样理解，它是一项经过调整以适应 21 世纪后美国政治环境的亲民主党的政策。

最后，20 世纪 90 年代至 21 世纪初，行为经济学家开始把自己界定为跨学科（分支学科）的学者。首先，行为经济学被界定为使用数学模型的经济学。通常，一个不言明的观点是需要经济数学来判断来自心理学的见解的有用程度。对数学的使用规定了行为经济学是经济学，因而不同于心理学。其次，行为经济学家根据自己对实验方法的使用把自己和心理学家区别开来。比如，他们反对心理学家在实验中使用欺诈。行为经济学家明确地划出行为经济学与实验经济学的界线的动机是，他们意识到了他们的项目和史密斯及其同事的项目在理论和意识形态上都存在着差别。因此，二者需要被区别开，但最好不要在印刷物上表明经济理论受到了政治意识形态的影响，而且不要强调可能的理论观点冲突。所以，根据方法论划出了二者之间的界线。

以上是高度引人注目的经济学新分支学科——行为经济学在本世

纪前十年的产生背景和发展情况。自 2009 年奥巴马政府执政以来，行为经济学成为很多政策咨询者和官员的重要灵感源泉之一（Grunwald，2009）。我们将在本书以外的其他地方阐述奥巴马执政后行为经济学的发展历程。

后　记

表面上，行为经济学似乎只是给经济学家对市场缺陷的研究增添了一些新内容。不考虑环境恶化等社会成本或不能提供某些公共产品，是公认的妨碍市场实现社会总体效用最大化均衡结果的因素。行为经济学补充的内容是市场还可能由于经济参与者（特别是消费者）的系统性的有限理性而不能够实现整体最优。但是，不论对行为经济学的这种初步定位看起来如何准确，深究起来，行为经济学其实是经济学学科根本性变革的结果，同时，它本身也为变革贡献了力量。自 20 世纪 70 年代末以来，经济学的认识论逐渐发生了转变，从以对人类行为的归纳性记述为基础，转变成以可以直接被实验和统计观察拒绝或证实的经验主张为基础。经济学家从坚持实证性事实与规范性价值判断的区 193

分，转变为接受了源自心理学的规范性-描述性区分，这一点最能够说明这场变革。由于卡尼曼、塞勒等人的研究，经济学变成了行为科学，经济学家的主要目标成为设计、安排个体行为，使其更合理地传递个体偏好。

我们从约翰·斯图亚特·穆勒 1844 年那篇颇具影响力的论文《关于政治经济学的定义》(On the Definition of Political Economy) 开始，能够更好地理解经济学的这场转变。在这篇论文中，经济学被解释为起始于一些关于人类行为的原理，这些原理可以通过自我审视结合经验观察来获得并加以检验。具体例子包括对财富的追求和对劳动的厌恶。关于个体行为的这些原理和经验观察并不是一一对应的关系，因而经验观察不能够直接拒绝或证实原理。只有数量足够多的自我审视和经验论断才可以做到这一点。这些原理是关于经济“是什么”的，和关于经济“应该是什么的”价值判断加以区别 (Hands, 2001)。用约翰·内维尔·凯恩斯和后来的米尔顿·弗里德曼的话来说，经济行为的这些“描述”或“假设”，以及据此推导出的模型和理论构成了经济科学的“实证”领域，与之相对的是“规范”领域的伦理主张。在实证经济学中，人们阐述如税收和价格弹性的关系这样的问题；在规范经济学中，人们表达对向面包、住房等基本消费品征税的道德谴责等等。 194

与之不同的是，在心理学框架中，个体的决定或反应被拿来和由科学家确立的正确决定或刺激相对照。心理学的框架起源于古斯塔夫·费希纳和威廉·冯特在 19 世纪下半叶创立的实验心理学。在这个实验心理学框架中，个体需要判定两只灯泡中的哪一只更亮，两个砝码中的哪一个更重，或者两张图片中的哪一张更远。此外，20 世纪上半叶美国出现了社会心理学和心理度量学，在这些学科中，正确答案取决于群体的均值。因而，心理学家路易斯·列昂·瑟斯顿的著名的经济无差异曲线的实验室实验 (Thurstone, 1931) 和经济学家艾伦·沃利斯、米尔顿·弗里德曼对它的批判 (Wallis and Friedman, 1942) 阐明了心理学家和经济学家研究人类行为的非常不同的方法，也表明了弗里德曼是如何在逻辑实证主义及其语言的包围中努力坚持穆勒的定义的。由于穆勒的定义认为经济学家大体上可以不用管心理学对人类行为的研究，可以从貌似有理的人类经济行为的原理开始推理，它额外地解释了弗里德曼为什么对经济学与心理学进行严格区分。

20 世纪 40 年代，约翰·冯·诺依曼和奥斯卡·摩根斯坦的《博弈论与经济行为》（2004［1944］）增加了一个新维度。对冯·诺依曼和摩根斯坦来说，作为他们的博弈论建立基础的行为公理，是对消费者、生产者等经济参与者**试图**达成的理性行为的归纳性描述。这些公理忽略了大量与理性经济行为相关的经验事实，只是总结了一些主要特征。而且如果经济参与者试图做到行为理性而没有做到，行为公理
195 当然就不是对他们的真实行为的描述。这枚硬币的另一面是如果参与者想做到理性行为，但是又不确定如何去做，他们可以参考行为公理，以之作为指导。从这个角度说，冯·诺依曼和摩根斯坦的公理是规范性的。

冯·诺依曼和摩根斯坦的博弈论以及构成博弈论基础的行为公理的巧妙的认识论，引发了经济学家和心理学家之间长达十几年的激烈争论，争论围绕如何将新理论及其公理整合进已有的理论和方法论中。吉米尔·萨维奇从数学传统角度解读公理，认为冯·诺依曼是在一个比纯粹描述更高的层面上总结理性行为。弗里德曼从穆勒传统角度解读公理，认为公理是对经济行为的界定、刻画。由于这两种认识论之间的相似性，萨维奇和弗里德曼能够合作将冯·诺依曼-摩根斯坦方法进一步应用到经济学中。弗里德曼和萨维奇合作研究（Friedman and Savage，1948，1952）的目的和冯·诺依曼与摩根斯坦的著作（von Neumann and Morgenstern，2004［1944］）的目的一样，也是想对经济中个体应对风险的那部分行为进行“合理化、理论化”。另外，保罗·萨缪尔森，特别是威廉·鲍莫尔，将冯·诺依曼-摩根斯坦公理看作是关于对效用的度量的描述性主张，是可以被经验观察直接拒绝的。1952—1954 年间，萨维奇和莫里斯·阿莱重复了鲍莫尔/萨缪尔森和弗里德曼/萨维奇之间的争论，论调已不似之前那样温和，这次争论产生了著名的阿莱悖论。其他人，包括经济学家肯尼思·阿罗和雅各布·马尔沙克等曾经尝试着弥合两种观点之间的分歧，但没有取得什么成效。

1948 年、1952 年合作发表两篇论文后，弗里德曼和萨维奇沿着不同的方向发展了他们的合作研究。萨维奇回到了统计学的数学基

础，并对冯·诺依曼提出的行为公理进行解读。然而，阿莱的批评的确促使萨维奇在他那本即将完稿的《统计学基础》（1954）中加上了对公理的规范性解读与实证性解读的区分。在规范性层面，理性人研究不确定条件下应该如何理性决策，并为这类行为建立理性原则。也就是说，萨维奇的规范性内容是冯·诺依曼-摩根斯坦的立场。在经验性层面，学者们研究日常生活中人们是不是按照规范性理论的原理行事。萨维奇对规范性解读与实证性解读的分类没有接受阿莱的批评，但的确承认对决策行为的研究除了数学方法外还有其他方法。

其后，心理学家利用传统实验中对规范性领域和描述性领域的区 *196*
分重新阐释了萨维奇的规范性-经验性区分。决策理论被认为是为对象在不确定条件下的决策所面对的客观刺激提供了一个理论框架。心理学家赋予自己的任务则是通过实验度量对象面对这样的客观刺激会采取哪种决策。

就弗里德曼而言，他在《实证经济学方法论》（Friedman，1953）中将归纳性描述的认识论发展成一种关于经济“假设”的“现实性”的论点，并且在经济学家中重新确立了实证科学与规范科学的概念，与萨维奇对决策理论的规范性-经验性解读以及心理学家的规范性-描述性理解形成了鲜明的对比。弗里德曼认为“规范”意味着伦理，从而是非科学的，而实证首先就意味着非伦理、非规范，因此是科学的。

1953—1954 年左右，关于冯·诺依曼、摩根斯坦和萨维奇公理的讨论演变成不同学科分别做出各自的解读。行为心理学家用实验心理学的规范性-描述性区分解读行为公理。弗里德曼在 1953 年的论文中提出了关于实证的、科学的命题与非科学的、规范的价值判断对立之后，经济学家们开始在该框架内将行为公理理解为一种假设。建立在冯·诺依曼和摩根斯坦的公理之上的选择或决策理论是非伦理的、科学的，因而是实证经济学的一部分。最初，对理性选择/决策理论的支配性解读是将它们看作对经济行为的总结性刻画和界定。

另外，在战后的心理学中，理性人类决策的规范性领域及描述性领域被整合进了人体工程学项目中。在该项目中，度量与理性决策是同一枚硬币的两面，其中理性个体作为一件度量工具，度量他自己对不同决策选项的数值和概率的主观感知。心理学中的人体工程学项目在 20 世纪 60—70 年代经历了重要变革，起因是丹尼尔·卡尼曼和阿莫斯·特沃斯基的研究提出了一种思想，认为尽管个体理应在决策中遵循逻辑学、贝叶斯更新、期望效用计算等规范性理论，但事实上个体会系统性地、可预测地偏离这些标准。卡尼曼和特沃斯基的直觉推
197 断与偏误项目保留了从一系列最优或规范性行为准则开始推理的框架，但对规范性领域与描述性领域进行了严格分离。无论如何，尽管卡尼曼和特沃斯基因此背离了上一代行为心理学家的方法，人体工程学项目却被完整地保留下来了，该项目把人类行为容易犯错误的特点和设计方案改进人类决策的明确目的密切联系起来。

将规范性与描述性分离的一个推论是正常健康的成年人在决策时不再能够判别规范性理论的公理。能够判断一项具体的决策是否规范正确的人只剩下了受过逻辑学、统计学和决策理论全面训练的科学家。卡尼曼和特沃斯基著作的主要问题变成了什么才是对真实观察到的个体决策行为的最好描述。他们最初从实验结果中总结出的直觉推断与偏误最终产生了前景理论。前景理论试图对在实验室和调查表中观察到的人类决策行为提供一个全方位的解释，这在学术史上尚属首次。

经济学在 20 世纪 70 年代也发生了很多变化。实证经济学中作为经济学建立基础的那些原理，逐渐被认为应该是直接接受经验拒绝或证实的经验命题。第二个变化是整个经济学科对博弈论和期望效用理论的采用。两种理论都被用来当作关于经济中个人真实行为的经验命题，即使存在一些不那么精明的决策者，他们犯的错误也只是在理性均值附近制造一些统计噪声。一条关键的经验命题是经济中的普通个体都是相当理性的人。心理学家卡尼曼和特沃斯基据此表示，根据经济学家的研究，个体不仅应该遵循期望效用理论和其他理性行为的标准行事，而且他们在日常生活中也这样做了，起码是多数时候这样做了。

卡尼曼和特沃斯基有关前景理论的论文（Kahneman and Tversky，1979）被发表在《计量经济学》上，这是经济学里声誉最高的期刊之一。首先领会到行为决策研究实验结果的是实验经济学家大卫·格雷瑟、查尔斯·普洛特和弗农·史密斯。格雷瑟和普洛特（Grether and Plott，1979，1982）支持心理学的实验发现，并得出结论认为应该完全抛弃描述个体行为的偏好理论。同时，他们的结论指

出描述均衡中有效市场的偏好理论可以保留下来，因为相关结果中只是突出了市场的理性力量。然而，实验经济学家支持行为决策研究实 198
验发现的一个出乎意料的结果是，这样做为行为决策研究者进入经济学铺平了道路。理查德·塞勒等金融经济学家认为心理学的发现表明了个体选择的非理性，并且将个体选择的非理性和市场行为的非理性特征直接联系起来。他们直接接受了卡尼曼和特沃斯基的研究，特别是前景理论，认为这是关于个体决策行为的一种新的、重要的、改良的理论。

换句话说，实验经济学和行为经济学既紧密相关，又存在根本性的差异。说它们紧密相关是因为它们都是从心理学中获得实验灵感，而且它们利用同一套实验得出结论，认为应该改变经济学中新古典经济学的主导地位。进一步讲，虽然它们提出的问题不一样，但做的实验基本上是同一类的。尽管如此，实验经济学和行为经济学还是存在着根本性的差异，它们从心理学家的实验结果中推出的结论不一样，它们试图拓展新古典理论的方法不一样，它们考虑新古典理论仍然有价值的方向也不一样。它们关于经济的不同理论观点与它们相对立的政治观点有关系。塞勒是民主党，属于“左”派，而史密斯是亲共和党的，是右派。

斯隆-塞奇行为经济学项目（1984—1992）的主要贡献是将经济学家和心理学家集合到一起，并支持了那些更加常规的研究基金机构不愿意支持的研究。埃里克·万纳小心地在心理学家和经济学家之间维持着平衡，在咨询委员会中，在邀请的研究者名单里，以及在认可的提案方面都是如此，这保证了没有一方感觉被另一方主导了。塞勒等行为经济学家的观点和卡尼曼、特沃斯基一样，认为进一步发展理性经济决策的规范性理论完全没有问题，但是鉴于经济学家忽视了“真实世界的个体行为和这些理论并不一致”这一事实，他们也应该花更多精力构建一套描述经济行为的理论。因此，塞勒不仅接受了卡尼曼和特沃斯基提出的经验证据，也接受了他们相应的方法论特质。从根本上说，塞勒接受了卡尼曼和特沃斯基将经济学重新定义为行为科学的尝试。对经济学概念的重新定义决定了行为经济学的发展边界。同时，事实证明卡尼曼和特沃斯基的“规范性”和“描述性”标
签带来了混乱，因为经济学语境里原本已经提出了对这些概念的理解 199

（如 Friedman，1953）。但是事情解决起来相对容易。人们使用取自西蒙的有限理性概念，结合完全理性概念来重新表述卡尼曼和特沃斯基的规范性-描述性区分。很快，卡尼曼和特沃斯基对规范性和描述性概念的区分便被更符合经济行业术语的概念所取代了。而同时，西蒙被重新解释为使用这些概念的权威。

19 世纪 90 年代至 21 世纪初，行为经济学从一个关注金融经济学中违背新古典理论（的情形）的小型研究项目发展成了一个视界超越行为决策研究而广泛涉及诸多科学学科的主导性的、新型研究项目。另外，行为经济学家审视着相近的实验经济学和心理学等领域，开始给行为经济学规定更加明确的定义。行为经济学家自 20 世纪 80 年代至 21 世纪初的跨期选择和二元系统方法表明了行为经济学家将卡尼曼和特沃斯基的研究整合进经济学的过程。行为经济学家有时候会冒险，他们甚至会质疑规范基准，但最终他们总是能够回到这个理念基础。此外，跨期选择和二元系统方法的文献表明行为经济学家在构建行为经济学时，开始将规范性视为不是在个体之外的什么东西，而是个体内部的理性系统，该系统和情感系统并存，二者竞争主导权。

再者，根据经济决策者的内在冲突重新解释卡尼曼和特沃斯基的区分对于福利经济学有重要影响。行为经济学家通过探索如何设计政策解决个体的有限理性，把完全理性与有限理性的框架推到了极致。心理学框架在这方面一个让人不舒服的推论是个体并不选择他们真实偏好的东西，只有科学家才有最终的权威确认个体应该偏好什么、选择什么。这和美国经济学个体自由、自主的根本性起点不大吻合，和个体最知道他自己偏好什么的经济学基础原理也不吻合。

问题的解决是通过对真实偏好和显性偏好进行区分实现的。真实
200 偏好是个体想奉行的偏好，他（她）在适当的环境里会显示出这种偏好。但是由于个体在真实偏好基础上的行为经常是有限理性的，他们的显示性偏好就经常偏离真实偏好。一个流行的例子是养老金储蓄。当询问个体想储蓄多少时，他们表示倾向于储存月收入的一个比例以保障退休后能有稳定的收入。然而由于有限的意志力、有限的认知能力以及其他导致有限理性的原因，他们做不到这样。行为经济学家长制强调激励机制和货币奖励，在很大程度上是一个解决有限理性的经

济学方案。而且，它是一个帮助在认知上有困难的人的项目，因此，应被视为适合 21 世纪初美国政治环境的自由项目。

其他方面，20 世纪 90 年代至 21 世纪初，行为经济学家也开始依据学科内容规定行为经济学的定义。第一，行为经济学因为使用数学模型而被更加明确地定义为经济学。观点是需要借助经济数学才能判断心理学的见解有多大用处。第二，行为经济学家开始把他们自己和心理学家区分开来，因为二者使用的实验方法不同，行为经济学家反对在实验中使用心理学家的欺诈。

如此，行为经济学家把经济学导向了一个全新的方向。行为经济学家推理的起点不是几条直观清楚的人类行为原理，而是直接从实验观察和统计学中推出的关于人类行为的描述。行为经济学家没有去主张经济学家作为科学家首先应该避免讨论政策制定者应把经济导向什么目标，他们赋予经济学家一种道德责任，即利用他们有关理性人类行为的规范性理论帮助个体更加理性地按照他们的偏好行动。

参考文献

未出版文献

Alfred P. Sloan Foundation annual reports 1980—2000, Alfred P. Sloan Foundation, New York City.

William Baumol Papers, Duke University Rare Book, Manuscript, and Special Collections Library, Duke University.

William Baumol, e-mail to author, October 18, 2011.

Clyde Coombs Papers, Bentley Historical Library, University of Michigan.

Robyn Dawes, interview with the author, Carnegie Mellon University, Pittsburgh, June 23, 2008.

Gerd Gigerenzer, e-mail to author, July 12, 2008.

Lyle V. Jones, e-mail to author, January 31, 2011.

Daniel Kahneman, interview with the author, Princeton University, Princeton, New Jersey, April 16, 2009.

David Krantz, e-mail to author, August 11, 2008.

David Krantz, interview with the author, Columbia University, New York City, June 20, 2008.

David Krantz, personal archive, Columbia University-not generally accessible.

George Loewenstein, e-mail to author, June 16, 2008.

R. Duncan Luce Papers, Harvard University Archives.

James March, e-mail to the author, 4 April, 2010.

Robert Pachella, interview with the author, University of Michigan, Ann Arbor, April 8, 2009.

Psychology Department archives, Bentley Historical Library, University of Michigan.

Albert Rees Papers, Duke University Rare Book, Manuscript, and Special Collections Library, Duke University.

Stephen Richards, e-mail to author, December 4, 2008.

Russell Sage Archives, Rockefeller Foundation Archives, Rockefeller Archive Center, Sleepy Hollow, New York.

Jimmie Savage Papers, Yale University Library.

Timothy Taylor, e-mail to the author, April 6, 2010.

Richard Thaler, e-mail to author, January 14, 2009.

Eric Wanner, interview with the author, Russell Sage Foundation, New York City, April 14, 2009.

Eric Wanner, interview with the author, Russell Sage Foundation, New York City, April 7, 2010.

已出版文献

Allais, M. (1953a). "Fondements d'une Théorie Positive des Choix Comportant un Risque et Critique des Postulats et Axioms de L'Ecole Americaine." *Econometrie* XL: 257-332.

Allais, M. (1953b). "Le comportement de l'homme Rationnel

devant de le risque: critique des postulats et axioms de l'école americainne." *Econometrica* 21: 503-546.

Allais, M. (1953c). "La Psychologie De L'homme Rationnel Devant Le Risque: La Théorie Et L'experience." *Journal de la société statistique de Paris* 94: 47-73.

Allais, M. (1979 [1952]). The Foundations of a Positive Theory of Choice Involving Risk and a Criticism of the Postulates and Axioms of the American School. *Expected Utility Hypotheses and the Allais Paradox*. M. Allais and O. Hagen. Dordrecht, D. Reidel Publishing Company: 27-148.

Allais, M. and O. Hagen, Eds. (1979). *Expected Utility Hypotheses and the Allais Paradox*. London, D. Reidel Publishing Company.

Allen, R. G. D. (1938). *Mathematical Analysis for Economists*. London, Macmillan.

Amadae, S. M. (2003). *Rationalizing Capitalist Democracy, The Cold War Origins of Rational Choice Liberalism*. Chicago, University of Chicago Press.

Angner, E. and G. Loewenstein (2012). Behavioral economics. *Handbook of the Philosophy of Science Volume 13 Philosophy of Economics*. U. Maki. Amsterdam, Elsevier: 641-690.

Archibald, G. C., et al. (1963). "Discussion." *The American Economic Review* 53 (2): 227-236.

Arrow, K. (1951a). "Alternative Approaches to the Theory of Choice in Risk-Taking Situations." *Econometrica* 19: 404-437.

Arrow, K. J. (1951b). *Social Choice and Individual Values*. New York, Wiley.

Arrow, K. J. (1982). "Risk Perception in Psychology and Economics." *Economic Inquiry* 20: 1-9.

Arrow, K. J. and F. H. Hahn (1971). *General Competitive Analysis*. San Francisco, Holden-Day.

Augier, M. and J. G. March, Eds. (2004). *Models of a Man*:

Essays in Memory of Herbert A. Simon. Cambridge, MA, MIT Press.

Backhouse, R. (2008). Economics in the United States after 1945. *The New Palgrave Dictionary of Economics*. L. Blume and S. Durlauf. London, Palgrave: 8: 522-533.

Backhouse, R. (2010). *The Puzzle of Modern Economics*. Cambridge, Cambridge University Press.

Badger, G. J., et al. (2007). "Altered states: The Impact of Immediate Craving on the Valuation of Current and Future Opioids." *Journal of Health Economics* 26: 865-876.

Barkow, J. H., et al. (1992). *The Adapted Mind, Evolutionary Psychology and the Generation of Culture*. Oxford, Oxford University Press.

Basili, M. and C. Zappia (2010). "Ambiguity and Uncertainty in Ellsberg and Shackle." *Cambridge Journal of Economics* 34: 449-474.

Basset, G. W. (1987). "The St. Petersburg Paradox and Bounded Utility." *History of Political Economy* 19 (4): 517-523.

Baumol, W. J. (1951). "The Neumann-Morgenstern Utility Index-An Ordinalist View." *The Journal of Political Economy* 59 (1): 61-66.

Baumol, W. J. (1958). "The Cardinal Utility which Is Ordinal." *Economic Journal* 68: 665-672.

Ben-Shakar, G., et al. (2007). "Reciprocity and Emotions in Bargaining: Using Physiological and Self-Report Measures." *Journal of Economic Psychology* 28 (3): 314-323.

Berelson, B. (1968). Behavioral Sciences. *International Encyclopedia of the Social Sciences*. D. L. Sills and R. K. Merton. New York, Macmillan: 41-45.

Bernoulli, D. (1954 [1738]). "Exposition of a New Theory on the Measurement of Risk." *Econometrica* 22 (1): 23-36.

Bertrand, M., et al. (forthcoming). "Behavioral Economics and Marketing in Aid of Decision-Making among the Poor." *Journal of Public Policy and Marketing*.

Blattberg, R. and T. J. Sargent (1971). "Regression with Non-Gaussian Stable Disturbances: Some Sampling Results." *Econometrica* 39 (3): 501–510.

Blaug, M. (1980). *The Methodology of Economics: Or How Economists Explain*. Cambridge, Cambridge University Press.

Boring, E. C. (1929). *A History of Experimental Psychology*. New York, The Century Co.

Boumans, M. J. (2005). *How Economists Model the World into Numbers*. London, Routledge.

Boumans, M. J., Ed. (2007). *Measurement in Economics: A Handbook*. London, Academic Press.

Bowles, S. (2004). *Microeconomics: Behavior, Institutions, and Evolution*. Princeton, NJ, Princeton University Press.

Bridgman, P. W. (1927). *The Logic of Modern Physics*. Toronto, Macmillan.

Bulmer, M. (2001). History of Social Survey. *International Encyclopedia of the Social and Behavioral Sciences*. N. J. Smelser and P. B. Baltes. Oxford, Elsevier: 14469–14473.

Burns, A. F. and W. C. Mitchell (1946). *Measuring Business Cycles*. New York, National Bureau of Economic Research.

Camerer, C. (2003). *Behavioral Game Theory: Experiments in Strategic Interaction*. Princeton, NJ, Princeton University Press.

Camerer, C., et al. (1997). "Labor Supply of New York City Cabdrivers: One Day at a Time." *Quarterly Journal of Economics* 112 (2): 407–441.

Camerer, C., S. Issacharoff, et al. (2003). "Regulation for Conservatives: Behavioral Economics and the Case for 'Asymmetric Paternalism'." *University of Pennsylvania Law Review* 151: 1211–1254.

Camerer, C. and G. Loewenstein (2004). Behavioral Economics: Past, Present, Future. *Advances in Behavioral Economics*. C. F. Camerer, G. Loewenstein and M. Rabin. Princeton, NJ, Princeton University Press: 3-52.

Camerer, C., et al. (2005). "Neuroeconomics: How Neuroscience Can Inform Economics." *Journal of Economic Literature* 43: 9-64.

Campbell, N. R. (1957). *Foundations of Science: The Philosophy of Theory and Experiment*. New York, Dover Publications.

Capshew, J. H. (1999). *Psychologists on the March, Science, Practice, and Professional Identity in America, 1929—1969*. Cambridge, Cambridge University Press.

Carnap, R. (1950). *Logical Foundations of Probability*. Chicago, University of Chicago Press.

Cattel, M. (1930). "Psychology in America." *Psychological Review*. Ninth International Congress of Psychology, Proceedings and Papers: 12-32.

Chapanis, A., et al. (1949). *Applied Experimental Psychology, Human Factors in Engineering Design*. New York, John Wiley & Sons.

Chomsky, N. A. (1957). *Syntactic Structures*. The Hague, Mouton.

Cohen, L. J. (1981). "Can Human Irrationality Be Experimentally Demonstrated?" *The Behavioral and Brain Sciences* 4: 317-370.

Cohen-Cole, J. (2007). "Instituting the Science of Mind: Intellectual Economies and Disciplinary Exchange at Harvard's Center for Cognitive Studies." *British Journal for the History of Science* 40 (4): 567-597.

Coombs, C. H. (1983). *Psychology and Mathematics: An Essay on Theory*. Ann Arbor, University of Michigan Press.

Coombs, C. H., et al. (1970). *Mathematical Psychology: An Elementary Introduction*. CITY, Englewood Cliffs, Prentice Hall.

Coombs, C. H. and S. S. Komorita (1958). "Measuring Utility

of Money through Decisions." *American Journal of Psychology* 71: 383-389.

Cootner, P. H. (1964). Comments on the Variation of Certain Speculative Prices. *The Random Character of Stock Market Prices*. P. H. Cootner. London, Risk Books: 413-418.

Cordeschi, R. (2002). *The Discovery of the Artificial: Behavior, Mind, and Machines before and beyond Cybernetics*. Dordrecht, Kluwer Academic Publications.

Cosmides, L. and J. Tooby (1996). "Are Humans Good Intuitive Statisticians after All? Rethinking Some Conclusions from the Literature on Judgment under Uncertainty." *Cognition* 58: 1-73.

Cronqvist, H. and R. Thaler (2004). "Design Choices in Privatized Social-Security Systems: Learning from the Swedish Experience." *American Economic Review, Papers and Proceedings* 94 (2): 424-428.

Crowther-Heyck, H. (2005). *Herbert A. Simon: The Bounds of Reason in Modern America*. Baltimore, Johns Hopkins University Press.

Crowther-Heyck, H. (2006). "Patrons of the Revolution, Ideals and Institutions in Postwar Behavioral Science." *Isis* 97: 420-446.

Damasio, A. (2003). *Looking for Spinoza-Joy, Sorrow, and the Feeling Brain*. New York, Harcourt Books.

Danziger, K. (1990). *Constructing the Subject, Historical Origins of Psychological Research*. New York, Cambridge University Press.

Danziger, K. (1997). *Naming the Mind, How Psychology Found Its Language*. London, Sage.

Daston, L. (1988). *Classical Probability in the Enlightenment*. Princeton, NJ, Princeton University Press.

Daston, L. and P. Galison (2007). *Objectivity*. New York, Zone Books.

Davis, D. D. and C. A. Holt (1993). *Experimental Economics*.

Princeton, NJ, Princeton University Press.

Davis, J. B. (2003). *The Theory of the Individual in Economics*. New York, Routledge.

Davis, R. L. (1954). Introduction. *Decision Processes*. R. M. Thrall, C. H. Coombs, and R. L. Davis. New York, JohnWiley & Sons: 1-18.

De Bondt, W. F. M. and R. Thaler (1985). "Does the Stock Market Overreact?" *The Journal of Finance* 40 (3): 793-805.

De Bondt, W. F. M. and R. Thaler (1990). "Do Security Analysts Overreact?" *The American Economic Review* 80 (2): 52-57.

de Finetti, B. (1937). "La prévision: ses lois logiques, ses sources subjective." *Annales de l'Institut Henri Poincaré* 7: 1-68.

de Finetti, B. (1949). "Le vrai et le probable." *Dialectica* 3: 78-93.

de Finetti, B. (1951). Recent Suggestions for the Reconciliation of Theories of Probability *Proceedings of the Second [1950] Berkeley Symposium on Mathematical Statistics and Probability*. J. Neyman. Berkeley, University of California Press: 217-226.

Debreu, G. (1954). Representation of Preference Ordering by a Numerical Function. *Decision Processes*. R. M. Thrall, C. H. Coombs, and R. L. Davis. New York, Wiley: 159-165.

Debreu, G. (1958). "Stochastic Choice and Cardinal Utility." *Econometrica* 26: 440-444.

Debreu, G. (1959a). "Cardinal Utility for Even-chance Mixtures of Pairs of Sure Prospects." *Review of Economic Studies* 71: 174-177.

Debreu, G. (1959b). *Theory of Value: An Axiomatic Analysis of Economic Equilibrium*. New York, Wiley.

Debreu, G. (1960). Topological Methods in Cardinal Utility Theory. *Mathematical Methods in the Social Science, 1959*. K. Arrow, S. Karlin, and P. Suppes. Stanford, CA, Stanford University Press: 16-26.

Diamond, P. A. and M. Rothschild, Eds. (1978). *Uncertainty in Economics*: *Readings and Exercises* San Diego, Academic Press.

Dimand, M. A. and R. W. Dimand, Eds. (1997). *The Foundations of Game Theory*. Cheltenham, UK, Edward Elgar.

Dimand, R. W. (2005). Experimental Economic Games: The Early Years. *The Experiment in the History of Economics*. P. Fontaine and R. Leonard. New York, Routledge: 5-24.

Dodge, R. (1919). "Mental Engineering during the War." *American Review of Reviews* 59: 504-508.

Dowie, M. (2001). *American Foundations*: *An Investigative-History*. Cambridge. The MIT Press.

Duderstadt, J. D. (1994). "Foreword." *The Making of the University of Michigan 1817—1992*. M. L. Steneck and N. H. Steneck. Ann Arbor, University of Michigan Press: V.

Dunlap, J. W. (1942). "The Psychometric Society-Roots and Powers." *Psychometrika* 7 (1): 1-8.

Dupuy, J.-P. (2009). *On the Origins of Cognitive Science*, *The Mechanization of the Mind*. Cambridge, The MIT Press.

Edwards, W. (1954). "The Theory of Decision Making." *Psychological Bulletin* 51: 380-417.

Edwards, W. (1961). "Behavioral Decision Theory." *Annual Review of Psychology* (12): 473-498.

Edwards, W. and A. Tversky, Eds. (1967). *Decision Making*. Penguin Modern Psychology Readings. Baltimore, Penguin Books.

Ellsberg, D. (1961). "Ambiguity, and the Savage Axioms." *The Quarterly Journal of Economics* 75 (4): 643-669.

Elster, J. and G. Loewenstein (1992). Utility from Memory and Anticipation. *Choice over Time*. G. Loewenstein and J. Elster. New York, Russell Sage Foundation: 213-234.

Elzinga, K. G. (1992). "The Eleven Principles of Economics." *Southern Economic Journal* 58 (4): 861-879.

Erickson, P. (2010). "Mathematical Models, Rational Choice, and the Search for Cold War Culture." *Isis* 101 (2): 386-392.

Eriksson, L. and A. Hajek (2007). "What Are Degrees of Belief?" *Studia Logica* 86 (2): 185-215.

Estes, W. K. (1964). Probability Learning. *Categories of Human Learning*. A. W. Melton. New York, Academic Press: 89-128.

Fama, E. (1970). "Efficient Capital Markets: A Review of Theory and Empirical Work." *The Journal of Finance* 25 (2): 383-417.

Fechner, G. T. (1964 [1860]). *Elemente der Psychophysiek*. Amsterdam, Bonset.

Festinger, L. and D. Katz, Eds. (1953). *Research Methods in the Behavioral Sciences*. Fort Worth, Dryden Press.

Fishburn, P. C. (1964). *Decision and Value Theory*. New York, Wiley.

Fishburn, P. C. (1981). "Subjective Expected Utility: A Review of Normative Theories." *Theory and Decision* 13: 139-199.

Fishburn, P. C. (1989). "Retrospective on the Utility Theory of von Neumann and Morgenstern." *Journal of Risk and Uncertainty* 2: 127-158.

Flom, M. C., F. W. Weymouth, et al. (1963). "Visual Resolution and Contour Interaction." *Journal of the Optical Society of America* 53 (9): 1026-1032.

Fontaine, P. and R. Backhouse, Eds. (2010). *The Unsocial Social Science? Economics and Neighboring Disciplines since 1945*. Durham, NC, and London, Duke University Press.

Forman, P. (1987). "Behind Quantum Electronics: National Security as Basis for Physical Research in the United States, 1940—1960." *Historical Studies in the Physical and Biological Sciences* 18: 149-229.

Fourcade, M. (2009). *Economists and Societies, Discipline and Profession in the United States, Britain, & France, 1890s to 1990s*. Princeton, NJ, Princeton University Press.

Frantilla, A. (1998). *Social Science in the Public Interest: A fiftieth-year history of the Institute of Social Research*. Ann Arbor, Bentley Historical Library, University of Michigan.

Frederick, S., G. Loewenstein, et al. (2002). "Time Discounting and Time Preference A Critical Review." *Journal of Economic Literature* 40: 351-401.

Frederiksen, N. and H. Gulliksen, Eds. (1964). *Contributions to Mathematical Psychology*. London, Holt, Rinehart and Winston.

Friedman, J., Ed. (1996). *The Rational Choice Controversy: Economic Models of Politics Reconsidered*. New Haven, Yale University Press.

Friedman, M. (1953). The Methodology of Positive Economics. *Essays in Positive Economics*. Chicago, Chicago University Press: 3-43.

Friedman, M. and L. Savage (1948). "The Utility Analysis of Choice Involving Risk." *Journal of Political Economy* LVI (4): 279-304.

Friedman, M. and L. Savage (1952). "The Expected-utility Hypothesis and the Measurability of Utility." *Journal of Political Economy* LX (6): 463-474.

Friedman, D. and S. Sunder (1994). *Experimental Methods: A Primer for Economists*. New York, Cambridge University Press.

Frijda, N. H. (1986). *The Emotions*. Cambridge, Cambridge University Press.

Fryback, D. (2005). "Ward Edwards: Father of Behavioral Decision Theory." *Medical Decision Making* 25: 468-470.

Gigerenzer, G. (1987a). The Probabilistic Revolution in Psychology-an Overview. *The Probabilistic Revolution 2*. L. Kr¨uger, G. Gigerenzer and M. S. Morgan. Cambridge, MIT Press: 7-10.

Gigerenzer, G. (1987b). Survival of the Fittest Probabilist: Brunswik, Thurstone, and the Two Disciplines of Psychology. *The Probabilistic Revolution 2*. L. Krüger, G. Gigerenzer and M. S. Morgan. Cambridge, MIT Press: 49-72.

Gigerenzer, G. (1991). "How to Make Cognitive Illusions Disappear: Beyond 'Heuristics and Biases.'" *European Review of Social Psychology* 2: 83-115.

Gigerenzer, G. (1993). "From Metaphysics to Psychophysics and Statistics." *The Behavioral and Brain Sciences* 16 (1): 139-140.

Gigerenzer, G. (1996). "On Narrow Norms and Vague Heuristics: A Reply to Kahneman and Tversky (1996)." *Psychological Review* 103 (3): 592-596.

Gigerenzer, G. and D. J. Murray (1987). *Cognition as Intuitive Statistics*. Hillsdale, NJ, Lawrence Erlbaum.

Gigerenzer, G. and R. Selten (2001). *Bounded Rationality, The Adaptive Toolbox*. Cambridge, MIT Press.

Gigerenzer, G., P. M. Todd, et al., Eds. (1999). *Simple Heuristics That Make Us Smart*. New York, Oxford University Press.

Gintis, H. (2000). *Game Theory Evolving: A Problem-Centered Introduction to Modeling Strategic Behavior*. Princeton, NJ, Princeton University Press.

Giocoli, N. (2013). "From Wald to Savage: Homo Economicus becomes a Bayesian Statistician." *Journal of the History of the Behavioral Sciences* 49 (1): 63-95.

Giraud, Y. (forthcoming). The Political Economy of Textbook Writing: Paul Samuelson and the making of the First Ten Editions of *Economics* (1945—1976).

Goldstein, W. M. and R. M. Hogarth, Eds. (1997). *Research on Judgement and Decision Making: Currents, Connections, and Controversies*. Cambridge, Cambridge University Press.

Goodwin, C. D. (1998). "The Patrons of Economic in a Time of Transformation." *History of Political Economy*. Annual supplement: 53-81.

Green, D. and I. Shapiro (1994). *Pathologies of Rational Choice Theory: A Critique of Applications in Political Science*. New Haven, CT, Yale University Press.

Green, D. M. and J. A. Swets (1966). *Signal Detection Theory and Psychophysics*. New York, Wiley.

Grether, D. and C. R. Plott (1979). "Economic Theory of Choice and the Preference Reversal Phenomenon." *The American Economic Review* 69 (4): 623-638.

Grether, D. M. and C. R. Plott (1982). "Economic Theory of Choice and the Preference Reversal Phenomenon: Reply." *American Economic Review* 72 (3): 575.

Grossman, D. M. (1982). "American Foundations and the Support of Economic Research, 1913—1929." *Minerva* 20 (1-2): 59-82.

Grunwald, M. (2009). How Obama Is Using the Science of Change. *Time*. New York. April 2.

Guala, F. (2000). "The Logic of Normative Falsification: Rationality and Experiments in Decision Theory." *Journal of Economic Methodology* 7 (1): 59-93.

Guala, F. (2005). *The Methodology of Experimental Economics*. Cambridge, Cambridge University Press.

Guilford, J. P. (1954). *Psychometric Methods*. New York, McGraw-Hill.

Hacking, I. (1975). *The Emergence of Probability: A Philosophical Study of Early Ideas about Probability, Induction and Statistical Inference*. London, New York, Cambridge University Press.

Hájek, Alan, "Interpretations of Probability," *The Stanford Encyclopedia of Philosophy* (Winter 2012 Edition), Edward N. Zalta (ed.), URL=〈http://plato.stanford.edu/archives/win2012/entries/probability-interpret/〉.

Hands, D. W. (2001). *Reflection without Rules, Economic Methodology and Contemporary Science Theory*. Cambridge, Cambridge University Press.

Hands, D. W. (2013). Normative Rational Choice Theory: Past, Present, and Future (July 9). Available at SSRN: http://

ssrn. com/abstract = 1738671 or http://dx. doi. org/10. 2139/ssrn. 1738671.

Hands, D. W. (2010). "Economics, Psychology, and the History of Consumer Choice Theory." *Cambridge Journal of Economics* 34: 633-648.

Hands, D. W. and P. Mirowski (1998). Harold Hoteling and the Neoclassical Dream. *Economics and Methodology: Crossing Boundaries*. R. Backhouse, D. Hausman, U. Mäki and A. Salanti. London, Macmillan: 322-397.

Harris, C. and D. Laibson (2001). "Dynamic Choices of Hyperbolic Consumers." *Econometrica* 69 (4): 935-957.

Hauptmann, E. (2006). "From Opposition to Accommodation: How Rockefeller Foundation Grants Redefined Relations between Political Theory and Social Science in the 1950s." *American Political Science Review* 100 (4): 643-649.

Hausman, D. M. (1992). *The Inexact and Separate Science of Economics*. Cambridge, Cambridge University Press.

Heidelberger, M. (1993). "Fechner's Impact for Measurement Theory (Comment on Murray, D. J. 'A Perspective for Viewing the History of Psychophysics')." *Behavioral and Brain Sciences* 16: 146-148.

Heidelberger, M. (2004). *Nature from Within, Gustav Theodor Fechner and His Psychophysical Worldview*. Pittsburgh, University of Pittsburgh Press.

Heise, D. R. (1970). The Semantic Differential and Attitude Research. *Attitude Measurement*. G. F. Summers. Chicago, Rand McNally: 235-253.

Henrich, J. (2001). Group Report: What Is the Role of Culture in Bounded Rationality? *Bounded Rationality, The Adaptive Toolbox*. G. Gigerenzer and R. Selten. Cambridge USA, MIT Press: 343-359.

Henrich, J., et al. (2001). "In Search of Homo Economicus:

Behavioral Experiments in 15 Small-Scale Societies." *The American Economic Review* 91 (2): 73-78.

Henrich, J., et al. (2004). *Foundations of Human Sociality: Economic Experiments and Ethnographic Evidence from Fifteen Small-scale Societies*. Oxford, Oxford University Press.

Hertwig, R. and G. Gigerenzer (1999). "The 'Conjunction Fallacy' Revisited: How Intelligent Inferences Look Like Reasoning Errors." *Journal of Behavioral Decision Making* 12: 275-305.

Hertwig, R. and A. Ortmann (2008). "Deception in Experiments: Revisiting the Arguments in its Defense." *Ethics & Behavior* 18 (1): 59-92.

Heukelom, F. (2011). "How Validity Travelled to Economic Experimenting." *Journal of Economic Methodology* 18 (1): 13-28.

Hicks, J. R. and R. G. D. Allen (1934a). "A Reconsideration of the Theory of Value." *Economica* 1 (1): 52-76.

Hicks, J. R. and R. G. D. Allen (1934b). "A Reconsideration of the Theory of Value. Part II. A Mathematical Theory of Individual Demand Functions." *Economica* 1 (2): 196-219.

Hogarth, R. M. and M. W. Reder, Eds. (1987). *Rational Choice: The Contrast between Economics and Psychology*. Chicago, University of Chicago Press.

Hollinger, D. A. (1989). Academic Culture at Michigan, 1938—1988: The Apotheosis of Pluralism. *Intellectual History and Academic Culture at the University of Michigan: Fresh Explorations*. M. A. Lourie. Ann Arbor, H. Rackham School of Graduate Studies: 58-101.

Hollinger, D. A. (1995). "Science as a Weapon in Kulturkampfe in the United States during and after World War II." *Isis* 86 (3): 440-454.

House, J. S., et al., Eds. (2004). *A Telescope on Society, Survey Research & Social Science at the University of Michigan & Beyond*. Ann Arbor, University of Michigan Press.

Hughes, T. P. (1998). *Rescuing Prometheus*. New York, Pantheon.

Hughes, T. P. and A. C. Hughes, Eds. (2000). *Systems, Experts, and Computers: teh Systems Approach in Management and Engineering, World War II and After*. Cambridge, MA, The MIT Press.

Hunter, W. S. (1946). "Psychology in the War." *American Psychologist* 1: 479-492.

Hyman, H. H. (1991). *Taking Society's Measure*. New York, Russell Sage.

Ingrao, B. and G. Israel (1990). *The Invisible Hand*. Cambridge, MIT Press.

Jallais, S. and P. -C. Pradier (2005). The Random Character of Stock Market Prices. *The Experiment in the History of Economics*. P. Fontaine and R. Leonard. New York, Routledge: 25-49.

Jallais, S., P. C. Pradier, and D. Teira et al. (2008). "Facts, Norms and Expected Utility Functions." *History of the Human Sciences* 21 (2): 45-62.

Jamisona, J., et al. (2008). "To Deceive or Not To Deceive: The Effect of Deception on Behavior in Future Laboratory Experiments." *Journal of Economic Behavior & Organization* 68 (3-4): 477-488.

Jones, E. and S. Rahman (2009). "The Maudsley Hospital and the Rockefeller Foundation: The Impact of Philanthropy on Research and Training." *Journal of the History of Medicine and Allied Sciences* 64 (3): 273-299.

Jones, L. V. (1959). "Prediction of Consumer Purchase and the Utility of Money." *Journal of Applied Psychology* 43: 334-337.

Jordan, J. M. (1994). *Machine-Age Ideology: Social Engineering and American Liberalism, 1911—1939*. Chapel Hill, University of North Carolina.

Jorland, G. (1987). The Saint Petersburg Paradox 1713—1937.

The Probabilistic Revolution 1. L. Kruger, L. J. Daston, and M. Heidelberger. Cambridge, MIT Press: 157-190.

Jovanovic, F. (2008). "The Construction of the Canonical History of Financial Economics." *History of Political Economy* 40 (2): 213-242.

Juster, F. T. (2004). The Behavioral Study of Economics. *A Telescope on Society, Survey Research & Social Science at the University of Michigan & Beyond*. J. S. House, F. T. Juster, R. L. Kahn, H. Schuman, and E. Singer. Ann Arbor, The University of Michigan Press: 119-130.

Kahneman, D. (1963). "The Semantic Differential and the Structure of Inferences among Attributes." *American Journal of Psychology* 76: 554-567.

Kahneman, D. (1964). "Temporal Summation in an Acuity Task at Different Energy Levels—a Study of the Determinants of Summation." *Vision Research* 4: 557-566.

Kahneman, D. (1965a). "Control of Spurious Association and the Reliability of the Controlled Variable." *Psychological Bulletin* 64 (5): 326-329.

Kahneman, D. (1965b). "Exposure Duration and Effective Figure-ground Contrast." *Quarterly Journal of Experimental Psychology* 17: 308-314.

Kahneman, D. (1966a). "Time-intensity Reciprocity in Acuity as a Function of Luminance and Figure-ground Contrast." *Vision Research* 6: 207-215.

Kahneman, D. (1966b). "Time-intensity Reciprocity under Various Conditions of Adaptation and Backward Masking." *Journal of Experimental Psychology* 71: 543-549.

Kahneman, D. (1967). Temporal Effects in the Perception of Light and Form. *Models for the Perception of Speech and Visual Form*. W. Wathen-Dunn. Cambridge, M. I. T. Press: 157-170.

Kahneman, D. (1973). *Attention and Effort*. Englewoods

Cliffs, CA, Prentice Hall.

Kahneman, D. (2002). "Autobiography," from http://nobelprize.org/economics/laureates/2002/kahneman-autobio.html.

Kahneman, D. (2003). "Maps of Bounded Rationality: Psychology for Behavioral Economics." *The American Economic Review* 93 (5): 1449–1475.

Kahneman, D. (2011). *Thinking, Fast and Slow*. New York, Farrar, Straus and Giroux.

Kahneman, D. and D. Beatty (1966). "Pupil Diameter and Load on Memory." *Science* 154: 1583–1585.

Kahneman, D. and D. Beatty (1967). "Pupillary Responses in a Pitch-discrimination Task." *Perception and Psychophysics* 2: 101–105.

Kahneman, D., et al. (1967). "Perceptual Deficit during a Mental Task." *Science* 157: 218–219.

Kahneman, D. and E. E. Ghiselli (1962). "Validity and Nonlinear Heteroscedastic Models." *Personnel Psychology* 15: 1–12.

Kahneman, D., et al. (1990). "Experimental Tests of the Endowment Effect and the Coase Theorem." *The Journal of Political Economy* 98 (6): 1325–1348.

Kahneman, D., et al. (1991). "Anomalies: The Endowment Effect, Loss Aversion, and Status Quo Bias." *The Journal of Economic Perspectives* 5 (1): 193–206.

Kahneman, D. and J. Norman (1964). "The Time-intensity Relation in Visual Perception as a Function of Observer's Task." *Journal of Experimental Psychology* 68: 215–220.

Kahneman, D. and W. S. Peavler (1969). "Incentive Effects and Pupillary Changes in Association Learning." *Journal of Experimental Psychology* 79 (2): 312–318.

Kahneman, D., et al. (1968). "Effect of Verbalization and Incentive on the Pupil Response to Mental Activity." *Canadian Journal of Psychology* 22 (3): 186–196.

Kahneman, D. and A. Tversky (1972). "Subjective Probability: A Judgment of Representativeness." *Cognitive Psychology* 3: 430–454.

Kahneman, D. and A. Tversky (1979). "Prospect Theory: An Analysis of Decision under Risk." *Econometrica* 47: 313–327.

Kahneman, D. and A. Tversky (1996). "On the Reality of Cognitive Illusions." *Psychological Review* 103 (3): 582–591.

Kahneman, D. and A. Tversky, Eds. (2000). *Choices, Values and Frames*. New York, Cambridge University Press.

Kalish, G. K., et al. (1954). Some Experimental N-person Games. *Decision Processes*.

R. M. Thrall, C. H. Coombs, and R. L. Davis. New York, John Wiley & Sons: 301–327.

Katona, G. (1975). *Psychological Economics*. Amsterdam, Elsevier.

Keynes, J. M. (1921). *Treatise on Probability*. London, Macmillan & Co.

Kiddler, L. M. (1981). *Research Methods in Social Relations*. New York, Holt, Rinehart & Winston.

Kitch, E. W. (1977). "The Nature and Function of the Patent System." *Journal of Law and Economics* 20 (2): 265–290.

Klein, J. L. (forthcoming). *Protocols of War*.

Kolmogoroff, A. (1933). *Grundbegriffe der Wahrscheinlichkeitsrechnung*. Berlin, Julius Springer.

Krantz, D. H., et al. (1971). *Foundations of Measurement I*. New York, Academic Press.

Krüger, L., et al., Eds. (1987). *The Probabilistic Revolution Volume 1: Ideas in History*. Cambridge, MIT Press.

Krüger, L., et al., Eds. (1987). *The Probabilistic Revolution Volume 2: Ideas in Science*. Cambridge, MIT Press.

Laibson, D. (1997). "Golden Eggs and Hyperbolic Discounting." *The Quarterly Journal of Economics* 112 (2): 443–477.

Laibson, D. and R. Zeckhauser (1998). "Amos Tversky and

the Ascent of Behavioral Economics." *Journal of Risk and Uncertainty* 16: 7-47.

Laming, D. (1973). *Mathematical Psychology*. London, Academic Press.

Lee, K. S. (2004). Rationality, Minds, and Machines in the Laboratory: A Thematic History of Vernon Smith's Experimental Economics. Notre Dame, University of Notre Dame. PhD: 300.

Lee, K. S. and P. Mirowski (2008). "The Energy Behind Vernon Smith's Experimental Economics." *Cambridge Journal of Economics* 32: 257-271.

Lemov, R. (2005). *World as Laboratory, Experiments with Mice, Mazes, and Men*. New York, Hill and Wang.

Lenfant, J.-S. (2012). "Indifference Curves and the Ordinalist Revolution." *History of Political Economy* 44 (1): 113-155.

Leonard, R. (1991). Essays in the History of Economic Thought: Theory and Institutions in the Mid-Twentieth-Century Economics. *Economics*. Duke, Duke University. PhD.

Leonard, R. (2010). *Von Neumann, Morgenstern, and the Creation of Game Theory, From Chess to Social Science, 1900—1960*. Cambridge, Cambridge University Press.

Leonard, R. and P. Fontaine (2005). Introduction. *The Experiment in the History of Economics*. P. Fontaine and R. Leonard. New York, Routledge: 1-4.

Lewin, S. (1996). "Economics and Psychology: Lessons for Our Own Day From the Early Twentieth Century." *Journal of Economic Literature* 34 (3): 1293-1323.

Lichtenstein, S. and P. Slovic, Eds. (2006). *The Construction of Preference*. Cambridge, Cambridge University Press.

Lipsey, R. G. and P. O. Steiner (1972). *Economics*. 3rd ed. New York, Harper & Row.

Lipsey, R. G. and P. O. Steiner (1981). *Economics*. 6th ed. New York, Harper & Row.

Loewenstein, G. (1992). The Fall and Rise of Psychological Explanations in the Economics of Intertemporal Choice. *Choice over Time*. G. Loewenstein and J. Elster. New York, Russell Sage Foundation: 3-34.

Loewenstein, G. (1999a). "Because It Is There: The Challenge of Mountaineering... for Utility Theory." *Kyklos* 52: 315-344.

Loewenstein, G. (1999b). "Experimental Economics from the vantage-point of Behavioural Economics." *The Economic Journal* 109: F25-F34.

Loewenstein, G. and J. Elster, Eds. (1992). *Choice over Time*. New York, Russell Sage Foundation.

Loewenstein, G. and E. Haisley (2008). The Economist as Therapist: Methodological Ramifications of "Light" Paternalism. *Perspectives on the Future of Economics: Positive and Normative Foundations*. A. Caplin and A. Schotter. Oxford, Oxford University Press: 210-245.

Loewenstein, G. and D. Prelec (1991). "Negative Time Preference." *The American Economic Review* 81 (2): 347-352.

Loewenstein, G. and D. Prelec (1992). Anomalies in Intertemporal Choice: Evidence and an Interpretation. *The Quarterly Journal of Economics*, 107 (2): 573-597.

Loewenstein, G. and R. Thaler (1989). "Anomalies: Intertemporal Choice." *Journal of Economic Perspectives* 3: 181-193.

Loewenstein, G., et al. (2001). "Risk as Feelings." *Psychological Bulletin* 127: 267-286.

Lopes, L. L. (1991). "The Rhetoric of Irrationality." *Theory and Psychology* 1: 65-82.

Luce, R. D., et al., Eds. (1963a). *The Handbook of Mathematical Psychology I*. New York, John Wiley and Sons.

Luce, R. D., et al., Eds. (1963b). *The Handbook of Mathematical Psychology II*. NewYork, John Wiley and Sons.

Luce, R. D., et al., Eds. (1965). *The Handbook of Mathe-*

matical Psychology III. NewYork, John Wiley and Sons.

Luce, R. D., et al. (1990). *Foundations of Measurement* 3. *Representation, Axiomatization, and Invariance*. San Diego, Academic Press.

Luce, R. D. and H. Raiffa (1957). *Games and Decisions, Introduction and Critical Survey*. New York, Dover Publications.

Luce, R. D. and J. W. Tukey (1964). "Simultaneous Conjoint-Measurement: A New Type of Fundamental Measurement." *Journal of Mathematical Psychology* 1 (1): 1–27.

Maas, H. (2005a). "Mill and Jevons on the Private Laboratory of the Mind." *The Manchester School*: 620–649.

Maas, H. (2005b). *William Stanley Jevons and the Making of Modern Economics*. Cambridge, Cambridge University Press.

MacHale, D. (1985). *George Boole: His Life and Work*. Dublin, Boole.

Machina, M. J. (1982). "'Expected Utility' Analysis without the Independent Axiom." *Econometrica* 50 (2): 277–323.

Machina, M. J. (1989). "Dynamic Consistency and Non-Expected Utility Models of Choice under Uncertainty." *Journal of Economic Literature* 27 (1622–1668).

MacKenzie, D. A. (2006). *An Engine, Not a Camera, How Financial Models Shape Markets*. London, MIT Press.

Mäki, U., Ed. (2009). *The Methodology of Positive Economics. Reflections on the Milton Friedman Legacy*. Cambridge, Cambridge University Press.

Mandelbrot, B. and R. L. Hudson (2004). *The (Mis) behavior of Markets, A Fractal View of Financial Turbulence*. New York, Basic Books.

Mandler, M. (1999). *Dilemmas in Economic Theory*. New York, Oxford University Press.

Marschak, J. (1946). "Neumann's and Morgenstern's New Approach to Static Economics." *The Journal of Political Economy* 44

(2)：97－115.

Marschak，J.（1950）. "Rational Behavior，Uncertain Prospects，and Measurable Utility." *Econometrica* 18：111－141.

Mas-Colell，A.，et al.（1995）. *Microeconomic Theory*. New-York，Oxford University Press.

McClure，S. M.，et al.（2004）. "Separate Neural Systems Value Immediate and Delayed Monetary Rewards." *Science* 306：503－507.

McConnell，C. R.（1960）. *Economics，Principles，Problems，and Policies*. New York，McGraw-Hill.

McConnell，C. R.（1975）. *Economics*. New York，McGraw-Hill.

Mehrling，P. G.（2005）. *Fischer Black and the Revolutionary Idea of Finance*. Hoboken，NJ，Wiley.

Mehrling，P. G.（2011）. *The New Lombard Street，How the Fed Became the Dealer of Last Resort*. Princeton，NJ，Princeton University Press.

Mendelsohn，E.（1989）. "Robert K. Merton：The Celebration and Defense of Science." *Science in Context* 3（1）：269－289.

Michell，J.（1999）. *Measurement in Psychology*. Cambridge，Cambridge University Press.

Michell，J.（2007）. Representational Theory of Measurement. *Measurement in Economics：A Handbook*. M. Boumans. Amsterdam，Elsevier：19－39.

Mill，J. S.（1844）. On the Definition of Political Economy；and on the Method of Investigation Proper to it. *Essays on Some Unsettled Questions of Political Economy*. J. S. Mill. London，Longmans：86－118.

Mindell，D. A.（2002）. *Between Human and Machine：Feedback，Control and Computing before Cybernetics*. Baltimore，Johns Hopkins University Press.

Mirowski，P.（1989）. "Tis a Pity Econometrics Isn't an Empirical Endeavor：Mandelbrot，Chaos，and the Noah and Joseph Effects." *Recherche Economiche* 43：76－99.

Mirowski, P. (1990). "From Mandelbrot to Chaos in Economic Theory." *Southern Economic Journal* 57 (2): 289-307.

Mirowski, P. (2002). *Machine Dreams, Economics Becomes a Cyborg Science*. Cambridge, Cambridge University Press.

Mirowski, P. and D. W. Hands (1998). A Paradox of Budgets: The Postwar Stabilization of American Neoclassical Demand Theory. *From Interwar Pluralism to Postwar Neoclassicism*. M. S. Morgan and M. Rutherford. London, Duke University Press: 260-289.

Mongin, P. (2009). Duhemian Themes in Expected Utility Theory. *French Studies in the Philosophy of Science*. A. Brenner and J. Gayon. Berlin, Springer: 303-357.

Morawski, J. G. (1986). "Organizing Knowledge and Behavior at Yale's Institute of Human Relations." *Isis* 77: 219-242.

Morgan, M. S. (1990). *The History of Econometric Ideas*. Cambridge, Cambridge University Press.

Morgenstern, O. (1972). "Descriptive, Predictive and Normative Theory." *Kyklos* 25 (4): 699-714.

Morgenstern, O. (1973). Some Reflections on Utility. *Expected Utility Hypotheses and the Allais Paradox*. M. Allais and O. Hagen. London, D. Reidel Publishing Company: 175-183.

Moscati, I. (2007a). "Early Experiments in Consumer Demand Theory: 1930—1970." *History of Political Economy* 39 (3): 359-401.

Moscati, I. (2007b). "History of Consumer Demand Theory, 1871—1971: A Neo-Kantian Rational Reconstruction." *European Journal of the History of Economic Thought* 14: 119-156.

Moscati, I. (2010). Were Jevons, Menger and Walras Really Cardinalists? On the Notion of Measurement in Utility Theory, Psychology, Mathematics and other Disciplines, ca. 1870—1910. *University of Turin Working Paper Series*.

Mosteller, F. and P. Nogee (1951). "An Experimental Measurement of Utility." *Journal of Political Economy* 50: 371-404.

Mullainathan, S. (2007). Development Economics through the

Lens of Psychology. Working Paper, Harvard University.

Murchison, C., Ed. (1929). *The Psychological Register*. Worecester, MA, Clark University Press.

Nagel, E. (1963). "Assumptions in Economic Theory." *American Economic Review* 53 (2): 211-219.

National Research Council (1943). *Psychology for the Fighting Man: Prepared for the Fighting Man Himself*. Washington D.C., Infantry Journal.

Nozick, R. (1993). *The Nature of Rationality*. Princeton, NJ, Princeton University Press.

Ortmann, A. and R. Hertwig (2002). "The Costs of Deception: Evidence from Psychology." *Experimental Economics* 5 (2): 111-131.

Peckham, H. H. (2005). *The Making of the University of Michigan 1917—1992, Edited and Updated by M. L. Steneck and N. H. Steneck*. Ann Arbor, University of Michigan Press.

Phillips, L. D. and D. Von Winterfeldt (2006). Reflections on the Contributions of Ward Edwards to Decision Analysis and Behavioral Research. *LSEOR*. London, LSE.

Pindyck, R. S. and D. L. Rubenfield (1995). *Microeconomics*. Englewood Cliffs, NJ, Prentice Hall.

Plott, C. R. and V. L. Smith, Eds. (2008). *Handbook of Experimental Economics Results, Volume 1*. Amsterdam, Elsevier.

Poitras, G. and F. Jovanovic, Ed. (2007). *Pioneers of Financial Economics, Volume 2: Twentieth-Century Contributions*. Cheltenham, UK, Edward Elgar.

Pooley, J. (forthcoming). A "Not Particularly Felicitous" Phrase: A History of the "Behavioral Sciences" Label.

Pooley, J. and M. Solovey (2010). "Marginal to the Revolution: The Curious Relationship between Economics and the Behavioral Sciences Movement in Mid-Twentieth-Century America." *History of Political Economy* 42 (annual supplement): 199-233.

Porter, T. M. (1986). *The Rise of Statistical Thinking 1820—1900*. Princeton, NJ, Princeton University Press.

Prelec, D. and G. Loewenstein (1997). "Beyond Time Discounting." *Marketing Letters* 8 (1): 97-108.

Rabin, M. (1993). "Incorporating Fairness into Game Theory and Economics." *American Economic Review* 83 (5): 1281-1302.

Rabin, M. (1994). "Cognitive Dissonance and Social Change." *Journal of Economic Behavior and Organization* 23: 177-194.

Rabin, M. (1998). "Psychology and Economics." *Journal of Economic Literature* 36 (1): 11-46.

Ramsey, F. (1931). *The Foundations of Mathematics and Other Logical Essays*. London, Routledge.

Raphelson, A. C. (1980). "Psychology at Michigan: The Pillsbury Year, 1987—1947." *Journal of the History of the Behavioral Sciences* 16: 301-312.

Rapoport, A. (1989). *The Origins of Violence: Approaches to the Study of Conflict*. New York, Paragan House.

Rapoport, A. and A. Tversky (1970). "Choice Behavior in an Optimal Stopping Task." *Organizational Behavior and Human Performance* 5: 105-120.

Roll, R. (1970). *The Behavior of Interest Rates*. New York, Basic Books.

Roll, R. (1981). "A Possible Explanation of the Small Firm Effect." *The Journal of Finance* 36 (4): 879-888.

Roll, R. (1983). "The Turn-of-the-Year Effect and the Return Premia of Small Firms." *Journal of Portfolio Management* 9: 18-28.

Ross, D. (2003). Changing Contours of the Social Science Disciplines. *The Modern Social Sciences*. T. Porter and D. Ross. Cambridge Cambridge University Press: 7: 205-237.

Ross, D. (2008). "Two Styles of Neuroeconomics." *Economics and Philosophy* 24 (373-383).

Samuelson, F. (1985). "Organizing for the Kingdom of Behavior: Academic Battles and Organizational Policies in the Twenties." *Journal of the History of the Behavioral Sciences* 21 (1): 33-47.

Samuelson, P. A. (1947). *Foundations of Economic Analysis*. Cambridge, MA, Harvard University Press.

Samuelson, P. A. (1950). "Probability and the Attempts to Measure Utility." *The Economic Review* 1: 167-173.

Samuelson, P. A. (1952). *Economics*. London, McGraw-Hill.

Samuelson, P. A. (1966 [1952]). Utility, Preference and Probability (reprint from French). *The Collected Scientific Papers of Paul A. Samuelson*. J. Stiglitz. Cambridge, MIT Press: 127-136.

Samuelson, P. A. and W. D. Nordhaus (1985). *Economics*. New York, McGraw-Hill.

Savage, L. J. (1951). "The Theory of Statistical Decision." *Journal of the American Statistical Association* 46: 55-67.

Savage, L. J. (1954). *The Foundations of Statistics*. New York, John Wiley & Sons.

Schelling, T. C. (1960). *The Strategy of Conflict*. Cambridge, MA, Harvard University Press.

Schelling, T. C. (1969). "Models of Segregation." *American Economic Review* 59 (2): 488-493.

Schultz, H. (1928). "Rational Economics." *The American Economic Review* 18 (4): 643-648.

Schultz, H. (1928). *Statistical Laws of Demand and Supply with Special Application to Sugar*. Chicago, University of Chicago Press.

Schultz, H. (1938). *The Theory and Measurement of Demand*. Chicago, University of Chicago Press.

Sears, R. R. (1973). "Donald George Marquis: 1908—1973." *American Journal of Psychology* 86: 661-663.

Sedlmeier, P. and G. Gigerenzer (1997). "Intuitions about Sample Size: The Empirical Law of Large Numbers." *Journal of Behavioral Decision Making* 10: 33-51.

Sedlmeier, P. and G. Gigerenzer (2000). "Was Bernoulli Wrong?

On Intuitions about Sample Size." *Journal of Behavioral Decision Making* 13：133－139.

Selcer，P.（2009）. "The View From Everywhere：Disciplining Diversity in Post-World War II International Social Science." *Journal of the History of the Behavioral Sciences* 45（4）：309－329.

Senn，P. R.（1966）. "'What Is Behavioral Science?' —Notes toward a History." *Journal of the History of the Behavioral Sciences* 2（2）：107－122.

Sent，E.-M.（1998）. *The Evolving Rationality of Rational Expectations*. Cambridge，Cambridge University Press.

Sent，E.-M.（2001）. "Sent Simulating Simon Simulating Scientists." *Studies in History and Philosophy of Science* 32（3）：479－500.

Sent，E.-M.（2004）. "Behavioral Economics：How Psychology Made Its（Limited）Way Back into Economics." *History of Political Economy* 36（4）：735－760.

Sent，E.-M.（2005）. "Simplifying Herbert Simon." *History of Political Economy* 37（2）：227－232.

Shackle，G. L. S.（1949）. *Expectations in Economics*. New York，Wiley.

Shackle，G. L. S.（1961）. *Decision，Order and Time in Human Affairs*. Cambridge，Cambridge University Press.

Shefrin，H. M. and R. Thaler（1988）. "The Behavioral Life-Cycle Hypothesis." *Economic Inquiry* 26（609－641）.

Shiller，R. J.（1979）. "The Volatility of Long-Term Interest Rates and Expectations Models of the Term Structure." *Journal of Political Economy* 87：1190－1219.

Shiller，R. J.（1981）. "Do Stock Prices Move too Much to be Justified by Subsequent Changes in Dividends?" *American Economic Review* 71（3）：421－436.

Shiller，R. J.（1989）. *Market Volatility*. Cambridge，The MIT Press.

Shiller，R. J.（2000）. *Irrational Exuberance*. Princeton，NJ，

Princeton University Press.

Shleifer, A. (2000). *Inefficient Markets, an Introduction to Behavioral Finance*. Oxford, Oxford University Press.

Simon, H. A. (1955). "A Behavioral Model of Rational Choice." *Quarterly Journal of Economics* 69 (1): 99–118.

Simon, H. A. (1957). *Models of Man, Social and Rational-Mathematical Essays on Rational Human Behavior in a Social Setting*. New York, John Wiley & Sons.

Simon, H. A. (1959). "Theories of Decision-Making in Economics and Behavioral Sciences." *American Economic Review* 49 (1): 253–283.

Simon, H. A. (1962). "New Developments in the Theory of the Firm." *American Economic Review* 52 (3): 1–15.

Simon, H. A. (1963). Economics and Psychology *Psychology: A Study of a Science*. S. Koch. New York, McGraw-Hill.

Simon, H. A. (1978). "Rationality as Process and as Product of Thought." *The American Economic Review* 68 (2, Papers and Proceedings of the Ninetieth Annual Meeting of the American Economic Association): 1–16.

Simon, H. A. (1986). "Interview: The Failure of Armchair Economics." *Challenger* November-December: 18–25.

Simon, H. A. (1987). Behavioural Economics. *The New Palgrave Dictionary of Economics*. J. Eatwell, M. Milgate, and O. Newman. London, Macmillan: 221–224.

Skidelsky, R. (2003). *John Maynard Keynes, 1883—1946: Economist, Philosopher, Statesman*. London, Macmillan.

Slovic, P. and S. Lichtenstein (1971). "Reversal of Preferences Between Bids and Choices in Gambling Decisions." *Journal of Experimental Psychology* 89: 46–55.

Slovic, P. and S. Lichtenstein (1973). "Response-Induced Reversals of Preferences in Gambling: An Extended Replication in Las Vegas." *Journal of Experimental Psychology* 101: 16–20.

Slovic, P. and S. Lichtenstein (1983). "Preference Reversals: A Broader Perspective." *American Economic Review* 73 (4): 596-605.

Slovic, P. and A. Tversky (1974). "Who Accepts Savage's Axiom?" *Behavioral Science* 19 (6): 368-373.

Smith, V. L. (1959). "The Theory of Investment and Production." *The Quarterly Journal of Economics* 73 (1): 61-87.

Smith, V. L. (1960). "Problems in Production-Investment Planning over Time." *International Economic Review* 1 (3): 198-216.

Smith, V. L. (1962). "An Experimental Study of Competitive Market Behavior." *The Journal of Political Economy* 70 (2): 111-137.

Smith, V. L. (1965). "Experimental Auction Markets and the Walrasian Hypothesis." *The Journal of Political Economy* 73 (4): 387-393.

Smith, V. L. (1967). "Experimental Studies of Discrimination Versus Competition in Sealed-Bid Auction Markets." *The Journal of Business* 40 (1): 56-84.

Smith, V. L. (1968). "Economics of Production from Natural Resources." *The American Economic Review* 58 (3): 409-431.

Smith, V. L. (1969). "Measuring Nonmonetary Utilities in Uncertain Choices: The Ellsberg Urn." *The Quarterly Journal of Economics* 83 (2): 324-329.

Smith, V. L. (1974). "Economic Theory and Its Discontents." *The American Economic Review* 64 (2): 320-322.

Smith, V. L. (1982). "Markets as Economizers of Information: Experimental Examination of the 'Hayek Hypothesis'." *Economic Inquiry* 2: 165-179.

Smith, V. L. (1989). "Theory, Experiment and Economics." *The Journal of Economic Perspectives* 3 (1): 151-169.

Smith, V. L. (1994). "Economics in the Laboratory." *Journal of Economic Perspectives* 8 (1): 113-131.

Smith, V. L. (2008). *Rationality in Economics, Constructivist and Ecological Forms*. Cambridge, Cambridge University Press.

Stapleford, T. A. (2011). Positive Economics for Democratic Policy: Friedman, Institutionalism, and the Science of History. *Building Chicago Economics: New Perspectives on the History of America's Most Powerful Economics Program*. R. van Horn, P. Mirowski and T. A. Stapleford, Cambridge University Press: 3-35.

Stevens, S. S. (1939). "Psychology and the Science of Science." *Psychological Bulletin* 36 (4): 221-263.

Stevens, S. S., Ed. (1951). *Handbook of Experimental Psychology*. New York, John Wiley & Sons.

Stevens, S. S. (1951). Mathematics, Measurement, and Psychophysics. *Handbook of Experimental Psychology*. S. S. Stevens. New York, John Wiley & Sons: 1-50.

Stigler, G. (1988). *Memoirs of an Unregulated Economist*. New York, Basic Books.

Summers, L. H. (1986). "Does the Stock Market Rationally Reflect Fundamental Values?" *The Journal of Finance* 41 (3): 591-601.

Suppes, P., et al. (1989). *Foundations of Measurement 2. Geometrical, Threshold and Probabilistic Representations*. San Diego, Academic Press.

Teira, D. (2006). "On the Normative Dimension of the St. Petersburg Paradox." *Studies in History and Philosophy of Science* 37: 210-223.

Thaler, R. (1985). "Mental Accounting and Consumer Choice." *Marketing Science* 4 (3): 199-214.

Thaler, R. (1987). The Psychology of Choice and the Assumptions of Economics. *Laboratory Experiments in Economics: Six Points of View*. A. Roth. Cambridge, Cambridge University Press: 99-130.

Thaler, R., Ed. (1992). *The Winners Curse: Paradoxes and Anomalies of Economic Life*. New York, Free Press.

Thaler, R., Ed. (1993). *Advances in Behavioral Finance*.

New York, Russell Sage Foundation.

Thaler, R., Ed. (2005). *Advances in Behavioral Finance*. Princeton, NJ, Princeton University Press.

Thaler, R. H. (1980). "Toward a Positive Theory of Consumer Choice." *Journal of Economic Behavior and Organization* 1: 39-60.

Thaler, R. H. (1991). *Quasi Rational Economics*. New York, Russell Sage Foundation.

Thaler, R. H. (2000). "From Homo Economicus to Homo Sapiens." *Journal of Economic Perspectives* 14 (1): 133-141.

Thaler, R. H. and S. Benartzi (2004). "Save More Tomorrow: Using Behavioral Economics to Increase Employee Saving." *Journal of Political Economy* 112: S164-187.

Thaler, R. H. and C. R. Sunstein (2003). "Libertarian Paternalism." *The American Economic Review* 93 (2): 175-179.

Thaler, R. H. and C. R. Sunstein (2008). *Nudge, Improving Decisions About Health, Wealth, and Happiness*. New Haven, CT, Yale University Press.

Thomas, W. (2007). "The Heuristics of War: Scientific Method and the Founders of Operations Research." *British Journal for the History of Science* 40 (2): 251-274.

Thurstone, L. L. (1927a). "Psychophysical Analysis." *American Journal of Psychology* 38: 368-389.

Thurstone, L. L. (1927b). "A Law of Comparative Judgment." *Psychological Review* 34: 273-286.

Thurstone, L. L. (1927c). "A Mental Unit of Measurement." *Psychological Review* 34: 415-423.

Thurstone, L. L. (1931). "The Indifference Function." *Journal of Social Psychology* 2 (2): 139-167.

Thurstone, L. L. (1947). *Multiple-factor Analysis: A Development and Expansion of the Vectors of Mind*. Chicago, University of Chicago Press.

Thurstone, L. L. (1959). *The Measurement of Values*. Chicago, University of Chicago.

Thurstone, L. L. and E. J. Chave (1929). *The Measurement of Attitude, a Psychophysical Method and Some Experiments with a Scale for Measuring Attitude toward the Church*. Chicago, The University of Chicago Press.

Thurstone, L. L. and L. V. Jones (1957). "The Rational Origin for Measuring Subjective Values." *Journal of the American Statistical Association* 52: 458–471.

Todd, P. M., et al. (2011). *Ecological Rationality: Intelligence in the World*. New York, Oxford University Press.

Tversky, A. (1967a). "Additivity, Utility and Subjective Probability." *Journal of Mathematical Psychology* 4: 175–202.

Tversky, A. (1967b). "A General Theory of Polynomial Conjoint Measurement." *Journal of Mathematical Psychology* 4: 1–20.

Tversky, A. (1967c). "Utility Theory and Additivity Analysis of Risky Choices." *Journal of Experimental Psychology* 75 (1): 27–36.

Tversky, A. (1969). "The Intransitivity of Preferences." *Psychological Review* 76: 31–48.

Tversky, A. (1971). *Elimination by Aspects: A Probabilistic Theory of Choice*. Ann Arbor, Michigan, University of Michigan. Department of Psychology.

Tversky, A. (1972). "Elimination by Aspects: A Theory of Choice." *Psychological Review* 79: 218–299.

Tversky, A. (1991). Introduction. *Frontiers of Mathematical Psychology, Essays in Honor of Clyde Coombs*. D. R. Brown and J. E. K. Smith. New York, Springer-Verlag: xiii–xxvi.

Tverksy, A. and W. Edwards (1966). "Information versus reward in binary choices." *Journal of Experimental Psychology* 71 (5): 680–683.

Tversky, A. and D. Kahneman (1971). "Belief in the Law of Small Numbers." *Psychological Bulletin* 76: 105–110.

Tversky, A. and D. Kahneman (1974). "Judgment under Uncertainty: Heuristics and Biases." *Science* 185: 1124-1131.

Tversky, T. and D. Kahneman (1981). "The Framing of Decisions and the Psychology of Choice." *Science* 211: 453-458.

Tversky, A. and D. Kahneman (1992). "Advances in Prospect Theory: Cumulative Representation of Uncertainty." *Journal of Risk and Uncertainty* 5: 297-323.

Tversky, A. and D. H. Krantz (1970). "The Dimensional Representation and the Metric Structure of Similarity Data." *Journal of Mathematical Psychology* 7: 572-596.

van Winden, F. (2007). "Affect and Fairness in Economics." *Social Justice Research* 20 (1): 32-52.

von Neumann, J. (1988). The Mathematician. *The World of Mathematics: A Small Library of the Literature of Mathematics from A'h-mosé the Scribe to Albert Einstein*. J. R. Newman. New York, Simon and Schluster: 2029-2039.

von Neumann, J. and O. Morgenstern (2004 [1944]). *Theory of Games and Economic Behavior*. Princeton, NJ, Princeton University Press.

von Plato, J. (1994). *Creating Modern Probability*. Cambridge, Cambridge University Press.

Vromen, J. (2007). "Neuroeconomics as a Natural Extension of Bioeconomics: The Shifting Scope of Standard Economic Theory." *Journal of Bioeconomics* 9 (145-167).

Wald, A. (1950). *Statistical Decision Functions*. New York, Wiley.

Wallis, W. A. and M. Friedman (1942). The Empirical Derivation of Indifference Functions. *Studies in Mathematical Economics and Econometrics, In Memory of Henry Schultz*. O. Lange, F. McIntyre, and T. O. Yntema. New York, Books for Libraries Press: 175-189.

Wanner, E. (1973). "Do We Understand Sentences from the

Outside-in or from the Inside-out." *Daedalus* 102 ((3) Language as a Human Problem): 163-183.

Wanner, E., et al. (1975). *Garden Paths in Relative Clauses*. S. L., S. N. Wanner, E. and S. Shiner (1976). "Measuring Transient Memory Load." *Journal of Verbal Learning and Verbal Behavior* 15: 159-167.

Weaver, W. (1967). *U. S. Philanthropic Foundations: Their History, Structure, Management, and Record*. New York, Harper & Row.

Weintraub, E. R. (1991). *Stabilizing Dynamics, Constructing Economic Knowledge*. Cambridge, Cambridge University Press.

Weintraub, E. R., Ed. (1992). *Toward a History of Game Theory*. London, Duke University Press.

Weintraub, E. R. and P. Mirowski (1994). "The Pure and the Applied: Bourbakism Comes to Mathematical Economics." *Science in Context* 7 (2): 245-272.

Wong, S. (1978). *The Foundations of Paul Samuelson's Revealed Preferences Theory, a Study by the Method of Rational Reconstruction*. London, Routledge.

Wright, P. and D. Kahneman (1971). "Evidence for Alternative Strategies of Sentence Retention." *Quarterly Journal of Experimental Psychology* 23: 197-213.

Yerkes, R. M. (1941). "Psychology and Defense." *Proceedings of the American Philosophical Society* 84: 527-542.

Zappia, C. (2008). "Non-Bayesian Decision Theory Ante Litteram: The Case of G. L. S. Shackle." Depeid Working Papers 4/2008.

索引

Abelson, Robert Paul，罗伯特·保罗·阿贝尔森，150，153，162
Allais, Maurice，莫里斯·阿莱，121，136，143，146
The Allais-Savage debate，阿莱-萨维奇争论，43-60
Arrow, Kenneth Joseph，肯尼思·约瑟夫·阿罗，42，79，81，141，147，158

Baumol, William，威廉·鲍莫尔，143，146，153，162
The Baumol/Samuelson-Friedman/Savage debate，鲍莫尔/萨缪尔森-弗里德曼/萨维奇争论，35-47
behavioral finance，行为金融学，148，155，157，171
behavioral psychology，行为心理学，5，62，85，97
behavioral science，行为科学，3
behaviorism，行为主义，3，4，73，97
Bentham, Jeremy，杰里米·边沁，2，22
Bernoulli, Daniel，丹尼尔·伯努利，38，50，52
moral value, Bernoulli on，道德价值，伯努利，38，51
Boring, Edwin Garrigues，埃德温·加里格斯·波林，72，74
bounded rationality，有限理性，96，167，172，184
behavioral economists on，行为经济学家，182-187
Bruner, Jerome，杰罗姆·布鲁纳，149

Camerer, Colin，科林·卡默勒，162，

180，182，185，188
Carnap，Rudolf，鲁道夫·卡尔纳普，10，48，49
Center for Cognitive Studies，Harvard University，哈佛大学认知研究中心，149，150
Chicago，University of，芝加哥大学，13，17，30，78，143，152
Chomsky，Avram Noam，艾弗拉姆·诺姆·乔姆斯基，80，98，150
cognitive science，认知科学，97
Cognitive Science Series，Harvard University Press，哈佛大学出版社的认知科学系列丛书，150，151，152，169
Colloque International sur le Risque，Paris，风险问题巴黎国际专题讨论会，1952，44
Committee on the Behavioral Sciences，行为科学委员会，4
Coombs，Clyde，克莱德·库姆斯，60，75，78，82，98
correlational psychology，相关心理学，105
Cowles Commission，考利斯委员会，34，60

Davidson，Donald Herbert，唐纳德·赫伯特·戴维森，150
Dawes，Robyn Mason，罗宾·梅森·道斯，76，77
de Finetti，Bruno，布鲁诺·德费奈蒂，48，49
Debreu，Gérard，杰拉德·德布鲁，50，61，83
decision theory，history of，决策理论的历史，48-49
descriptive economics，描述经济学，144，145
doctrines，epistemology of，认识论的信条，2

Edgeworth，Francis Ysidro，弗朗西斯·伊西德罗·埃奇沃思，2，32，37，51，61，85
Edwards，Ward，沃德·爱德华兹，4，62，76，78，81，85，98
Kahneman and Tversky，Edwards on，卡尼曼和特沃斯基，爱德华兹，124-128
utility and valence，Edwards on，效用和价值，爱德华兹，87-91
Ellsberg，Daniel，丹尼尔·艾尔斯伯格，9，6，136，146
Elster，Jon，乔恩·艾尔斯特，161，172
empirical claims，epistemology of directly refutable，经验主张，可直接拒绝的认识论，6，7，146
engineering psychology，工程心理学，73，89
Engineering Psychology Laboratory，工程心理学实验室，76，89
Estes，William Kaye，威廉姆·凯·埃斯蒂斯，61，79，80
expected utility theory，期望效用理论，32，50，84，98，121，127，140，145，174
experimental economics，实验经济学，135，137，171，187，189
distinguishing behavioral economics from，区分行为经济学，164-167

Sloan/RSF program's working group on，斯隆/ RSF 项目的工作小组，162
experimental psychology，实验心理学，14，51，53，62，73，74，78，84，126，128
exponential discounting，指数贴现，173，175，177

Fechner，Gustav，古斯塔夫·费希纳，2，6，50，52，109
Festinger，Leon，里昂·费斯廷格，61，153，162
financial economics，金融经济学，142，143，171
incorporating anomalies in，合并异象，146-148
Fodor，Jerry Alan，杰里·艾伦·福多，98，150
Ford Foundation，福特基金会，4，60
Behavioral Science Program at Ford Foundation，福特基金会的行为科学项目，4
Foundations of Statistics（1954），《统计学基础》（1954），45，47，59，81
Fréchet，Maurice René，莫里斯·雷恩·弗雷歇，54
Friedman，Milton，米尔顿·弗里德曼，13，20，91，143，144，184
Friedman and Savage（1948），弗里德曼和萨维奇（1948），29-35
positive economics，Friedman on，实证经济学，弗里德曼，64-66
Thurstone（1931），Friedman on，瑟斯顿（1931），弗里德曼，16-20
Frisch，Ragnar Anton Kittel，朗纳·安东·基蒂尔·弗里施，54

game theory，博弈论，11，20，60，61，90，99，145，166
Gigerenzer，Gerd，格尔德·吉仁泽，125，167
Grether，David M.，大卫·M. 格雷瑟，146，159，164
Grether and Plott（1979），格雷瑟和普洛特（1979），138-141

heuristics，直觉推断，96，114，117
Hogarth，Robin，罗宾·贺加斯，125，158，188
Hotelling，Harold，哈罗德·霍特林，17
human engineering，人体工程学，72，73，74，96
hyperbolic discounting，双曲线贴现，173，174，175，176

independence axiom，独立公理，136
indifference curve，无差异曲线，2，13，15，19，32，37
Thurstone's（1931）experiment on，瑟斯顿（1931）的实验，16-20
Institute for Social Research，社会研究所，4，75，153

Jaffé，William，威廉·杰斐，54
Jevons，William Stanley，威廉·斯坦利·杰文斯，2，51
Kahneman and Tversky，卡尼曼和特沃斯基，142，147，148，149，171，182，184

heuristics and biases, Kahneman and Tversky on，直觉推断和偏误，卡尼曼和特沃斯基，111-118
prospect theory, Kahneman and Tversky on，前景理论，卡尼曼和特沃斯基，119-124
Kahneman, Daniel，丹尼尔·卡尼曼，146，148，164，171，178
research 1960s，研究 20 世纪 60 年代，105-111
Katona, George，乔治·卡托纳，4，75，153
Keynes, John Maynard，约翰·梅纳德·凯恩斯，48，49
Krantz, David，戴维·克兰茨，80，82，85，112

Laibson, David，戴维·莱布森，172，174，187
Lewin, Kurt，库尔特·勒温，75
Lewis, H. Gregg，H. 格雷格·刘易斯，152
libertarian paternalism，自由家长制，184
Lichtenstein, Sarah，萨拉·利希滕斯坦，138，142，146
Loewenstein, George F.，乔治·F. 勒文施泰因，157，161，172，185，189
logical positivism，逻辑实证主义，10，20，32，84
logical probability，逻辑概率，47，48，49
Luce, Robert Duncan，罗伯特·邓肯·卢斯，79，82，91

March, James Gardner，詹姆斯·加德纳·马奇，78，160，162
Marquis, Donald G.，唐纳德·G. 马奎斯，74
Marschak, Jacob，雅各布·马尔沙克，34，35，41，61
mathematical psychology，数学心理学，47，60，91，98，105，118，126
Foundations of Measurement (1971)，《度量基础》(1971)，82-85
Mathematical Psychology Group, Michigan，密歇根数学心理学研究组，76，79，90
Mathematical Psychology Seminar，数学心理学研讨会，86，88
Menger, Carl，卡尔·门格尔，2
mental engineering，精神工程学，72，73
Michigan, University of，密歇根大学，29，60，74，78，98，105，153
Mill, John Stuart，约翰·斯图尔特·穆勒，11，12
Miller, George，乔治·米勒，149
Miller, James，詹姆斯·米勒，3
Morgenstern, Oskar，奥斯卡·摩根斯坦，81，135，143，194
Theory of Games and Economic Behavior (1944)，《博弈论与经济行为》(1944)，20-26

Nash, John Forbes，约翰·福布斯·纳什，61
neoclassical economics，新古典主义经济学，51，117，127，142，156，171，176

Neurath，Otto，奥图·纽拉特，10
normative vs. descriptive science，规范科学相对于描述科学，62，66，91，99，120，126，171，182
normative vs. empirical science，规范科学相对于经验科学，59，60，81

objective probability，客观概率，48，49，88，89，115
operations research，运筹学，4，89，99

Plott，Charles Raymond，查尔斯·雷蒙德·普洛特，146，154，162，164
Grether and Plott（1979），格雷瑟和普洛特（1979），138-141
Popper，Sir Karl Raimund，卡尔·雷蒙德·波普爵士，32，45
positive vs. normative science，实证科学相对于规范科学，126，144
probability theory，概率论，47，48，49，114
prospect theory，前景理论，129，140，148，151，165
psychological value，心理价值，51，52，54
psychophysics，心理物理学，2，14，22，50，81，108，126，178
Putnam，Hilary Whitahal，希拉里·怀特哈尔·普特南，150

Rabin，Matthew Joel，马修·乔尔·拉宾，185，188
Ramsey，Frank Plumpton，弗兰克·普伦普顿·拉姆齐，48，49
RAND Corporation，兰德公司，60
Rapoport，Anatol，阿纳托尔·拉帕波特，76，90
Reder，Melvin，梅尔文·雷德，125，158
rees，Albert，阿尔伯特·里斯，151，161，162
representational theory of measurement，度量的代表性理论，79，82，84，92，99
Ricardo，David，大卫·李嘉图，1，2
Russell Sage Foundation，拉塞尔·塞奇基金会，148，149，172

Samuelson，Paul Anthony，保罗·安东尼·萨缪尔森，12，61，91，135，143，144，184
revealed preference，显示性偏好，3，184
Santa Monica conference（1952），圣塔莫尼卡会议（1952），60，79，153
Savage，Leonard Jimmie，伦纳德·吉米·萨维奇，20，81，85，99，126，136，143
Friedman and Savage（1948），弗里德曼和萨维奇（1948），29-35
Schelling，Thomas Crombie，托马斯·克罗姆比·谢林，153，162
Schlick，Moritz，摩里兹·石里克，10
Schultz，Henry，亨利·舒尔茨，13，17，64
Searle，John Rogers，约翰·罗杰斯·希尔勒，150
semantic differentials，语义差异，106
Shackle，George Lennox Sharman，乔治·伦诺克斯·沙曼·沙克尔，42

Shiller，Robert James，罗伯特·詹姆斯·席勒，141，159，162
Simon，Herbert Alexander，赫伯特·亚历山大·西蒙，81，96，117，120，127，150，154
Skinner，Burrhus Frederick，伯尔赫斯·弗雷德里克·斯金纳，3，97
Sloan Foundation，Alfred P.，阿尔弗雷德·P. 斯隆基金会，36，149，171，173
Slovic，Paul，保罗·斯洛维奇，98，111，138，142，146
Smith，Adam，亚当·斯密，1，6
Smith，Vernon Lomax，弗农·洛马克斯·史密斯，135，159，162，187，189
  distinguishing experimental from behavioral economics，区分实验经济学和行为经济学，164-167
social engineering，社会工程学，72
Solow，Robert Merton，罗伯特·默顿·索洛，44
St. Petersburg paradox，圣彼得堡悖论，38，50
Statistical Research Group，Columbia University，哥伦比亚大学统计研究小组，17，30
Stevens，Stanley Smith，斯坦利·史密斯·史蒂文斯，79，81，82，84
Stigler，George，乔治·斯蒂格勒，17
stochastic preference，随机偏好，85
subjective probability，主观概率，48
Summers，Lawrence Henry，劳伦斯·亨利·萨默斯，141，159
Suppes，Patrick，帕特里克·苏佩斯，79，82，91
sure-thing principle，136，See also independence axiom，确定性原则，136，也参见独立性公理
Survey Research Center，University of Michigan，密歇根大学调查研究中心，75

Thaler，Richard H.，理查德·H. 塞勒，146，149，164，171，182，184，187
  Journal of Economic Perspectives anomalies，《经济展望杂志》的异象，157-158
Thrall，Robert，罗伯特·斯洛尔，60，79
Thurstone，Louis Leon，路易斯·列昂·瑟斯顿，16，31，64，78，82，109
  experiment on indifference curves (1931)，无差异曲线的实验（1931），13-15
transitivity，传递性，63，84，102，140，146
Tversky，Amos，阿莫斯·特沃斯基，77，78，82，126，128，139，148
  research 1960s，研究 20 世纪 60 年代，98-103

utilitarianism，功利主义，2，46
utility，效用，2，21，22，34，46，58，91
  measurement of，对……的度量，35

valence，效价/瓦朗斯，91，123
Vienna Circle，维也纳学派，10
von Neumann，John，约翰·冯·诺

伊曼，23，29，55，81，135，143
Theory of Games and Economic Behavior（1944），《博弈论与经济行为》（1944），20-26

Wald，Abraham，亚伯拉罕·瓦尔德，42，49
Wallis，Wilson Allen，威尔逊·艾伦·沃利斯，13，29
Thurstone（1931），Wallis on，瑟斯顿（1931），沃利斯关于，16-20
Walras，Leon，里昂·瓦尔拉斯，2
Wanner，Eric，埃里克·万纳，149，151，153
The behavioral economics program，行为经济学项目，149-164
Watson，John Broadus，约翰·布罗德斯·华生，3，97
Weber，Ernst，恩斯特·韦伯，2，50，52
Winter，Sidney，西德尼·温特，159
Wundt，Wilhelm，威廉·冯特，2，6

图书在版编目（CIP）数据

行为经济思想史/(荷）弗洛里斯·霍伊克卢姆著；贺京同，赵雷译. —北京：中国人民大学出版社，2020.3
（当代世界学术名著. 经济学系列）
ISBN 978-7-300-27871-1

Ⅰ. ①行… Ⅱ. ①弗… ②贺… ③赵… Ⅲ. ①行为经济学-经济思想史 Ⅳ. ①F069.9

中国版本图书馆 CIP 数据核字（2020）第 016982 号

当代世界学术名著·经济学系列
行为经济思想史
弗洛里斯·霍伊克卢姆 著
贺京同 赵 雷 译
贺京同 校
Xingwei Jingji Sixiangshi

出版发行	中国人民大学出版社		
社　　址	北京中关村大街 31 号	**邮政编码**	100080
电　　话	010－62511242（总编室）		010－62511770（质管部）
	010－82501766（邮购部）		010－62514148（门市部）
	010－62515195（发行公司）		010－62515275（盗版举报）
网　　址	http://www.crup.com.cn		
经　　销	新华书店		
印　　刷	涿州市星河印刷有限公司		
规　　格	155 mm×235 mm　16 开本	**版　　次**	2020 年 3 月第 1 版
印　　张	15.75 插页 3	**印　　次**	2020 年 3 月第 1 次印刷
字　　数	232 000	**定　　价**	62.00 元